中国参与全球税收治理法律问题研究

崔晓静 ◎ 著

中国社会科学出版社

图书在版编目(CIP)数据

中国参与全球税收治理法律问题研究 / 崔晓静著. —北京：中国社会科学出版社，2020.8
ISBN 978-7-5203-7146-9

Ⅰ.①中… Ⅱ.①崔… Ⅲ.①国际税收—税收管理—研究—中国②国际税法—研究 Ⅳ.①F812.423②D996.3

中国版本图书馆 CIP 数据核字(2020)第 169146 号

出 版 人	赵剑英
责任编辑	周慧敏　任　明
责任校对	夏慧萍
责任印制	郝美娜
出　　版	中国社会科学出版社
社　　址	北京鼓楼西大街甲 158 号
邮　　编	100720
网　　址	http://www.csspw.cn
发 行 部	010-84083685
门 市 部	010-84029450
经　　销	新华书店及其他书店
印刷装订	北京君升印刷有限公司
版　　次	2020 年 8 月第 1 版
印　　次	2020 年 8 月第 1 次印刷
开　　本	710×1000　1/16
印　　张	18.5
插　　页	2
字　　数	289 千字
定　　价	98.00 元

凡购买中国社会科学出版社图书，如有质量问题请与本社营销中心联系调换
电话：010-84083683
版权所有　侵权必究

前　　言

随着经济全球化以及通信与信息技术等科技手段的迅猛发展，跨境经济活动迅速增长，跨境投资、经营的内容与方式也日益复杂多样化。在这种背景下，各国在征税权的划分界定与税收利益的协调分配方面的分歧、矛盾日益突出。同时，各种跨境逃避税活动日益突出和严重，这严重影响了各国的税基与财政收入，扭曲了市场资源的合理配置，损害了公平竞争的税负环境，最终破坏了各国乃至全球经济的健康发展。因此，20世纪90年代以来，国际社会开始逐步形成和推进全球税收治理的深化扩展与调整变革进程。近十几年来，针对征税权的划分及利益分配，以及各种国际逃避税活动等主要问题，国际社会已经形成了各种新的原则、标准、协定范本、公约、机制以及行动计划。总之，放眼世界，国际税收体制正在历经前所未有的巨大变革，国际税收秩序及其全球治理也进入到了调整和重塑的新阶段。2015年BEPS十五项行动计划最终报告的出台，标志着百年来国际税收体系的第一次根本性变革取得了重大成功。世界主要经济体在共同政治意愿推动下，通过密集的多边谈判与协调，在转让定价、防止协定滥用、弥合国内法漏洞、应对数字经济挑战等一系列基本税收规则和管理制度方面达成了重要共识。通过国际税收规则的重构和多边税收合作的开展，BEPS行动计划旨在避免因各国采取单边行动造成对跨国公司的双重征税、双重不征税以及对国际经济复苏的伤害。后BEPS时代，如何推进BEPS各项成果在全球范围内的有效实施，是各国面临的重要任务。2017年，美国推行了30年来最大规模的减税计划，旨在提升美国经济的竞争力，吸引海外企业回流，创造更多的就业岗位，并为中产阶级减负。以英美为代表的世界主要经济体的减税改革，已经形成一轮全球减税浪潮。2017年以来，印度、意大利、英国、以色列等部分国家针对数字经济出台了单边税收措施，OECD也正在紧锣密鼓地研究数字经济税收问题解决方案，力争在2021年年中形成一套完整且获得国际共识的数字经济征税规则。

全球税收治理的扩展与变革是一个持续进程，它正在深刻地影响、改变国际税收协调合作的理念、原则、制度与方法，推动各国迈向更为深入全面的国际税收协调合作。中国目前已对外正式签署107个避免双重征税协定，和香港、澳门两个特别行政区签署了税收安排，与台湾签署了税收协议，并签署了4个多边税收条约，构建起了世界第三大税收协定网络。随着"一带一路"建设深入推进，税收在优化生产要素配置、推动国际经贸合作等方面发挥着日益重要的作用，加强"一带一路"沿线国家在税收领域的协调与合作具有重要意义。2019年，首届"一带一路"税收征管合作论坛在浙江乌镇召开，"一带一路"税收征管合作机制正式成立，标志着"一带一路"税收合作走向制度化、规范化和常态化。

在此背景下，如何顺应国际税收协调合作的深化扩展与调整变革新形势，在全球税收治理中贡献中国智慧、中国方案和中国力量，是每一个中国国际税法学人都必须深入思考的问题。本书运用政策分析、规范分析、比较分析、实证分析和跨学科的综合分析等方法，对中国参与全球税收治理法律问题进行了系统性研究。全书共有四章：第一章对全球税收治理的基本架构进行了研究，探讨了全球税收治理机制、全球税收治理中的多元主体功能、全球税收治理中的硬法缺陷和软法勃兴，为后文的进一步阐述提供了理论基础。第二章对后BEPS时代中国国际税收法律问题进行了论述，重点探讨了后BEPS时代常设机构规则的新发展、税收协定滥用的规制以及受控外国公司税制的完善，并为中国转化落实BEPS成果提出了建议。第三章对国际税收透明度建设及中国的应对进行了研究，介绍了国际税收自动信息交换制度、金融账户涉税信息交换标准和国别报告制度的新发展，并提出了中国的应对建议。第四章对"一带一路"倡议下的国际税收治理进行了研究，包括中国与"一带一路"国家税收协定优惠安排与适用争议和中国与"一带一路"国家税收征管合作的完善与创新。

本书的出版，得到了教育部基地重大项目《中国参与全球税收治理法律问题研究》（项目批准号15JJD820005）的大力资助，得到了武汉大学国际法研究所和中国社会科学出版社的鼎力支持。此外，武汉大学法学院的熊昕、喻如慧、潘敏、曹亚楠、陈镜先等同学也为之付出了辛勤的劳动。在此，谨表谢意。

崔晓静
2020年7月于珞珈山

目 录

第一章 全球税收治理的基本架构研究 …………………… (1)
  第一节 全球税收治理机制 …………………………………… (1)
    一 全球税收治理机制的概念 …………………………… (1)
    二 全球税收治理机制的宗旨与理念 …………………… (2)
    三 全球税收治理机制的历史演进 ……………………… (4)
  第二节 全球税收治理中的多元主体功能 ………………… (6)
    一 国家的治理功能 ……………………………………… (6)
    二 全球税收治理平台的治理功能 ……………………… (14)
    三 跨国纳税人的治理功能 ……………………………… (21)
  第三节 全球税收治理中的硬法缺陷 ……………………… (23)
    一 国际硬法概述 ………………………………………… (23)
    二 全球税收治理中硬法治理的缺陷 …………………… (24)
  第四节 全球税收治理中的软法勃兴 ……………………… (30)
    一 国际软法概述 ………………………………………… (30)
    二 全球税收治理中软法勃兴的原因 …………………… (31)
    三 全球税收治理中软法治理的内涵框架 ……………… (35)
    四 全球税收软法治理在实践中的效果分析 …………… (41)
    五 小结 …………………………………………………… (48)

第二章 后BEPS时代中国国际税收法律问题研究 ………… (50)
  第一节 后BEPS时代常设机构规则的新发展 …………… (50)
    一 后BEPS时代常设机构定义的新发展 ……………… (51)
    二 日本线下仓库构成常设机构案法律评析 …………… (74)
    三 俄罗斯常设机构案例的实证分析 …………………… (83)
  第二节 后BEPS时代税收协定滥用的规制建议 ………… (104)

一　税收协定滥用规制的概述 ……………………………（105）
　　二　BEPS第六项行动计划对税收协定滥用规制的新发展……（112）
　　三　BEPS第六项行动计划对各国税收协定滥用规制的
　　　　影响 ……………………………………………………（127）
　　四　后BEPS时代税收协定滥用规制对中国的影响及其
　　　　应对 ……………………………………………………（141）
　第三节　后BEPS时代受控外国公司税制的完善……………（156）
　　一　中国现行CFC规则及存在的主要问题 …………………（157）
　　二　BEPS第三项行动计划对CFC规则的完善建议…………（164）
　　三　后BEPS时代中国CFC规则的完善建议 ………………（168）

第三章　国际税收透明度建设及中国的应对 ………………（179）
　第一节　国际税收自动信息交换制度的发展变化 ……………（179）
　　一　国际税收自动信息交换的适用地位的变化发展 …………（180）
　　二　自动信息交换标准的多样化发展及其协调统一要求 ……（188）
　　三　国际自动信息交换多边机制的构建 ………………………（199）
　第二节　金融账户涉税信息交换标准的新发展及中国的应对……（203）
　　一　金融账户涉税信息交换标准的法律渊源 …………………（203）
　　二　金融账户涉税信息交换标准对中国税收征管的挑战 ……（205）
　　三　中国执行金融账户涉税信息交换标准的完善建议 ………（210）
　第三节　国别报告制度的新发展及中国的应对 ………………（216）
　　一　国别报告制度产生背景及其实践发展 ……………………（217）
　　二　BEPS第十三项行动计划主要内容 ………………………（221）
　　三　各国落实情况及经验借鉴 …………………………………（224）
　　四　中国实践情况及改进 ………………………………………（229）
　　五　结语 …………………………………………………………（236）

第四章　"一带一路"倡议下的国际税收治理研究 …………（237）
　第一节　中国与"一带一路"国家税收协定优惠安排与适用
　　　　　争议研究 ……………………………………………（239）
　　一　税收协定的优惠安排 ………………………………………（239）
　　二　BEPS行动计划对税收协定优惠适用的影响 ……………（245）
　　三　中国"走出去"企业利用税收协定优惠的实证分析 ……（251）

四　适用税收协定优惠安排的争议解决方式 …………… (259)
第二节　中国与"一带一路"国家税收征管合作的完善与
　　　　创新 ………………………………………………… (264)
　　一　中国与沿线国家税收征管合作的局限性分析 ………… (265)
　　二　税收征管合作的域外发展趋势及实践借鉴 …………… (270)
　　三　完善中国与沿线国家税收征管合作的建议 …………… (275)

第一章 全球税收治理的基本架构研究

第一节 全球税收治理机制

一 全球税收治理机制的概念

在界定全球税收治理机制前，首先需要明确全球治理的概念。全球治理委员会（Commission on Global Governance）在《天涯成比邻——全球治理委员会的报告》中指出："治理是个人与机构、公共主体与私人主体管理共同事务的各种方式的总和，它是一个可以调和冲突或多元的利益以及采取合作行动的持续过程，包括具有强制约束力的正式制度与体制，以及个人和机构为了自身的利益而同意或认可的非正式制度安排。"在此基础上，报告进一步认为"在全球层面，治理曾主要被视为政府间的关系，但现在必须理解的是，它还包括非政府组织、公民运动、跨国公司和全球资本市场。具有强大影响力的全球大众传媒也与上述主体相互作用。"[1] 中国学者俞可平则认为，"所谓全球治理，指的是通过具有约束力的国际规制解决全球性的冲突、生态、人权、移民、毒品、走私、传染病等问题，以维持正常的国际政治经济秩序"[2]。上述定义反映出了全球治理的以下几个特征：第一，全球治理的主体是多元化的，包括国家、政府间国际组织、跨国公司、非政府组织和个人等。第二，全球治理的客体是国际性事务或全球性问题，包括政治、经济、文化、社会、生态等方面。第三，全球治理的目标是促进国际合作、协调国际关系，以解决全球性的

---

[1] See The Commission on Global Governance, *Our Global Neighbourhood: The Report of the Commission on Global Governance*, Oxford University Press, 1995.

[2] 俞可平：《全球治理引论》，《马克思主义与现实》2002年第1期。

问题，维护正常有序的国际秩序。第四，全球治理的机制既包括官方的、正式的途径，又包括民间的、非正式的方式。

随着全球化的发展，人类活动的各个领域相继出现一系列的全球性问题，需要各国开展国际合作。合作之初，各国需要不断磨合、尝试与创新，积累国际合作的经验与教训，并在理论上进行反思与创新。随着国际合作的推进，各国合作的方式逐渐成熟化、规范化与制度化，一些凝聚国际共识、协调国际关系的组织或平台应运而生，全球治理的机制也就随之萌芽与发展。国际税收领域也不例外：随着经济全球化的发展，商品、服务、技术、信息、资本、人员等生产要素在全球范围内大规模流动，跨国公司的数量日益增加，国际重复征税、国际逃避税、国际税收竞争等问题也涌现而出，亟须各国通力合作，加强全球税收治理。在这个过程中，各国在全球税收治理中的参与度不断提升，相关国际条约的数量不断增长，联合国、经济合作与发展组织（OECD）、G20等国际组织或平台发挥越来越重要的作用，全球税收治理的理论也不断完善和创新。当前，全球税收治理机制已经初步形成，并且在实践中还将逐步发展和完善。

所谓全球税收治理机制，是指以主权国家和国际组织为主要参加者，由自然人、跨国公司等私人主体共同参与，以妥善协调国际税收关系、合理解决国际税收法律问题、建立公平合理的国际税收秩序为宗旨，通过国际条约、国际习惯法以及国际软法等规则解决国际税收问题而形成的一种治理体系、制度和模式。

二 全球税收治理机制的宗旨与理念

（一）全球税收治理机制的宗旨

全球税收治理机制的宗旨，是指国际社会进行全球税收治理所要实现的目标，具体包括妥善协调国际税收关系、合理解决国际税收法律问题和建立公平合理的国际税收秩序三个方面：

第一，妥善协调国际税收关系。所谓国际税收关系，是指国家与涉外纳税人之间的涉外税收征纳关系和国家相互之间的税收分配关系。[①] 因此，妥善协调国际税收关系也相应地包括两个方面的内容：首先，应妥善

---

① 参见刘剑文《国际税法学》（第三版），北京大学出版社2013年版，第15页。

协调国家与跨国纳税人之间的涉外税收征纳关系,要在维护国家税收主权和纳税人合法权益之间实现平衡。其次,应妥善协调国家间的税收分配关系,确保税收利益在国际社会中的公平分配。

第二,合理解决国际税收法律问题。国际税收问题包括国际重复征税、国际逃避税、国际税收竞争等方面,这些问题需要国际社会通力合作,以得到合理有效的解决方案。全球税收治理作为一个以问题和实践为导向的概念范畴,其目的即在于通过"良法"实现对国际税收问题的"善治"。

第三,建立公平合理的国际税收秩序。现行国际税收秩序是在发达国家的主导下建立的,一直以来,其公正性与合理性也饱受国际社会的诟病。近年来,以美国为首的西方国家实力相对衰落,新兴经济体国家的经济则迅猛增长。然而,全球税收治理体系并未充分反映国际格局的改变,发达国家仍然主导着国际税收规则的制定,而新兴国家在全球税收治理中的话语权则与其实力和增长势头不相匹配。因此,全球税收治理的深远目标,即在于建立公平合理的国际税收秩序。

(二) 全球税收治理机制的理念

全球税收治理机制的理念,是指全球税收治理应当遵循的理想信念和发展要求,包括民主化、法治化和公正化三个方面:

对于国际关系的民主化,习近平主席深刻指出,"世界命运应该由各国共同掌握,国际规则应该由各国共同书写,全球事务应该由各国共同治理,发展成果应该由各国共同分享。"[①] 可见,全球税收治理的民主化不仅仅意味着发展中国家能够在国际税收谈判中平等地享有席位,更要求发展中国家能够实质性地参与国际税收政策制定和执行的全过程,其面临的税收问题和合法的税收权益能够得到充分的关注和考虑。现行全球税收治理体系的民主性和代表性仍有待提升,发展中国家在全球税收治理中缺少话语权,特别是缺少表达自身利益和协调政策行动的机制和平台。因此,全球税收治理应当遵循民主化的要求,不断提升广大发展中国家的话语权和治理能力。

---

① 习近平:《共同构建人类命运共同体——在联合国日内瓦总部的演讲》,《人民日报》2017年1月20日第2版。

国际关系的法治化，意味着"推动各方在国际关系中遵守国际法和公认的国际关系基本原则，用统一适用的规则来明是非、促和平、谋发展"①。良法是善治的前提，全球税收治理离不开国内与国际税收立法的有力保障。因此，应当加强国际税收立法，确保国际税收规则的统一适用，实现全球税收治理的法治化。

公正合理是各国参与全球治理的目标与追求。2013年3月27日，习近平主席在南非德班举行的金砖国家领导人第五次会晤中强调："不管全球治理体系如何变更，我们都要积极参与，发挥建设性作用，推动国际秩序朝着更加公正合理的方向发展。"② 由于国际制度具有非中性，不同国家从国际制度中获取的利益或遭受的损失也有所不同。长期以来，国际税收制度与准则是在发达国家的主导下建立的，因此也更有利于维护发达国家的税收利益，这就要求全球税收治理机制能够为提升广大新兴市场国家和发展中国家在全球税收治理中的代表性和发言权提供重要的平台，从而推进国际税收制度公正化、合理化。

三 全球税收治理机制的历史演进

20世纪初，国际社会已经开始了国际税收的协调工作。例如，为响应国际商会（ICC）的要求，国际联盟委托专家组在1923—1927年起草了四部双边税收协定范本，并于1928年公布《避免国际双重征税的双边条约范本》。这为以后的国际税收协调治理提供了基本的规则框架和协调内容。

在既往有限的国际税收协调的基础上，为适应经济全球化的需要，国际社会自20世纪60年代开始逐步重视和推进国际税收协调合作。这一时期，减轻和消除国际双重征税、促进国际贸易和投资自由化是国际税收协调合作的重点内容。全球税收治理的形式具体表现为国家之间避免双重征税协定的大量产生，以及一些国际组织专门机构开始制定相关的税收协定范本以推动国际税收协定的规范化发展，如OECD的财政事务委员会、联合国经社理事会

---

① 习近平：《弘扬和平共处五项原则建设合作共赢美好世界——在和平共处五项原则发表60周年纪念大会上的讲话》，《人民日报》2014年6月29日第2版。

② 习近平：《携手合作共同发展——在金砖国家领导人第五次会晤时的主旨讲话》，《人民日报》2013年3月28日第2版。

的税务合作专家委员会。在 OECD 的财政事务委员会和联合国经社理事会的推动下，进一步形成了 1963 年《OECD 范本》与 1980 年《联合国范本》。这些工作为 20 世纪 90 年代的全球税收治理奠定了基础。但不可否认的是，这一时期税收治理的模式仍然以单边主义和双边主义为主。

20 世纪 90 年代到 21 世纪初，虽然避免双重征税仍是这一时期全球税收治理的重要内容之一，但国际社会开始高度关注各国国内税制与税收政策的相互竞争及其所造成的有害影响问题。在国际层面，1998 年 OECD 启动了有害税收竞争项目，并发布《有害税收竞争：正在出现的全球性问题》报告，紧接着其在 2000 年和 2001 年又分别发布了《趋向全球税收合作：确认和消除有害税收活动的进展》和《经合组织有害税收活动研究计划：2001 年进展报告》。在此基础上，OECD 开始逐步研究和推进全球税收透明度与税收信息交换工作，从侧面解决有害税收竞争问题以及日益严重的跨国逃税避税问题。2000 年，OECD 建立了全球税收论坛（Global Forum on Taxation）。2002 年 OECD 制定的《税收信息交换协议范本》（Agreement on Exchange of Information on Tax Matters），以及 2004 年修订的《OECD 税收协定范本》第 26 条确立了税收透明度和信息交换原则。在区域层面，欧盟委员会在第 564 号通报中提出了反对成员国有害税制竞争的一揽子计划，并开始实施商业税收行为守则和储蓄税指令，区域税收一体化协调模式逐渐成为国际税收治理的特有模式之一。

2008 年金融危机后，一方面许多国家的财政赤字越发严重，主要国家和地区都陷入经济增长无力的局势；另一方面，包括星巴克、苹果、谷歌和亚马逊在内的多家跨国公司频频爆出税务丑闻，引起国际社会的广泛关注。这一时期全球税收治理在国际与国内政治议程中开始引起高度重视。2009 年，G20 和 OECD 启动税收信息交换表现的评估报告工作，并公布了不合作避税天堂的"黑名单"和"灰名单"，迫使它们签署双边税收信息交换协议（TIEAs）。2011 年，G20 峰会敦促所有辖区在税收等领域遵守国际标准。2012 年，G20 峰会重申加强税收透明度和全面情报交换的承诺。2013 年，G20 领导人背书并委托 OECD 启动税基侵蚀和利润转移（BEPS）项目行动计划。2015 年 10 月，OECD 发布 BEPS 项目全部 15 项行动计划，力图对已运行上百年的国际税收治理体系进行重塑。2015 年 11 月，G20 领导人峰会和金砖国家领导人非正式会晤就加强全球税收治理达成共识，并提出要共同向发展中国家提供技术援助，帮助发展中国家提高税收征管能力。这一时期，"全球税收治理"的规范概念逐渐被广泛运用，全球税收治理机制也在不断完善。

第二节　全球税收治理中的多元主体功能

全球税收治理机制的参与主体具有多元化和层次性的特征。所谓多元化，是指国家、国际组织、跨国公司和自然人等主体都参与到全球税收治理的实践之中，并且相互联系、相互影响和相互作用。所谓层次性，是指在多元主体中，国家和国际组织是主要的参加者和治理者，跨国公司和自然人等私人主体一方面是治理和规制的对象，另一方面也参与到治理的过程中来，成为全球税收治理的决策影响者和最终实施者。多元主体共同参与全球税收治理的进程，各自发挥独特的治理功能。

一　国家的治理功能

国家是国际法的基本主体，是国际关系的主要参加者，在全球税收治理机制中具有重要作用。国家税收主权原则是国际税法的基本原则之一，在这一原则之下，各国都有权根据自身经济发展目标制定相应的税收政策，对税收活动进行有效管理，以及独立自主地参与国际税收利益分配，以增加自身的财政收入和维护自身的税收利益。一方面，税收主权是一国维护、推进国内经济社会发展的极其重要的手段和资源，它必须保有足够的权力张力和行使自由，具有完全的独立自主性，不受外来的干预或损益；另一方面，在经济全球化的条件下，各国税收主权行为之间相互联系、影响日益广泛和深入，税收政策的外部效应使得一国税收政策往往成为双刃剑。因此，"负责任的税收主权"这一理念的提出要求一国既要关注本国的税收利益，也要关注他国的税收利益；既要着力于本国经济社会的发展，也要兼顾国际社会的协调共同发展；各国在享有税收行动自由的同时，也应当与相关各方进行必要的协调平衡。[①] 可见，各国对自身税收主权的行使以及由此带来的税收制度上的差异，是许多国际税收问题产生

[①] 崔晓静：《负责任税收主权与国际税收协调》，《光明日报》2009年11月24日第10版。

的重要原因；而各国进行国际税收协调、减轻彼此间的冲突和摩擦的过程，也就是各国参与全球税收治理的一种重要表现形式。

(一) 国家在全球税收治理机制中的角色定位

第一，国家首先是全球税收治理机制中的问题源与被治理的对象。正是因为在全球化的背景下，一国的国内税收政策具有外溢效应，国际税收问题才会随之产生，全球税收治理机制的建立也才具有了必要性。在全球税收治理机制之下，各国的税收主权都不是绝对的，而是受到来自国际社会的制约，从而成为被治理的对象。

第二，国家是全球税收治理机制的推动者与决策参与者。国际税收问题具有全面性、整体性的特征，各国都难以凭借一己之力解决所有的问题，即使是采取双边合作的路径，能够收获的治理效果也仍然十分有限，因此，全球税收问题的治理需要各国协调一致、推动建立多边合作机制。在这种背景下，OECD、G20等国际组织或平台发挥了越来越重要的作用，而这些组织权力运行的合法性与决策的权威性都离不开其成员国的广泛认同与推动。

第三，国家是全球税收治理机制中的最终实施者与维护者。在全球税收治理机制中，几乎所有的决策与任务最终都要落实到各个国家，相关国际规范也必须得到国家的自觉遵守与维护，否则，这些决策与规范将成为一纸空文，全球税收治理的有效性与权威性也将大打折扣。各个国家是否担负起主权责任与国际义务，将关乎全球税收治理的成败。

(二) 主要国家在全球税收治理机制中的作用考察

1. 美国

长期以来，美国在全球治理中都发挥着举足轻重的作用，在国际税收领域也不例外。美国凭借其"超级大国"的身份，在全球税收治理机制中发挥了独特而重要的作用，具体而言，主要包括以下几个方面：

第一，美国凭借其强大的综合国力，在全球范围内推行霸权主义和强权政治，通过对他国施加压力，推动他国法律制度与国际政策的改变。例如，在"瑞银集团案"中，美国国税局发现瑞银集团帮助大量美国客户逃避税收的事实，随后，美国公诉机关对一位瑞银集团的执行官以及瑞银集团本身提起了刑事诉讼。在诉讼中，美国需要境外的瑞士银行提供客户信息以作为其对逃税进行追诉的证据，然而，由于这些客户信息受到了瑞士《银行保密法》的严格保护,美国在国际法和国内法上遇到了障碍。在这场美国税法与瑞士银行保密法的对抗中,美国凭借自身的强硬态度,以及利用提起刑事诉讼向瑞士施加压力的做法,最终削弱了瑞士的银行保密制度,迫使瑞士与美国开展税收信息交换,促使瑞士等离岸金融中心重新审视自身的银行保密制度,由保护银行投资者的个人隐私转向一种同其他着手进行税收欺诈调查或逃税调查的国家共享信息的更加积极合作的态度。[1]

第二,美国首创与倡议的法律制度,有时能够在国际上起到先导与示范作用,为后续的国际合作提供铺垫。例如,2010年,美国总统奥巴马签署了《海外账户税收合规法案》(英文简称为FATCA)。FATCA扩大了原有税法的规制范围,将税收信息报告主体扩展到包括美国人、外国金融机构、外国非金融机构;对于不履行信息报告义务的外国金融机构和外国非金融机构,美国还以通过向其征收预提税作为要挟。由于这一单边行动对他国主权造成了巨大挑战,也大大提升了外国金融机构的税收合规成本,美国意识到这种单边行动缺乏可行性,便转而考虑通过与其他国家合作来实现FATCA所欲实现的目标。2012年7月26日,美国财政部颁布了一份政府间协议范本,该范本允许签署国的外国金融机构根据本国规定的尽职调查要求来识别美国账户,并向本国政府报告FATCA要求的美国账户信息,然后再由该国政府以自动方式与美国进行例行的信息交换。[2] 这一范本吸引了更多国家与美国合作,对后来《金融账户涉税信息自动交换标准》(CRS)的制定产生了深远的影响。根据《金融账户涉税信息自动交换标准》,某一管辖区的金融机构负有义务收集另一方参与管辖区居民在该机构开立的金融账户信息,并报送金融机构所在管辖区的税务机关,该税务机关在取得信息后,依照特定程序将信息提供给该账户持有人所在的居民国。[3] 显然,美国财政部颁布的范本与《金融账户涉税信息自动交换标准》对金融账户涉税信息自动交换模式的构建基本一致。

---

[1] 崔晓静:《从"瑞银集团案"看国际税收征管协调机制的走向》,《法学》2010年第12期。

[2] 崔晓静:《美国海外账户税收合规制度及中国的应对之策》,《法商研究》2013年第1期。

[3] 参见邱冬梅《税收情报自动交换的最新发展及中国之应对》,《法学》2017年第6期。

可见，美国主导的一些税收实践，有时能够为后续的全球税收合作积累经验与教训。

第三，美国自立门户，游离于全球多边体系之外的行动，能够使其成为隐性法外国家，通过隐蔽的方式获取利益。隐性法外国家的存在是以国际法实施机制的基本特性、规避法律责任的主观目的以及主导国际机制的能力为条件的。[①] 作为隐性法外国家，美国通过对国际机制的控制，推行单边主义，构建起一套有利于自身的体系，从而游离于全球多边体系之外，给自身不法的行为披上合法的外衣。目前，美国仍然游离于G20和OECD主导的CRS体系之外，而是在自己主导的FATCA体系下进行自动信息交换。然而，在FATCA体系下，美国的国际税收透明度实则令人堪忧：人们在谈论避税天堂时，往往想到的是开曼群岛之类的偏远地区，然而，2015年，在一份关于全球最吸引人的避税地的排名中，美国位列第三名。在美国，建立空壳公司是合法的，并且各州都不要求提供法人实际受益人的信息，而恰恰是这些空壳公司，为隐匿资产和实施犯罪提供了便利。面对这种现象，一些团体不断呼吁美国国会通过法案，以要求各州收集、保存和更新所有在美国注册的公司的实际受益人信息。然而，想要通过这些法案，必须得到美国工商界的支持，而美国商会却长期反对通过立法废除匿名公司。[②] 根据OECD和全球税收论坛提出的"国际税收透明度和信息交换原则"，信息的可获取性是开展信息交换的基础，而在美国单边推行的FATCA体系下，信息的获取却受到重重阻碍，美国也因此成为了一大热门避税地，构成了隐性的法外国家。

第四，美国作为全球经济的风向标，其国内税制的改革，可能会导致全球税制的变革，甚至引发全球税收竞争。特朗普就任美国总统后，美国政府公布了一系列税收改革计划：一是简化税制；二是降低企业所得税税率，让美国税制更具竞争力，并吸引制造业回流，创造更多的就业岗位；三是降低中产阶级家庭的税负；四是由全球征税向属地原则转变，引导企业将大量的海外利润带回美国。在参众两院通过各自的税改提案后，美国

---

① 江河：《法外国家的游离与规制——以朝核危机中的朝美外交博弈为例》，《法商研究》2012年第4期。

② Forget Panama, It's Easier to Hide Your Money in the US than Almost Anywhere, https://www.theguardian.com/us-news/2016/apr/06/panama-papers-us-tax-havens-delaware.

国会对两院的版本进行了协调,并于2017年12月15日公布了最终版的《减税与就业法案》。参众两院于12月20日投票表决通过,经总统特朗普签署后,该法案已上升为法律。特朗普的国际税改明显降低了其居民企业税负成本,使美国企业在国际市场获得了较大的税负竞争优势,并使美国税制对境外资本产生了相当大的吸引力。在美国国会通过特朗普减税政策的前后,世界上很多国家先后进行了减税,以防止资本外流,保持本国的投资吸引力。因此,从宏观层面来看,美国作为主要经济体,其税改必然对各国已有的国内税收法规与政策造成重大冲击,并影响全球资本流动和投资流向。其他国家面临资本外流和税制竞争力削弱的压力,可能追随美国税改的步伐,加入新一轮减税浪潮。[①] 可见,美国国内税制的改革对全球税制的变革具有深远的影响。

2. 国际避税地

国际避税地是指向跨国纳税人提供极具吸引力的税收政策以便其转移财产或进行避税活动的国家或地区。其主要特征包括低税率甚至零税率、严格的银行保密法、金融业重要且不合比例、现代化的交通与通讯系统等方面。一方面,国际避税地凭借其优惠的税收政策吸引了大量的国际投资者,并能够因此获得巨额的经济收益;另一方面,这些国际避税地的存在为税基侵蚀与利润转移提供了便利,有损他国的税收主权。因此,国际避税地成为了各国与国际组织重点关注与规制的对象。

2008年世界金融危机爆发后,美国、英国、法国和德国等国家不断加强对资本的金融监管,一改原来对国际避税地相对妥协、放任的态度,通过严格实施域外税收征管制度来防止税源的海外流失。OECD等国际组织也采取措施,加强对国际避税地的规制:在打击避税和信息交换方面不合作的国家及地区将被OECD列入"黑名单",并因此受到严厉制裁;在履行国际税收透明度标准和原则方面存在一定问题的国家和地区将被列入"灰名单";较好地履行这一标准和原则的国家及地区则被列入"白名单"。[②] 面对国际社会的压力,这些国际避税地不得不重新审视自身的

[①] 崔晓静、张涵:《美国国际税改法案对中国的冲击及应对》,《河南师范大学学报》2018年第1期。

[②] See OECD, *A Progress Report on the Jurisdictions Surveyed by the OECD Global Forum in Implementing the Internationally Agreed Tax Standard*, 2010.

制度设计，逐渐担负起国家税收主权应负的责任，以更加积极的态度与在岸国开展税收信息交换等方面的合作。国际避税地在态度与制度上的转变，反映出它们在全球税收治理机制中正在发挥更加积极有益的作用，其角色定位也从原来被规制、打击的对象逐步转变为治理的参与者和实施者。

3. 中国

以往，中国在全球税收治理中缺乏话语权，是国际税收规则与标准的被动接受者。近年来，中国积极参与全球税收治理的进程，不断提升自身在全球税收治理机制中的话语权，逐渐担负起发展中大国的税务责任，为国际税收问题的解决提供中国方案、贡献中国智慧。

首先，中国努力推进全球税收合作，在全球税收治理平台中提出中国方案。国家税务总局与联合国、OECD、国际货币基金组织等25个国际组织建立合作关系，为国际经济合作作出积极贡献。例如，在2014年布里斯班G20峰会，习近平总书记首次就税收问题提出"强化全球税收合作，打击国际逃避税，帮助发展中国家和低收入国家提高税收征管能力"三点主张。[①] 又如，在2017年举办的第五届金砖国家税务局长会议期间，金砖各国税务部门负责人联合签署了金砖国家税务合作的第一份机制性文件——《金砖国家税务合作备忘录》，首次以官方文件形式将金砖国家税收领域合作上升至制度层面，标志着金砖国家税务合作机制建设进入了一个新的时期。会后，发布了金砖国家税务局长会议公报，规划了金砖国家税收合作路线图，承诺推动落实G20税制改革成果，支持建立公平和现代化的国际税收体系，倡议金砖国家深化多边税收合作，加强税收征管能力建设并向发展中国家提供能力建设援助，鼓励发展中国家深度参与国际税收合作。[②] 还如，2019年4月，第一届"一带一路"税收征管合作论坛在浙江乌镇召开，34个国家和地区税务部门共同签署了《"一带一路"税收征管合作机制谅解备忘录》，标志着"一带一路"税收征管合作机制正式建立。"一带一路"税收征管合作机制是现代多边税收合作机制和国

[①] 国家税务总局国际税务司、国家税务总局税收宣传中心：《深度参与国际税收改革书写大国税务责任担当——党的十八大以来国际税收改革发展综述》，《国际税收》2017年第11期。

[②] 国家税务总局：《2017年金砖国家税务局长会议在杭州举行在新的起点上深化金砖税收合作》，http://www.chinatax.gov.cn/n810219/n810724/c2734151/content.html。

际税收体系的有益补充，是建立各国各地区共同遵循的税收规则与指引、持续高效推进经贸畅通的桥梁，有利于促进经贸畅通、消除税收壁垒、优化生产要素跨境配置，有利于共同提升税收治理能力。①

其次，中国全程深度参与 BEPS 行动计划，积极参与国际反避税合作。习近平主席 2013 年在 G20 圣彼得堡峰会上强调"中国支持加强多边反避税合作，愿为健全国际税收治理机制尽一分力"。此后，打击国际逃避税连年成为 G20 领导人政治对话的重要内容，习近平主席多次在 G20 峰会上就打击国际逃避税作出重要指示，为新形势下中国反避税工作以及国际反避税合作指明了方向。② 近年 G20 高度重视完善全球税收治理，于 2013 年发起并委托 OECD 组织实施《税基侵蚀和利润转移（BEPS）行动计划》，对已运行上百年的国际税收治理体系进行重塑。紧盯这一契机，中国积极把中国方案融入国际税收新规则。国家税务总局以 OECD 合作伙伴身份全程参与 BEPS 项目，参加相关会议和谈判百余次，向 OECD 提交立场声明和意见千余条，主导提出的"利润应在经济活动发生地和价值创造地征税"成为 BEPS 的指导原则，为维护发展中国家利益和促进各项成果的顺利完成作出重要贡献。作为 BEPS 多边协议工作组第一副主席国，中国积极参加多边税收协调及多边协议的起草、谈判与签署，③ 为国际反避税工作贡献中国力量。

最后，中国积极担负大国税务责任，帮助发展中国家和低收入国家提高税收征管能力。党的十八大以来，中国税务部门积极落实习近平总书记要求，帮助发展中国家提高税收征管能力，通过政策和制度输出为企业"走出去"创造稳定的税收环境。把境外经济贸易合作工业园区的国家、中非合作论坛及中拉论坛等地区性国际组织成员国作为援助对象，在扬州建立首个位于非 OECD 国家的 OECD 多边税务中心，为"一带一路"沿

---

① 参见国家税务总局《34 个国家和地区税务部门共建"一带一路"税收征管合作机制——搭建合作桥梁实现互利共赢》，http://www.chinatax.gov.cn/chinatax/n810219/n810780/c4281300/content.html。

② 参见王懿、苏婷婷《维护国家税基安全促进国际经济合作——十八大以来反避税工作综述》，《国际税收》第 2017 年第 11 期。

③ 国家税务总局国际税务司、国家税务总局税收宣传中心：《深度参与国际税收改革书写大国税务责任担当——党的十八大以来国际税收改革发展综述》，《国际税收》2017 第 11 期。

线发展中国家举办了 15 期税务研修班，近 300 名来自发展中国家的税务官员接受培训，为构建合作共赢的新型国际税收关系作出贡献。法国艾克斯—马赛大学欧亚研究所所长金邦贵表示，中国创造性地利用国内国际两方面资源，积极致力于帮助发展中国家提高税收征管能力，通过分享中国经验促进民心相通，让更多发展中国家搭上中国税改的"快车道"。① 提升税收征管能力，有助于从深层次化解发展中国家所面临的税收难题，增强发展中国家参与全球税收治理的能力。

然而，应当认识到，中国在全球税收治理中的话语权虽然有所提升，但相比于西方发达国家仍有待于提高。因此，中国应当继续积极参与全球税收治理的进程，提升自身在国际议题设置、规则制定等方面的能力。特别是近年来，全球化的发展进程受到阻碍，逆全球化的挑战日益加剧，全球范围内的孤立主义、民粹主义和保护主义不断升级。英国"脱欧"、特朗普当选美国总统后宣布美国退出 TPP 和《巴黎协定》等事件，折射出以美国为首的西方国家在全球治理中不仅不能担负起应有的责任，反而以邻为壑，公然违背全球化的历史潮流和人类社会合作共赢的发展理念。逆全球化的浪潮与美国等西方国家税收政策的内顾倾向已成为全球税收治理所面临的一大新兴挑战。中国应当认识到，逆全球化虽然给全球税收治理带来了风险与挑战，但也为全球税收治理体系的变革带来了机遇与动力。西方大国奉行孤立主义与保护主义是自私自利、不负责任的表现，既无助于国际问题的解决，也会给自身的国家形象与国际影响力产生负面的影响。相比之下，中国提出"一带一路"倡议，顺应全球化的历史大势，着力打造人类命运共同体的努力，使国际社会对中国引领全球治理体系变革的作用更加期待。因此，中国应当积极参与全球税收治理，努力抓住国际话语权和规则制定权上升的机遇，既要维护自身的税收利益，又要加强与其他发展中国家的对话和合作，从而奏响合作共赢的"交响乐"，寻求各方利益的最大公约数。②

---

① 国家税务总局国际税务司，国家税务总局税收宣传中心：《深度参与国际税收改革书写大国税务责任担当——党的十八大以来国际税收改革发展综述》，《国际税收》2017 年 11 期。

② Chen JingXian, "Tax Treaties: Past, Present and Future", *Asia - Pacific Tax Bulletin*, Vol. 25, No. 5, 2019.

二　全球税收治理平台的治理功能

随着全球化的发展，各国之间相互依存的程度日益提高，国际税收问题往往超出了单个国家治理能力的范围，因此各种全球税收治理平台应运而生，并在全球税收治理中发挥日益重要的作用。目前，全球税收治理平台主要包括联合国、经济合作与发展组织、二十国集团（G20）、税收征管论坛（FTA）等。由于税收与国家主权密切相关，并且各国经济发展水平不同，税制差异较大，因此国际社会在税收领域尚未形成一个成员广泛、职能完善且权威有效的政府间国际税务组织。相反，现行全球税收治理平台体系呈现为明显的三角结构：三角的一边是以 OECD 为代表的国际组织，它们为 G20 提供专业知识和技能，成为国际税收政策的实际制定者；三角的另一边是 G20，它提供的政治领导和政策导向使各国在全球税收治理中不断达成共识；第三边是联合国，虽然其在全球税收治理中的实践还不是很多，但其极强的包容性和广泛的代表性必将使其成为全球税收治理中重要的一极。① 在这种格局下，不同的平台具有不同的成员组成、职能范围和比较优势，因而它们必须互相分工和互相补充，进行有效的合作。然而，由于缺乏一个能够为广大发展中国家凝聚共识、统一发声、促进共赢的国际税务组织，现行全球税收治理平台体系的静态构成与动态运作在民主性、合法性与公正性方面都始终存在着局限。

（一）联合国在全球税收治理平台体系中的作用

1945 年 10 月 24 日，《联合国宪章》正式生效，联合国随之宣告成立。根据《联合国宪章》第 1 条的规定，联合国以维护国际和平与安全为首要目的，同时也旨在促成国际合作，以解决国际经济、社会、文化及人类福利等问题。截至 2011 年，联合国共有 193 个会员国。② 其中，亚非拉国家及发展中国家占联合国会员国总数的 2/3 以上。可见，联合国的重要特点之一，就在于其具有广泛的代表性与强大的包容性。

1968 年，联合国建立了一个专家特别小组，该小组在 OECD 范本的

---

① 崔晓静：《全球税收治理中的软法治理》，《中外法学》2015 第 5 期。
② 联合国：《会员国的增长——1945 年至今》，http://www.un.org/zh/sections/member-states/growth-united-nations-membership-1945-present/index.html。

基础上进行 UN 范本的起草工作。2005 年，该专家小组升格为国际税务合作专家委员会，并开始直接向联合国经社理事会报告工作。这标志着税收问题在联合国体系中具有了更高的地位。委员会是一个开放、包容、透明的机构，许多委员会成员以外的来自学界、商界和非政府组织的人士也可以自由地参与讨论。委员会的职权比较广泛，包括修订和更新 UN 范本、为各国提供一个进行国际税务合作的对话框架、为发展中国家税收征管能力的提升提供技术支持等。然而，相比于广泛的职权，委员会所享有的资源十分有限。尽管委员会时常呼吁赋予其更多的资源以满足自身广泛职权的需要，但联合国究竟应当在税收问题中投入多少资源仍然是一个饱受争议、有待于解决的问题。① 此外，不可否认的是，尽管委员会具有上述开放性，但其成员数量毕竟有限，仅包括由各国政府提名的 25 名成员，因而难以真正代表世界上所有的国家。同时，它在本质上仅仅是一个专家委员会，而非一个政府间的委员会，因此不能领导政府间的谈判。②

由于上述困境，联合国目前在全球税收治理中的实践还不是很多，其工作重心主要在于制定和更新《联合国发达国家和发展中国家避免双重征税的协定范本》。从结构上看，UN 范本与 OECD 范本大体相同，但在价值取向和条款内容方面，UN 范本更侧重于照顾资本输入国的权益，也更加强调来源地税收管辖权。因此，它出台以来得到广大发展中国家的普遍采用。然而，由于联合国发展中成员国参与全球税收治理的能力仍然有限，UN 范本及其注释的修订往往跟随于 OECD 范本及其注释之后，在规则的建立与创新方面缺乏主动性。值得注意的是，近年来，联合国更加注重发展中国家参与全球税收治理能力的建设，推出了一系列的出版物、培训课程和技术援助，为发展中国家的税务官员提供指导。③ 此举有助于从深层次化解发展中国家在全球税收治理中参与度和话语权不足的难题，从

---

① Michael Lennard, "The Purpose and Current Status of the United Nations Tax Work", *Asia-Pacific Tax Bulletin*, Vol. 14, No. 1, 2008.

② United Nations, UN Financing for Development negotiations: What outcomes should be agreed in Addis Ababa in 2015? http://www.un.org/esa/ffd/wp-content/uploads/2014/12/gc-outcomes-Addis-CSO-En.pdf.

③ Brian J. Arnold, "The UN Committee of Experts and the UN Model: Recent Developments", *Bulletin for International Taxation*, Vol. 71, No. 3/4, 2017.

长远来看也更有利于提升发展中国家在全球税收治理中的积极性和主动性。

关于全球税收治理体系的变革，早在 2001 年，由 Ernesto Zedillo 担任主席的"关于发展融资的高级别小组"在向联合国提交的报告中就建议建立一个国际税务组织，并对其职能进行了设想。① 然而，此项建议在提出后的十多年间并未受到重视，缺乏新的进展。直到 2015 年联合国第三次发展筹资会议前后，国际税务组织的建立才再次受到国际社会的关注：全球 600 多个民间组织在《亚的斯亚贝巴关于发展筹资的民间社会论坛宣言》中强烈建议联合国建立一个透明、负责任、资源充足、成员广泛、能够领导全球税收合作的政府间税务组织②；广大发展中国家的代表也在筹备会上呼吁建立一个全球性的国际税务合作标准制定机构。③ 遗憾的是，大会成果文件《亚的斯亚贝巴行动议程》及联合国大会就此次发展筹资会议最终通过的决议均未能回应和体现上述诉求。此外，这一努力也屡屡遭到发达国家的反对：美国表示不支持在联合国的框架下建立一个国际税务合作的政府间组织，包括将现有的国际税务合作专家委员会上升为国际税务合作组织，因为其认为这一组织的工作将会在很大程度上与国际货币基金组织、世界银行等组织已经开展的工作相重合，而这些组织的工作已经综合考虑了发达国家和发展中国家的政策立场。④ 欧盟也认为目前已经存在许多追求相似目标的国际组织，因此应该加强现有组织之间的合

---

① United Nations General Assembly, Letter dated 25 June 2001 from the Secretary-General to the President of the General Assembly, http://daccess-ods.un.org/access.nsf/get?open&DS=A/55/1000&Lang=E.

② CS FfD, Declaration from the Addis Ababa Civil Society Forum on Financing for Development, https://csoforffd.files.wordpress.com/2015/07/addis-ababa-cso-ffd-forum-declaration-12-july-2015.pdf.

③ United Nations, Statement on Behalf of the Group of 77 and China by Ms. Pamela Luna Tudela, Minister Counsellor of The Plurinational State of Bolivia, at the Second Round of Substantive Informal Session of The Preparatory Process for the Third International Conference on Financing for Development on Enabling and Conducive Policy Environment, http://www.un.org/esa/ffd/wp-content/uploads/2014/12/9Dec14-statement-g77.pdf.

④ United Nations, Economic and Social Council Special Meeting on International Cooperation in Tax MattersStatement by Jill Derderian, Counselor for Economic and Social Affairs, June 5, 2014 - As Prepared, http://www.un.org/esa/ffd/wp-content/uploads/2014/09/ICTM2014_StatementUSA.pdf.

作，而非急于建立一个新的国际税务组织；并且，在考虑建立一个新的国际税务组织之前，应先尽一切努力确保现有的国际税务合作专家委员会能够以最有效的方式运作。① 可见，虽然广大发展中国家长期以来强烈呼吁建立国际税务组织，但发达国家的反对和阻挠势必会使这一愿望的实现成为一个艰难曲折的过程。

（二）OECD 和 G20 在全球税收治理体系中的作用

1. OECD——国际税收标准的制定者

经济合作与发展组织是由 34 个市场经济国家组成的政府间国际经济组织，其在税收领域的工作主要是由财政委员会（Committee on Fiscal Affairs）及税收政策和行政管理中心（Centre for Tax Policy and Administration）来完成的。OECD 在全球税收治理中发挥的作用主要表现为以下几个方面：第一，针对国际双重征税，OECD 制定了《关于对所得和资本避免双重征税的协定范本》，这一范本已经成为成员国与非成员国之间乃至非成员国之间谈判的基本参考文件，同时，它还是其他世界性或区域性国际组织关于双重征税及相关问题的基本文件。第二，针对有害税收竞争，OECD 发布了一系列报告，例如 1998 年的《有害税收竞争，一个正在出现的全球性问题》。这些报告体现了 OECD 在限制有害税收竞争这一问题上的进展，使其成为国际社会中抑制有害税收竞争的主导力量。第三，针对税基侵蚀和利润转移，OECD 出台了"税基侵蚀和利润转移行动计划"（Base Erosion and Profit Shifting，简称 BEPS），为各国政府制定方案以应对 BEPS 提供了一个全球路线图。

基于 OECD 在全球税收治理中作出的卓越贡献，它被公认为"制定税收标准和指南的市场领导者"，OECD 秘书长自己也说 OECD "站在了

---

① United Nations, European Union and its Members States Position on Options for Further Strengthening the Work and Operational Capacity of the Committee of Experts on International Tax Cooperation, with an Emphasis on Better Integrating its Work into the Programme of Work of the Council Following its Reform and Effectively Contributing to the Financing for Development Process and to the Post-2015 Development Agenda, http://www.un.org/esa/ffd/wp-content/uploads/2015/03/ICTM2015_EuropeanUnion.pdf.

为全球经济设定税收标准的最前沿"。① 然而，尽管 OECD 做出了上述努力，其本质上依然是一个主要为发达国家服务的"富人俱乐部"，并且随着 OECD 成员国在全球经济中所占的份额逐渐减少，它在代表性方面的不足越来越受到诟病。

2. G20——全球税收治理的领导者

二十国集团于 1999 年 9 月 25 日由八国集团的财长在华盛顿宣布成立，是一个相对年轻的机构。G20 并非国际组织，而是布雷顿森林体系框架内非正式对话的一种机制，是由 11 个发达国家和 8 个欠发达国家的财政部长和央行行长，以及来自欧盟、国际货币基金组织和世界银行的代表构成的国际经济合作交流论坛。

作为一种非正式的国际机制，G20 具有灵活性和开放性的优势，顺应了全球治理多元化的趋势。在议题设置方面，每年的轮值主席国根据国际政治经济形势变化的情况自由设置议题，讨论国际政治经济等方面的热点问题，因而具有与时俱进的优势。然而，基于议题设置的自由性，有的学者认为"以后的领导人峰会能否将议题持续集中在全球税收治理方面尚存疑问"。② 但从历届峰会来看，有关税收的议题设置已从最初的零碎分散变得更加的全面系统，税收议题设置的频率也越来越高。可见，未来 G20 在全球税收治理中将发挥更加重要的作用。在约束机制方面，G20 的决议并不对各国产生硬性约束力，因而各国可以坦诚交流观点而不必担心被法律承诺束缚。然而，由于缺乏常设机构和法律约束力，G20 协议的执行也面临着许多困难。为此，一些学者建议 G20 在保持非正式性的基础上加强与正式国际组织的互动，提高其决议执行的效力，或者在一定程度上通过提升制度化水平来提高其效率。③

关于 G20 的代表性，在理论上存在着争议。肯定者认为，G20 成员涵盖面广，其构成兼顾了发达国家和发展中国家以及不同地域利益平衡，人口占全球的 2/3，国土面积占全球的 55%，国内生产总值占全球的

---

① Allison Christians, "Networks, Norms, and National Tax Policy", *Washington University Global Studies Law Review*, Vol. 9, No. 1, 2010.

② 王丽华：《全球税收治理及中国参与的法治进路》，《环球法律评论》2017 第 6 期。

③ 刘宏松、项南月：《G20 与全球经济治理研究述评》，《国际观察》2016 年第 5 期。

86%,贸易额占全球的 75%,因此代表性强。① 反对者则认为,G20 的成员在地区分布上不平衡:欧盟代表性过高,而加勒比、北欧、东南亚和非洲地区则代表性不足甚至被完全排除。② 还有观点认为,G20 成员国的选择过于随意,缺乏清晰合理的标准。本书认为,从成员构成和实际运作来看,G20 的代表性相比于 G8 和 OECD 有所提升,但仍然比较有限,不足以代表其余的 170 多个国家,因而有待于进一步提升。

G20 是全球税收治理中的重要领导力量。理论上,G20 的决议仅能对其成员国具有合法性和约束力。但事实上,G20 在全球税收治理中的行动已经深刻影响到了大部分的国家,其政治决策能够在国际社会中形成强大的政治压力,迫使各国政府认真考虑和遵从 G20 所提出的国际税收标准。G20 早期在全球税收治理中发挥的作用主要表现在打击国际避税地、提高税收透明度和进行税收信息交换等特定方面。2016 年,《二十国集团领导人杭州峰会公报》明确提出"将继续支持国际税收合作以建立一个全球公平和现代化的国际税收体系并促进增长,包括推进正开展的税基侵蚀和利润转移合作、税收情报交换、发展中国家税收能力建设和税收政策等,以促进增长,提高税收确定性",使 G20 在全球税收治理中的作用上升到了一个新的高度。

3. OECD 与 G20 的互动关系及其局限性

OECD 的比较优势在于,其具有完善的组织结构和优秀的人才资源,在全球税收治理中有着悠久的历史和丰富的经验,因此具有较强的国际税收政策制定能力;其不足即在于缺乏代表性与民主性。相比之下,G20 虽然相对年轻且缺乏完善的机构设置,但具有更加广泛的包容性与代表性。在这种背景之下,OECD 与 G20 形成了相互配合的关系:一方面,G20 充分利用了 OECD 决策能力和组织机构方面的优点,委托 OECD 作出税收决策方案,为 G20 峰会的最后抉择提供参考和借鉴;另一方面,OECD 在很多问题上的立场和观点只有通过 G20 这个更具包容性的平台才能为更多的国家所接受和认可。

---

① 参见外交部《二十国集团概况》,http://www.fmprc.gov.cn/web/gjhdq_ 676201/gjhdqzz_ 681964/ershiguojituan_ 682134/jbqk_ 682136/。

② Andrew F. Cooper, "The G20 and Its Regional Critics: The Search for Inclusion", *Global Policy*, Vol. 2, No. 2, 2011.

然而，必须清楚地认识到，G20 相比于 OECD 在民主性和合法性方面固然有所提升，但其代表性终究是有限且仍受质疑的，同时，由于 G20 在税收决策中过度依赖 OECD 提供的决策方案，其最终决策势必会更多地染上 OECD 成员国集体意志的色彩，偏向发达国家的利益和诉求。正因如此，有批评指出，目前全球税收治理的大部分工作都是在 G20 和 OECD 的运作之下展开的，包括自动信息交换和 BEPS 行动计划。虽然这两项行动在开展过程中都与非属 G20 成员的发展中国家进行了咨询磋商，但真正的政府间谈判和决策都是在 G20 成员间进行的，并且同其他发展中国家进行咨询的过程未必能够对 G20 的决策产生实质性的影响。因此，从数量上看，全球 80% 的国家都被排除在 G20 国际税收标准的制定决策程序之外。即使是 OECD 自身也不得不承认 BEPS 的工作没有解决一些发展中国家最关注的问题。[1]

通过分析 G20 与 OECD 的互动机制，可以发现：OECD 作为"发达国家的俱乐部"，能够事先在发达国家之间协调立场、凝聚共识，并为 G20 峰会提供税收决策方案，而美国、日本、德国、法国、英国、加拿大、韩国则具有 OECD 和 G20 峰会的双重身份。这就意味着，发达国家在 G20 峰会中更有可能在彼此间形成默契，通过统一的声音来传达和维护自身的利益诉求，并且能够主动提出代表自身利益的方案，在决策中抢占先机和占据主导地位。相比之下，由于缺乏一个能够与 OECD 起到类似的作用，为广大发展中国家凝聚共识、统一发声的国际税务组织，发展中国家在 G20 的决策过程中则显得力量分散、响应被动。首先，由于缺乏彼此间的长期合作和事先政策立场的协调，8 个发展中国家在 G20 的决策过程中都难免会产生分歧，更无法奢望所有发展中国家的共同利益能够在决策过程中得到充分地反映和传达。其次，由于缺乏一个组织在背后作为"智囊团"，发展中国家在 G20 谈判中无法主动提出代表自己利益的、体系完整的政策方案，以至于只能在方案框架制定后被动地做出响应，依靠政策制定的外交签字阶段这一"最后防线"来维护自身的利益，而无法实质性介入到税收政策谈判这一重要阶段。因此，发展中国家的代表性在 G20

---

[1] United Nations, UN Financing for Development negotiations: What outcomes should be agreed in Addis Ababa in 2015? http://www.un.org/esa/ffd/wp-content/uploads/2014/12/gc-outcomes-Addis-CSO-En.pdf.

机制下被巧妙规避,国际税收政策制定的决策权仍然牢牢地为发达国家所掌握,以 OECD 和 G20 为主导的国际税收决策机制在代表性、合法性和公正性上仍然存在着许多问题。①

(三) 现行全球税收治理平台体系的总体评价

通过上述分析,本书认为,在联合国的框架下建立一个成员广泛、职能完善且权威有效的国际税务组织,符合广大发展中国家的利益和全球税收治理民主化、法治化和公正化的发展方向,但来自作为既得利益者的发达国家的阻挠和反对将使这一愿望的实现成为一个长期而艰巨的过程。

在现行全球税收治理平台体系的三角结构下,联合国国际税务合作专家委员会的成员构成和实际运作体现出了较强的民主性和公正性,但由于资源和地位的限制,其职能范围、运作效率和治理能力还有待于进一步提升。OECD 作为"发达国家的俱乐部",能够为发达国家协调立场、传达诉求,并借助 G20 这个宽广的平台来推广和实施自身的政治主张。相比之下,由于缺乏一个能够与 OECD 起到类似的作用,为广大发展中国家凝聚共识、统一发声的国际税务组织,发展中国家在 G20 的决策过程中则显得力量分散、响应被动。在全球税收治理中,发达国家不仅主导国际规则,而且通过组建国家集团等形式的合作与结盟来协调彼此之间的立场,以更好地维护其所获取的既得利益。相反,新兴与发展中国家不仅在全球事务上缺少话语权,更重要的是缺少表达自身利益和协调政策行动的机制和平台。②

三 跨国纳税人的治理功能

跨国纳税人包括跨国企业与跨境自然人。跨国纳税人在全球税收治理中的角色具有多重性。

(一) 跨国纳税人是全球税收治理中的问题源和被规制的对象

国家与纳税人是税收博弈中的对立主体:纳税人为了使自身利益最大化,利用税法的漏洞进行税收筹划,尽可能减轻自身的税负;国家为了在

---

① 崔晓静:《后危机时代国际机制中的税收决策权力分析》,《税务研究》2012 年第 6 期。
② 徐秀军:《制度非中性与金砖国家合作》,《世界经济与政治》2013 年第 6 期。

法律规定的范围内尽可能多征税，不断完善税制，堵塞税法的漏洞。纳税人税收筹划与国家税收征管的水平就在两者相互博弈的过程中不断提升。在国际税收实践中，跨国企业能够利用其在全球范围内的战略布局，通过转让定价等方式进行税收筹划，从而造成了主权国家税基侵蚀与利润转移的问题。自然人的跨境活动也给全球税收治理带来了的挑战：跨境个人税源体量小，但大部分属于高净值个人，人均税收贡献度较高；涉及的应税人群和所得比较广泛，税务机关不易获取涉税信息；涉及的涉税政策和征管环境比较复杂，需要较强的国际税收治理能力。① 因此，全球税收治理的核心，就在于加强国际税收征管合作，以有效应对与跨国纳税人有关的国际税收问题。

（二）跨国纳税人是税务机关服务的对象

随着"服务型政府"理念的提出，跨国纳税人不仅仅是税务机关管理的对象，还是税务机关服务的对象，纳税人的权利日益得到重视。例如，税务机关为了更好地帮助企业开展跨境投资，降低企业在海外遇到的税收风险，为跨国企业提供境外税制的信息，在企业遇到国际税收争议时通过相互协商程序与他国税收主管当局进行协商。又如，随着国际税收自动信息交换的推进，纳税人的参与权、隐私权与获得救济权也日益受到重视。这些现象反映了国际税收正从内涵单一的"管理"向内涵更加丰富的"治理"模式转变，有利于保护跨国纳税人的合法权益，提升全球税收治理的民主化与法治化水平。

（三）跨国纳税人正在日益成为全球税收治理的积极参与者

随着全球税收治理的不断发展，跨国纳税人正在日益成为全球税收治理的积极参与者。例如，OECD在其税收政策研究中一向重视跨国公司等利益相关者的意见和建议。OECD多项报告的主要章节草案都会在OECD网页上公布，供公众评论。其中，大型法律和会计公司的代表、全球性公司的税务总监和财务总监、主要银行的税务经理等都以利益相关者的身份积极参与评论和提出建议。② 跨国纳税人对全球税收治理的

---

① 刘建华：《加强自然人国际税收管理的实践与思考》，《国际税收》2017年第8期。
② 叶莉娜：《跨国公司与国际税收征管合作：地位和态度的嬗变》，《国际商务研究》2015年第6期。

积极参与，有助于在国家与纳税人之间建立起沟通合作的桥梁，减少二者之间的冲突与摩擦，从而能够提高税法的遵从程度，减少税收征管与纳税的成本。

第三节　全球税收治理中的硬法缺陷

国际法治既是全球税收治理的合法性来源，也是其重要的规范工具。根据传统的国际法理论，严格法律意义上的国际法渊源仅包括国际条约和国际习惯法。然而，在国际社会中，国际硬法由于种种原因暴露出自身的局限性，特别是在国际税收领域，现有的硬法难以有效地规制逃避税行为，想要及时有效地形成能够协调、统一代表各国意志的硬法也是极其困难的。在这种背景下，全球税收治理领域的软法开始被各国关注，其蓬勃发展成为了一种必然趋势。可见，全球税收治理的"工具库"正在不断丰富与充实，国际硬法与软法的相互配合、相互补充，将为全球税收治理提供更加有效的规范工具。

一　国际硬法概述

（一）国际硬法的定义

虽然迄今为止还没有关于硬法的统一定义，但学界存在一个共识，即硬法是对国家等国际行为体具有强制约束力的国际法。在国际法层面，国际硬法主要指国际条约和国际习惯法。长期以来，硬法是规范各国行为、确定国际权利义务关系、促进国际协调合作、应对解决各种国际问题和争端的基本依据和方法。例如，《联合国宪章》《维也纳条约法公约》《联合国海洋法公约》《建立世界贸易组织协定》等各种硬法为建立、维护基本的国际秩序与国际权利义务关系，以及应对解决各种国际问题和争端发挥了极为重要的作用。

1. 国际条约

国际条约是国际法主体间就权利义务关系缔结的一种书面协议，在国际税法领域，主要表现为国际税收协定以及其他国际条约中与国际税收有关的规定。国际条约的优点在于其内容比较明确、存在易于证明、便于国际社会的适用；其缺点主要在于制定和修改程序复杂、难以及时回应全球税收治理发展的需要、其强制约束力往往使一些国家对于是否加入存在疑虑等。

目前，国际税收协定主要是双边税收协定，数量超过 2000 项的双边税收协定组成网络，支撑起国际税收体系。这些协定的内容非常相似，它们都是基于 OECD 和联合国的税收协定范本。[①] 双边税收协定的主要内容多是对各种主要的国际所得规定相应的管辖权原则，以此来合理地划分缔约国各方的税收管辖权的范围，同时一般还包括有关税收信息交换的规定等。由于双边税收协定的缔约主体仅有两个国家，因此其磋商和缔结的难度相对较小，但也正因为如此，其所涉事务和地域的范围也十分狭窄，无法从宏观的角度和全球的视野考虑国际税收问题，因而难以满足全球税收治理的需要。随着全球化的推进，国际税收协定将来的发展方向是多边税收协定以及国际税收公约，而且所涉及的领域也将突破所得税和财产税而向其他税种领域扩展。

2. 国际习惯法

国际习惯法，是指在国际实践中，各国长期重复地采取类似行为而被各国接受为法律的一种具有法律约束力的行为规则。国际习惯法一经证明便具有普遍的约束力，原则上能够约束整个国际社会，但证明其存在较为困难。现有的研究对国际税收习惯法的关注十分有限，几乎没有学者结合国际习惯法的概念与构成要件对国际税收领域内的国际习惯法进行系统、全面的梳理与考量。同时，由于国际税法本身历史较短，而国际习惯法一般都需要较长的形成过程，因此，国际税收习惯法的数量并不多，在全球税收治理中发挥的作用也比较有限。一般认为，居民税收管辖权、对外国人的税收无差别待遇原则、对外交使领馆人员的税收豁免以及针对转让定价的公平交易标准等构成国际税收习惯法，但这些习惯法大多已经上升为条约的内容，以条约的形式产生更加具体、明确的法律约束力。

二 全球税收治理中硬法治理的缺陷

(一) 全球税收治理中硬法治理的缺陷概述

随着国际社会相互联系和依赖日益紧密，各种全球性问题和挑战不断

[①] 鲁文·S. 阿维-约纳：《国际法视角下的跨国征税——国际税收体系分析》，法律出版社 2008 年版，第 3 页。

扩展、凸显和复杂化。对此,硬法作为一种传统的治理工具和方法开始暴露出内在的缺陷。总地来看,这种缺陷来自硬法自身固有的性质、形成特点和作用方式。芝加哥大学的 Sungjoon Cho 和 Claire R. Kelly 分析认为,从条约这类硬法的形成过程来看,缔结条约需要付出极大的外交和政治努力,以便在相关各方之间达成共识与妥协。很自然地,缔结条约过程不仅是艰苦的也是不牢靠的过程。在这一过程中缔约各方往往会失去最初的热情和动力。而且,条约所具有的法律"约束力"的性质倾向使谈判各方不愿敲定任何明确的文本。因为它们想为自己留下足够的灵活性以应对未来事件。同样地,条约的缔结时常伴随着保留、谅解、声明,这实际上限制了条约的最初的法律效果。从条约的修订过程来看,条约的修订过程面临着与缔结条约过程同样的艰难曲折,因此,一项规制条约一旦形成,便很难跟上随后不断变化的规制环境。条约的这些缺陷常常导致有限的或失败的国际合作。这种合作失败进而导致国家以单边方式坚守自己的国内规则。面对当代经济相互依赖,尤其是在金融危机期间,这种合作失败尤其成问题。[1]

本书认为,作为一种全球税收治理的工具和方法,缔结条约所追求的是达成正式的普遍的共识与妥协,形成具有正式约束力的持续稳定的规制,这是条约这类硬法所具有的传统优势和特点。然而,面对各种全球问题和挑战不断凸显、扩展和复杂化,在不同和变化的情形下,硬法治理所具有的传统优势和特点反而逐渐成为一种缺陷。就全球税收治理而言,各国在税收主权与国内利益需求等方面始终存在着重大的分歧与矛盾,形成基础性的多边国际条约将面临极大的困难与障碍。在此情况下,硬法自身固有的性质、形成特点和作用方式为全球税收治理所提供的往往不是一种诱导和向心力,相反,它产生的是一种"排斥"与"挤出"效应。因为它使得那些不愿意接受妥协、条约规范的硬性约束或认为自身利益没有被充分考虑的国家只能选择回避、退出或者简单应付有关条约的谈判缔结过程,从而逐渐游离于全球税收治理的进程之外。这就使得全球税收治理成为小规模的碎片化的治理状态,而不能成为包容性的普遍治理。从全球税

---

[1] Sungjoon Cho and Claire R. Kelly, "Promises and Perils of New Global Governance: A Case of the G20", *Chicago Journal of International Law*, Vol. 12, No. 2, 2012.

收治理本身应当具有的动态进程来看,硬法自身固有的性质、形成特点和作用方式难以为全球税收治理提供动态的结构与进程。硬法治理所追求和依赖的是正式、稳定的规则体系,而不是开放的动态的结构与进程。这样的规则体系一旦形成,相关的治理活动将围绕着规则的实施与解释运用而展开,而不是对国际税收秩序与各国利益进行不断再平衡与协商的动态进程。当然,在硬法治理模式下,围绕着规则的实施与解释运用依然会存在着一定的再平衡与协商过程,尤其是对于条约中的那些框架原则和义务而言,其实施与解释运用将存在着更大的灵活性。然而,这种条约内部的再平衡与协商无论是在广度和深度上都是有限的,况且,这样的再平衡与协商的内容与过程还将受到国际法规则的约束限制,如《维也纳条约法》中有关条约解释适用的规则。因此,总的来说,硬法治理所开启和实施的主要是一种静态的规则治理,而没有充分提供全球税收治理所需要的动态结构与进程。综上,在全球税收治理中,由于硬法自身固有的性质、形成特点和作用方式,硬法治理在基本功能上就已经不可避免地存在着明显的缺陷。

除了硬法自身固有的性质、形成特点和作用方式所导致的内在的治理功能缺陷外,本书希望进一步通过研究国际税收领域的现有条约如双边税收协定,专项税收信息交换协定和《多边税收征管互助公约》,从中具体分析全球税收治理领域的硬法及其缺陷。

(二) 全球税收治理中硬法治理缺陷的具体分析

1. 双边税收协定

双边税收协定(Bilateral Tax Agreements)是指两个主权国家所签订的协调相互间税收分配关系的税收协定。双边税收协定的主要内容多是对各种主要的国际所得规定相应的管辖权原则,以此来合理地划分缔约国各方的税收管辖权的范围。双边税收协定一般都会有税收信息交换的规定,其中信息交换的内容和范围一般受主权原则和互惠原则的制约,双方可以通过行政协议对此问题做出专门规定。[1]

由于各国政治、经济和文化背景的不同,尤其是税制方面存在很大差异,出于维护各自国家利益的需要,多个国家就有关税收事务谈判,达成

---

[1] 参见张勇《论双边税收协定》,《法学研究》1987年第8期。

一个一致的协议是十分困难的，而两个国家之间就相对容易一些。自从 20 世纪《关于对所得和资本避免双重征税的协定范本》（*Model Convention with Respect to Taxes on Income and on Capital*，以下简称《OECD 范本》）和《联合国发达国家和发展中国家避免双重征税的协定范本》（*United Nations Model Double Taxation Convention between Developed and Developing Countries*，以下简称《UN 范本》）诞生以来，双边税收协定在税收的国际协调与合作过程中发挥了重要作用。目前全球范围内一共有 2000 个以上的双边税收协定。

但是正因为双边税收协定是两个主权国家之间依据本国实际和从本国利益出发磋商制定的，且通常要与国内法的规定相一致。这也就决定了双边税收协定的主要功能是解决两国之间的双重征税问题，而不是从整体上考虑和解决全球税收治理所面临的基础问题和迫切需求，同时它对税收信息交换的规定极为简单，完全不能有效地适应全球税收治理的需要。目前，数量庞大的双边税收协定依然是相互独立、平行的文本规范，缺乏内在的联系与协调，难以为统一协调的全球税收治理提供基础性的规范依据。

2. 专项税收信息交换协定

税收信息交换是在经济一体化、全球化的背景下，各国税务当局之间加强税务合作的一项重要内容，是国际税收协调的重要组成部分。[①] 2002 年 4 月，OECD 发布了《税收信息交换协定范本》（*Model Agreement on Exchange of Information on Tax Matters*，以下简称《TIEA 范本》）。经过长时间的酝酿发展，《TIEA 范本》不断完善，为世界各国进行信息交换提供了成熟的规范标准，受到了广泛好评。现阶段国际上所签订的税收信息交换协定绝大多数是双边协定，截至 2014 年，已有 120 多个合作国家同意从 2006 年开始进行这种刑事和民事方面的税收信息交换。在过去的十年里，美国已经与被 OECD 列为避税天堂国家的 14 个司法管辖区签订了税收信息交换协定（以下简称 TIEA）。[②] 截至 2013 年，中国也与 10 个司法

---

① 廖益新：《国际税法学》，高等教育出版社 2008 年版，第 307—310 页。

② Adrian Sawyer, "The OECD's Tax Information Exchange Agreements: An Example of (In) effective Global Governance?" *Journal of Applied Law and Policy*, Vol. 41, 2011.

管辖区签订了 TIEA，包括阿根廷、百慕大和巴哈马。①

然而，在实践中，《TIEA 范本》只是一个范本，各国在签订双边税收信息交换协定的过程中可以进行具体的协商和改变。OECD 标准也并非强制性标准，信息交换具体执行到何种程度要靠签订协议的各国相互协商。《OECD 范本》第 26 条框架下包含了应请求交换（即专项交换）、自动交换和自发交换三种信息交换方式，只有应请求交换是强制性的（Mandatory）。对其他信息交换方式，OECD 目前只能为愿意尝试的国家提供技术上帮助。而且，在现实中，主要国家与避税地签署 TIEA 也具有很大难度，推进速度相对缓慢。② 值得注意的是，许多 TIEA 中规定交换的信息必须保密，并规定了对信息进行保护和限制利用的条款。如果强大的 OECD 和 G20 国家与避税天堂签署双边 TIEA，TIEA 将对发展中国家没有作用，尤其是发展中国家得不到利益，并且它们的集体谈判地位将被削弱。TIEA 下信息交换的严格条件使有效的信息交换在任何情况下都不太可能。不仅如此，TIEA 省略了《OECD 范本》的修订，因为《OECD 范本》已经在 2002 年生效，然而，一些 TIEA 当事人已涵盖了《TIEA 范本》的附加内容，这表明 2002 年的协议是谈判的唯一指南。也就是说，2005 年添加到第二十六条的内容，即国家交换信息以及搁置银行保密法的规定被忽略了。并且在许多的 TIEA 缔约国，存在国内银行保密法凌驾于 TIEA 的现象。③ 总之，双边税收信息交换协定是用于解决全球税收治理中的专门性问题，但是，已有的这些 TIEA 与国际社会中所形成的范本及其修改完善依然存在着较大的差距，不能充分地适应全球税收治理的宗旨和目标。

3.《多边税收征管互助公约》

《多边税收征管互助公约》(Convention on Mutual Administrative Assistance in Tax Matters，以下简称《公约》）是一项旨在通过开展国际税收征管协作，打击跨境逃避税行为，维护公平税收秩序的多边条约。近年来，

---

① 国家税务总局：《中国签订的多边税收条约》，http：//www.chinatax.gov.cn/chinatax/n810341/n810770/index.html。

② 黄素华、高阳：《国际税收情报交换制度进入快速发展期》，《国际税收》2014 年第 2 期。

③ 郑榕：《国际税收情报交换：最新动态和中国对策》，《涉外税务》2006 年第 12 期。

这一公约的影响力快速上升，正日益成为开展国际税收征管协作的新标准。截至 2014 年 12 月，已有 84 个国家签署了《公约》，包括瑞士、卢森堡等不愿废除银行保密制度的国际离岸金融中心，并有 70 个国家原则上作出承诺，从而为打击隐匿海外财产构建了新的国际合作框架。

《公约》的作用不可否认，但是它的缺陷和不足同样不容忽视。首先在消除国际逃避税问题上有关国家的利益常常是对立的，而且避税天堂的大量存在也给公约的实施造成了较大的阻碍。其次，税收是与一国的主权紧密相连的，国家主权平等原则和税收领域的特殊敏感性使得国际税收领域的合作与发展举步维艰，《公约》的某些条款在许多国家看来是不可接受的。[1] 许多国家在对《公约》提出保留的同时，事实上也破坏了《公约》的整体目的。再次，《公约》第 6 条中规定了依据多边协定所约定的税种和程序规则，两方或多方可以根据《公约》第 4 条自动信息交换。[2] 但是这并不是强制性的，而是要求主管当局之间就采取的程序和包括的项目达成事先协议，因此与目前采取的国际税收透明度标准不符。在特定国家之间对于某些情形，该交换形式可能并不富有成效。例如，因为它们之间只有少量信息是可获取的或者国家之间的经济联系是有限的，或者给相关税务当局太大的压力。[3] 最后，公约缺乏强有力的约束性。根据《公约》第 30 条的规定，一国可以在签署、加入或以后任何阶段对适用税种、税款征收协助和文书送达协助等作出保留。如果保留的项目过多，会使加入《公约》的意义大打折扣，因为按照互惠原理，一国作出保留之后，在保留的范围内不用向其他成员国承担义务，但同时也无法享受相应的权利和便利。出于理性和公平考虑，《公约》扩大申请范围后，绝大多数国家还是在签署或批准的过程中对适用税种、税款征收协助、文书送达协助这三项内容作出了部分或全部保留。因此在国际税收合作中两个具

---

[1] 廖益新：《国际税法学》，高等教育出版社 2008 年版，第 307—310 页。

[2] OECD, Convention on Mutual Administrative Assistance in Tax Matters: Report and Explanation, http://www.oecd.org/ctp/exchange-of-tax-information/Convention_On_Mutual_Administrative_Assistance_in_Tax_Matters_Report_and_Explanation.pdf.

[3] OECD, Text of the Revised Explanatory Report to the Convention on Mutual Administrative Assistance in Tax Matter as Amended by Protocol, http://www.oecd.org/ctp/exchange-of-tax-information/Explanatory_Report_ENG_%2015_04_2010.pdf.

体国家在税收征管相互协助方面皆有可能存在许多分歧和冲突,使得《公约》陷入了多重博弈,实际操作中的效果会大打折扣。可见,在全球税收治理中,尽管国际社会努力推广和实施多边公约,但由于各国的利益分歧、冲突严重,在许多重要问题上难以通过多边公约形成普适性的强有力的硬法规范。多边税收征管互助公约依然难以为全球税收治理中的硬法治理提供全面的强大的支撑。

第四节 全球税收治理中的软法勃兴

一 国际软法概述

近年来,国际共同体中出现了一个新的现象,即被称为"软法"的国际法规则体系的形成。国际软法,一般是指在严格意义上不具有法律约束力,但又能产生一定法律效果的国际文件,这是由标准、承诺、联合声明、政策或意向声明(如1975年赫尔辛基最后文件)、联合国大会或其他的多边机构通过的决议等构成的体系。这些文件具有三个共同特征:第一,它表明国际共同体中出现了新趋势,国际组织或其他集体性机构负有在普遍关切的事项方面采取行动的使命。第二,它们涉及的是国际共同体的新的关切,以往国际共同体对这些关切不敏感,或者并未给予足够的警惕。第三,由于政治、经济或其他原因,国家在涉及这些事项的看法和标准方面难以形成充分的共识以达成具有法律拘束力的承诺。因此,这些标准、声明以及其他文件没有施加法律拘束力的义务。[①]

国际软法具有以下特征:第一,制定主体一般是超国家的国际组织。第二,软法不具有强制约束力,无法得到强制执行,而是通过一种软性的约束机制得以实行。第三,软法争议一般不具有可诉性,而是通过其他途径得以解决。

作为全球税收治理机制的规范工具,国际软法与硬法能够相互配合、相互补充。国际软法的立法和实施成本一般低于国际硬法,并且具有较大

---

① [意大利]安东尼奥·卡塞斯:《国际法》,蔡从燕译,法律出版社2009年版,第261—262页。

的灵活性，有助于与时俱进，弥补国际硬法的立法空白。国际软法虽然不具有强制约束力，但正因如此，软法的治理能够体现出更大的包容性和可接受性。此外，软法还具有转化价值，软法在全球范围内的推广与反复实践，有助于推动国际习惯的产生，甚至进一步上升为国际条约。可见，加强对国际软法的研究，有利于深入解释全球税收治理中出现的一些现象，例如《OECD 范本》《联合国范本》等国际文件的地位、性质和作用等，也有助于不断充实全球税收治理的"工具库"，增强解决国际税收问题的能力。

二 全球税收治理中软法勃兴的原因

对于软法在国际法上勃兴的原因，有学者分析界定了三个关键因素。第一，全球性问题大规模、多领域、不确定的集中显现是促使软法产生的最直接社会因素。第二，国际组织专业化的发展为软法的形成和发展提供了组织上的保障。第三，软法独特的非法律性约束方式为软法的发展提供了空间。[①] 在全球税收治理领域，国际社会已经形成了大量的各种形式的软法文件，并呈现出不断增长和广泛运用的强大趋势。造成国际税收治理软法勃兴的原因是复杂的，在一般的共同的因素之外，本书主要从主、客观两方面对全球税收治理中软法勃兴的具体原因进行分析。

（一）软法勃兴的客观原因

1. 缺乏强大的政府间国际税务组织

在当代国际社会中，为了有效应对解决各种全球问题与挑战，单纯依赖国家之间的自发性的合作协调是远远不够的，这往往需要形成普遍性的、强有力的政府间国际组织，并通过其职能运作来主导和推动国家间的合作协调。根据美国学者迈克尔·巴尼特与玛莎·芬尼莫尔的分析，国际组织类似于官僚机构，基于其所代表、体现和保护的共同利益和广泛共享的价值、原则，国际组织拥有相当程度的自主性与权威，包括授予性权威（delegated authority）、道义权威（moral authority）和专家权威（expert authority）。依据这些自主性与权威，国际组织界定、解释和建构国际社会所面临的问题和挑战，制定规范并推进其实施，使国家等国际行为体遵从

---

① 万霞：《试析软法在国际法中的勃兴》，《外交评论》2011 年第 5 期。

其判断和决定。① 随着各种全球问题与挑战日益凸显，一方面，主权国家开始日益向政府间国际组织主动让渡出一部分主权权利，另一方面，政府间国际组织也在实际运作中逐渐发展和强化其自主性、权威和职能权力。因此，这些普遍性的强有力的政府间国际组织逐渐获得了强大的职能权力甚至超国家的特性与职能权力。它们对于应对解决各种全球问题与挑战发挥了日益重要的作用。在国际社会中，一些重要的政府间国际组织根据其组织宪章并在长期的职能实践中，已经获得并逐渐强化了其自主性、权威和职能权力，如联合国、世界银行、国际货币基金组织、WTO，以及欧盟、非盟等区域国际组织。这些国际组织在和平、安全、人权、金融、贸易等领域拥有强大的职能权力，它们不仅可以强有力地推进相关条约的谈判缔结与实施，而且可以通过对其成员国具有拘束力的或者具有重大影响的组织决议。在这些政府间国际组织的主导和推动下，将得以形成硬法治理或类似于硬法治理的模式。

就全球税收治理而言，如果存在着一个普遍性的、强有力的政府间国际税务组织，那么，围绕着逃避税等问题，将得以形成硬法治理或类似于硬法治理的方法、进程与结构。然而，如前所述，令人遗憾的是，国际社会至今没有形成一个拥有强大职能权力、权威和自主性的政府间国际税务组织。虽然目前全球范围内有 OECD、G20 领导人峰会、税收透明度和信息交换全球税收论坛（The Global Forum on Transparency and Exchange of Information for Tax Purposes，以下简称全球税收论坛）等全球税收治理主体，但是它们并不是类似于联合国、世界银行、国际货币基金组织、WTO 等拥有强大职能权力的超国家国际税务组织。而一向反对由 OECD 制定全球税收游戏规则的联合国主张建立一个国际税收组织（ITO）来协调处理所有税收问题，包括反有害税收竞争问题，但来自作为既得利益者的发达国家的阻挠和反对将使这一愿望的实现成为一个长期而艰巨的过程。因此，在全球税收治理领域缺乏一个协调各国意志达成一致，从而签订条约或协定实现硬法治理的平台。

尽管国际社会目前缺乏普遍性的、强有力的政府间国际税务组织，但

---

① ［美］迈克尔·巴尼特、玛莎·芬尼莫尔：《为世界定规则：全球政治中的国际组织》，薄燕译，上海人民出版社 2009 年版，第 24—48 页。

是，各国在国际税收领域所面临的问题和挑战日益严峻和突出，在现有的薄弱的国际协调机制下，国际社会尤其需要在硬法治理之外寻求适当的其他治理方法。自 2008 年金融危机以来，各国饱受重创，离岸逃避税行为十分猖獗，打击离岸逃避税行为已经成为各国亟须完成的重要任务，因此只有通过软法促使各国改变或者修订国内法，接受软法进行信息交换提高税收透明度，才能有效打击离岸逃避税行为。可见，强大的政府间国际税务组织的缺失成为了全球税收治理中软法勃兴的重要原因之一。

2. G20 的政治决策和压力机制

2009 年 4 月 2 日，伦敦 G20 峰会期间，OECD 公布了最新的税收表现评估报告：按是否执行或承诺执行国际认可的税收标准，OECD 公布了评估的 82 个国家和地区名单，分成"黑、白、灰"三类。其中哥斯达黎加、马来西亚、菲律宾和乌拉圭四国因没有做出任何履行国际认可税收标准的承诺，被列入"黑名单"。而伦敦峰会公报称将采取行动反对避税港等不合作行为，并且已经做好制裁这些行为的准备，以保护公共财政和金融系统。也就意味着，以上四国将可能面临来自国际社会的严厉制裁，比如，被排除在国际货币基金组织和世界银行的融资安排之外。

在被列入"黑名单"的强大政治压力下，本来拒不接受国际认可税收标准和被视作在税务问题上最不愿合作的哥斯达黎加、马来西亚、菲律宾和乌拉圭四国迅速"改邪归正"，正式通告 OECD，称愿意在打击偷漏税方面与 OECD 进行合作，并将在年内取消阻碍国际税收标准实施的相关规定。2009 年 4 月 7 日，OECD 宣布，哥斯达黎加、马来西亚、菲律宾和乌拉圭四国已经做出相关承诺，将在今年内提出相关法案，参与国际反对有害税收竞争的行动，消除在执行国际认可税收标准方面的障碍，并将国际标准纳入现有法律和条约。因此，OECD 将它们从"黑名单"转入"灰名单"。

不仅如此，全球金融危机爆发后，G20 要求在更广阔的平台上加强国际间的税收信息交换合作。2009 年 9 月，全球税收论坛在墨西哥会议上进行了改组。在 G20 的正式授权下，该论坛被赋予了新的职能，即监督与促进各国对国际税收透明度原则的执行。改组后的全球税收论坛，将 G20 和 OECD 的全部成员吸收为其成员，并不断邀请更多的国家加入其中。到目前为止，全球税收论坛已经是世界上最大的税收组织，拥有 121

名成员。

为了监督和强化实施国际税收透明度和信息交换的标准和原则，改组后的全球税收论坛建立和实施了同行评议程序，其目的是对论坛所有成员国的信息交换制度进行不同于以往的深度监测，检查各国的法律制度和实践是否符合国际税收透明度原则。论坛的全部成员都将受到同行评议程序的审查。

由此可见，G20的政治决策和压力机制并没有直接寻求硬法治理，而是迫使各国认真考虑和遵从全球税收治理中的基本原则和各种标准，这就为国际税收领域的软法勃兴提供了政治基础和动力。

(二) 主观原因：国家内在税收利益的驱动

税收管辖权是一国政府所主张的对一定范围内的人或对象进行课税的权力。国际税收关系中的一系列矛盾和问题的产生，都与各国政府主张行使其税收管辖权有密切的关系。[①] 税收是与一国的主权紧密相连的，国家主权平等原则和税收领域的特殊敏感性使得国际税收领域的合作与发展举步维艰。

长期以来以瑞士、维尔京和开曼群岛为代表的国家和地区，为了促进本国的经济增长和增加国内就业，对有关所得不征税或仅名义征收，以吸引外国投资，而且凭借严格的银行保密制度，拒绝与资本输出国合作并提供税收信息，因而这些国际避税地便成为许多国家的域外税收监管的盲区，往往被跨国公司和个人利用，成为它们逃避税的天堂。滥用国际避税地给资本输出国造成了许多负面影响，甚至引发了恶性税收竞争，损害资本输出国的税收利益，这种以邻为壑的税收政策严重地阻碍了他国税收主权的实现。据估计，全球"避税地"每年吸引资金多达5万亿至7万亿美元，这些资金逃脱了所属国的金融监管，如离岸逃税造成了美国每年大约1000亿美元的税收收入损失，约占美国每年税收漏洞的1/4到1/3。而从世界范围上来讲，因避税港所引起的税收损失可能会超过2500亿美元。

离岸逃避税行为的日益猖獗，给世界各国造成了巨大的税收收入损失，特别是金融危机爆发后，各国财政入不敷出，财政收入不足，各国为

[①] 廖益新：《国际税法学》，高等教育出版社2008年版，第25页。

增加税源，保持收入稳定，实现经济复苏，打击离岸逃避税势在必行。显然，在内在的税收利益的驱动下，各国迫切地需要寻求和实施合适的治理。对此，如果按照硬法治理的模式，各国只有通过谈判签订多边国际条约才能实现在全球税收治理上的利益需求。然而，正如本文前面所分析的，硬法治理模式下的多边国际条约难以包容、协调各种复杂、矛盾的利益需求。如果强行推进严格的条约规范，势必使许多国家选择回避条约而游离于硬法治理之外。而为了扩大条约的普遍性，多边国际条约势必要使条约规范具有更大的灵活性或可保留性，然而这也就使多边国际条约丧失了硬法治理的价值与作用。与硬法治理模式所不同的是，软法治理并不寻求直接的硬性的规范约束效力，它所寻求和提供的是一种动态的诱导和向心力，为全球税收治理凝聚共识、协调行动。因此，软法治理一方面顺应了各国在全球税收治理上的利益需求；另一方面，软法治理又避免了硬法治理的困境与缺陷，为各国维护其税收主权和利益提供了充分的博弈空间和动态平衡机制。

三　全球税收治理中软法治理的内涵框架

（一）软法治理的文本渊源及其"协同"效力问题

围绕着全球税收治理，国际社会形成了各种不同形式的软法渊源，如组织决议、建议、标准、行为准则、指南、意见、协定范本、宣言、行动纲领等。这些国际文件显然不是那种有待于形成正式条约的草案文本，甚至也不是那种为联大决议所通过的宣言性质的软法文件。而且，由于国际社会在全球税收治理问题上既有的习惯规则相当缺乏，所以，这些国际文件也不是对税收领域里的国际习惯法的编纂和发展。这些国际文件是在缺乏全球税收治理硬法渊源的情况下，为应对解决全球税收治理问题而逐渐形成和发展的各种形式的软法渊源。针对软法的界定、约束力与实际作用，理论上给出了各种分析界定。Francis Snyder 认为，软法是原则上没有法律约束力但有实际效力的行为规则。[①] Marci Hoffman 与 Mary Rumsey 认为，软法这一术语指的是不具有任何约束力或者约束力，比传统的法律

[①] Francis Snyder, *The Construction of Europe-Essays in Honour of Emile Noël*, Kluwer Academic Publishers, 1994, p. 198.

即所谓硬法要弱的准法律性文件。[①] Linda Senden 将软法定义为，软法是以文件形式确定的不具有法律约束力的，但可能具有某些间接法律影响的行为规则，这些规则以产生实际效果为目标或者可能产生实际效果。[②] Hartmut Hillgenberg 分析指出，尽管软法不具有约束效果，但它在相当长的时期内对国家的行为起到准约束作用。与条约当然具有的约束力相比，软法文件有某种潜在的约束力。软法缺乏法律约束力，或者本质上而言不是法，只是国家愿意遵循的国际道德或政治承诺，但它又不是普通的国际道德或政治承诺，它启动了一种国际立法渐进过程的前奏，预示着一种在国家间缔结有约束力协议的需要，具有准法律（quasi-law）或类似法律（law-like）的性质。[③] 王铁崖先生则指出，国际法中的软法是指在严格意义上不具有法律约束力，但又具有一定法律效果的国际文件，国际组织和国际会议的决议、决定、宣言、建议和标准等绝大多数都属于这一范畴。[④] 然而，软法的地位、作用也遭到了强有力的批判。有些意见就认为，软法概念的使用将导致自相矛盾和逻辑混乱。有国外学者认为，在确认法律规范和权利义务的问题上，不存在着灰色的中间地带。某个国际文件要么是国际法规范，具有明确的约束力；要么不是国际法规范，没有任何约束力。不存在着那种既不是明确的法律，但也不能说毫无法律意义的文件。在正式的约束力与明确的权利义务之外，不存在软的约束力或半权利半义务的情况。那些声称具有政治或道德约束力的文件根本就不是法律。在国家实践、国际司法判决和国内裁决中，所谓的软法很少被实际使用，它们常常被重新塑造为条约或习惯的组成部分而得以适用。[⑤]

本书基本认同那种确认软法实际地位、作用的主张，但是，这种见解并未具体解释和充分证明软法的性质与约束力问题，而且所提出的诠释也

[①] Marci Hoffman and Mary Rumsey, *International and Foreign Legal Research Basic Concept: A Course Book*, Martinus Nijhoff Publishers, 2007, p. 7.

[②] Linda Senden, "Soft Law, Self-regulation and Co-regulation in European Law: Where Do They Meet?", *Electronic Journal of Comparative law*, Vol. 9, No. 1, 2005.

[③] Hartmut Hillgenberg, "A Fresh Look at Soft Law", *European Journal of International Law*, Vol. 10, No. 3, 1999.

[④] 王铁崖：《国际法》，法律出版社1995年版，第456页。

[⑤] See Jan Klabbers, "The Redundancy of Soft Law", *Nordic Journal of International Law*, Vol. 65, No. 5, 1996.

难以有效地回应那种否定、质疑软法的批判意见。对此，有必要进一步分析研究以下的基本问题：软法文件的潜在约束力或准约束作用或实际（法律）效果究竟是什么，它又来自何处或具有怎样的根据。本书认为，单纯地从全球税收治理中的软法文本自身的效力和功能来看，它们显然不具有硬法渊源的正式约束力和作用，其主要作用是为全球税收治理提供非强制性的原则依据和方案指导，指引各国参考或遵从这些软法文本开展全球税收治理方面的协调合作。但是，这些软法文本并不是孤立地形成于一个封闭的环境中，相反，它们与国际社会中既有的硬法原则、规范是紧密相关的。如果软法文件符合或体现了已有的国际法原则、规范及其变化发展的时代要求，那么，尽管国际组织或其他国际机制所通过的软法文件本身没有法律约束力，但它们仍然受到已有的国际法原则、规范的效力支撑。例如，联大通过的有关武力使用、人权保护、反恐、国际秩序等国际问题的宣言、决议，这类宣言、决议等文件本身固然没有法律拘束力，但是，其背后所体现的《联合国宪章》、国际人权法、国际人道法却是具有法律约束力的。这就使得这些宣言、决议等文件从已有的国际法原则、规范获得了一种"附随效力"。另外，由于与既有的国际法原则、规范及其变化发展的时代要求高度吻合，有的国际文件本身就已经初步具有法律约束力，如 2001 年的《国家对国际不法行为的条款草案》。因此，在分析软法文件的效力问题时，不能就事论事地局限于软法文件本身，忽略了将其与既有国际法原则、规范及其变化发展的时代要求的联系比较。事实上，软法文件在其形成和发展过程中，一直都需要充分考虑和根植于既有国际法原则、规范及其变化发展的时代要求，否则，所形成的软法文件将很难具有实际价值和作用。在许多情况下，软法文件与既有国际法原则、规范之间相互重合与支撑，顺应变化发展的时代要求，使得这些软法文件在不同程度上获得一种与既有国际法原则、规范"协同一致"的效力。这种现象典型地存在于国际经济、国际人权、环境领域。正是由于这种"协同一致"的效力，软法文件才能产生、具有所谓的潜在约束力或准约束作用或实际（法律）效果。而且，这种"协同一致"的效力确实存在着效力的有无、大小、强弱和适用范围等不同状况。因此，全球税收治理的软法文件本身虽然没有直接的约束力，但是，如果它们在总体上所依托和反映的是既有的国际法原则、规范及其变化发展的时代要求，如税收主权原则、税收公平原则、税收中性原则、国际合作原则、税收利益合理分配原则等,那么,这些软法文件将受到已有的国际法原则、规范的效力支撑,从而在总体上产生一种框架原则性的"协同"效力。这种"协同"效力将使软法文件不再是软弱的建议或劝告,而成为税收全球治理中的基础性的规范力量。

为应对解决各种新问题与挑战,全球税收治理的软法文件逐渐形成和发展了各种具体的治理原则、要求。需要进一步分析的是,这些具体的治理原则、要求与既有的硬法原则、规范及其变化发展的时代要求的协调一致性究竟如何。这将决定各种软法文件所提出的治理原则、要求的"协同"效力的有无、大小、程度和范围,以及这些具体的治理原则、要求能否成为真正有价值和作用的软法。全球税收治理中所提出的治理原则、具体要求如果不符合既有的国际法原则、规范,或者超越了时代环境的容纳限度,它们就不能从既有国际法原则中获得框架原则性的"协同"效力。这既是一个需要在宏观、总体层面予以衡量把握的问题,也更是一个需要具体分析的问题。从各种治理原则、具体要求的总体的"协同"效力来看,在一个相互联系、依赖日益紧密的国际社会里,随着各国竞相大力推进本国的经济、社会、文化事业等,各国在税收领域的矛盾冲突日益凸显,国际社会需要依据既有国际法原则进一步编纂和发展出更为具体的治理原则与规范要求。总地来看,全球税收治理软法文件所设定的各项的治理原则与具体要求是根据时代发展需要,对既有国际法原则所作的延续和具体展开,如税收透明度原则、税收信息交换标准等。更重要的是,根据当代的国际社会的框架结构和秩序,这些治理原则与具体要求是基于既有国际法原则可以合理推导出的应然规范和要求,而不是超越时代需要和国际社会结构的理想化要求。也就是说,全球税收治理文件并没有试图构建超越主权国家的权威及相应的权利义务安排,而是依然以充分确认和保护各国在税收领域的主权和利益为基础,进而根据全球税收治理上的具体特点和需要逐渐形成和发展了各种治理原则、具体要求。因此,由于与既有国际法原则协调一致,并符合时代变化发展的客观需要与容纳限度,全球税收治理的各种治理原则、具体要求在总体上就具有了一种框架原则性的"协同"效力,因而可以而且应当为税收全球治理提供依据和动力。当然,从各种治理原则、具体要求的各自的"协同"效力来看,总体上的"协同"效力并不排除有的治理原则或具体要求实际超越了时代环境的容纳限度,从而使它们不能从既有国际法原则中获得框架原则性的"协同"效力。例如,在抵制有害税收竞争方面,OECD 所制定的治理原则和要求严重影响了各国在制定税种和税率方面的自主权与利益需求,超越了国际体系的现有原则和利益安排所容许的范围,所以它们就没有获得各国的广泛响应与遵从。需要强调的是,识别、确认各种具体的治理原则、要求的"协同"效力的有无、大小、程度和范围将是一个复杂、困难的问题。它不仅需要将具体的软法文件与既有的硬法原则、规范进行联系比较,包括一般性的硬法原则、规范和专门性的硬法原则、规范,如《公约》、双边税收信息交换协定,而且需要与其他的相关的软法文件进行联系比较,这些联系比较还需要结合变化发展的时代要求这一重要的变量因素。更重要的是,具体的治理原则、要求的"协同"效力及其识别、确认不是静态、主观的,而是一个动态的客观的进程。针对某一个具体的治理原则或要求,国家等国际行为体的实践、态度及其变化将是决定和识别其"协同"效力的基本因素与依据。这就意味着,某一个具体的全球税收治理原则或要求,可能最初没有多少"协同"效力,或极其不确定,但随着国家等国际行为体的实践、态度与国内立法的逐渐支持,该治理原则或要求的"协同"效力将逐步得以形成和得到确认。

(二) 软法治理的多元主体及其"功能约束力"问题

全球税收治理中的硬法治理所依赖的是条约、习惯法这类硬法渊源所具有的强制约束力。显然,软法治理所依赖的不是这种正式的"规范约束力"。软法治理将从各种软法渊源所具有的"协同效力"中获得支撑和推动,但这尚不能使软法治理获得足够的成效和动力。软法治理将主要依赖由多元主体所形成的网络治理结构及其功能运作,这些治理结构及其功能为全球税收治理中的软法治理提供了一种重要的"功能约束力",它使得软法治理不至于成为"软弱无力"的治理,使软法治理具有实质性的作用和效果。

主权国家是全球税收治理的基本主体,但不是唯一的主体。政府间国际组织、非政府国际组织、跨国公司、行业协会、市民社会、政治及知识精英、跨政府组织网络[①]等构成了全球税收治理的多元主体,它们相互联

---

① 徐崇利:《跨政府组织网络与国际经济软法》,《环球法律评论》2006 年第 4 期。

系、竞争、补充，形成了复杂的网络治理结构和进程。这些多元主体运用其正式的职能权力或特殊的专门能力、实际影响力就全球税收治理问题开展各种软法治理活动，在总体上使得那些缺乏硬法约束的主权国家参与到全球税收治理的软法治理进程中，而不能任意地游离于全球税收治理的软法治理之外。这就是由多元主体所组成的网络治理结构和进程所形成的"功能约束力"。虽然不同于条约、习惯法这类硬法渊源所形成的"规范约束力"，但是，在一个相互联系、依赖日益紧密的世界里，这种网络治理结构的"功能约束力"对主权国家的约束、影响是客观真实而有效的。而且，在硬法治理模式下，那些尚未接受条约等硬法渊源的国家只能主动或被动地游离于全球税收治理之外，而由多元主体所组成的网络治理结构和进程则始终为所有国家提供诱导和向心力，使它们始终处于全球税收治理的软法治理进程中。就全球税收治理中的国际组织而言，其拥有的职能权力、专门能力以及实际影响力就在软法治理层面构成了明显而重要的"功能约束力"。正如世贸组织总干事帕斯卡尔·拉米所言，正在经历的经济危机加速了向新的全球治理结构的转变：全球治理的"和谐新三角"（a coherent triangle）——三角的一边是G20，它取代了以前的G8为全球治理提供政治领导和政策导向，以不断取得共识；三角的另一边是国际组织，它们以规则、政策或项目的形式为全球治理提供运行所需要的专业技能；第三边是192国集团，即联合国，它通过责任和认同为全球治理提供正当性框架。[①] 在全球税收治理的实践中，此种治理结构体现得尤为明显，OECD等国际组织为G20提供专业知识和技能，成为国际税收政策的实际制定者；在此基础上，G20提供的政治领导和政策导向，使各国对OECD的各项税收政策达成共识。联合国在全球税收治理的实践还不是很多，但由于其成员的组成特点，使它成为一个包容性极强的组织，它必然会成为重要的一极。显然，由G20、OECD与联合国所共同组成的治理结构和进程是任何一个主权国家难以逃避或可以忽略的。而且，这样的治理结构和进程始终为所有国家提供诱导和向心力，使它们始终处于全球税收治理的软法治理进程中。

---

① 转引自刘衡《国际法之治：从国际法治到全球治理》，武汉大学出版社2014年版，第65页。

在总体上的"功能约束力"之外,网络治理结构和进程中的各种正式或非正式的机制进一步提供了具体的"功能约束力"。各种正式或非正式的机制下所形成的"功能约束力"将使全球税收治理的软法治理获得足够的成效和动力。

四 全球税收软法治理在实践中的效果分析

国际社会倡导的国际税收信息交换的新原则和新标准,通过诸多软法治理的方式,例如国际税收协定范本、G20峰会的决议和同行评议机制,使得各国得以接受,并在国际法层面和国内法层面产生了深远的影响,这充分说明了全球税收软法治理在实践中的有效性,软法和硬法的协同效力可以最大化发挥。

(一)有关促进税收信息透明度的软法治理

1.《OECD范本》和《联合国范本》

1963年,OECD下设的税务委员会颁布了由税收专家小组起草的《关于对所得和财产避免双重征税协定范本草案》,这是《OECD范本》的第一个文本。这个范本草案公布不久,即为OECD成员普遍采用。1967年OECD对草案进行修订,并于1977年正式通过了修改后的范本及其注释。从内容上看《OECD范本》偏重于强调居住国课税原则。这主要反映在其对常设机构概念范围作了比较严格的限制。另外在对股息、利息和特许权使用费等所得项目上,《OECD范本》也作了更有利于资本输出国利益的课税协调安排。由于OECD成员国的经济实力比较接近,彼此间的资金、技术和人员交流基本均衡,所以该范本能为各成员国所接受,并对统一协调成员国相互间的双重征税协定的内容和形式,产生了重要影响。

由于《OECD范本》主要反映了居住国的税收利益,不利于在国际税收分配关系中多处于来源国地位的发展中国家的利益。为此,联合国经济和社会理事会于1967年成立了由发达国家和发展中国家的代表组成的税收专家小组,经过近10年的努力,于1977年拟定了《发达国家与发展中国家关于双重征税的协定范本(草案)》及其注释。该草案于1979年经专家小组第八次会议重新审议通过,并于1980年正式颁布,此即所谓的《联合国范本》。在协定形式结构上,它与《OECD范本》相同,但在有关条款内容中更强调来源国税收管辖权原则，更多地照顾到资本输入国的权益。因此，它出台以来得到广大发展中国家的普遍采用。①

2. 国际税收透明度原则

国际税收透明度原则的要求是，只要是与信息请求方的税务规定具有可预见相关性的真实信息，并且这种信息已经或者有可能以一种及时有效的方式被税务主管机关获取，并且有相应的法律机制确保这种信息的交换，而同行评议就是充分执行了国际税收透明度原则。因此，同行评议细则将审议的具体标准归纳为三个基本环节：（1）信息的可获取性，指各管辖区的法律框架中必须有相应的规定使得税收相关信息（尤其是会计、银行和所有权信息）能够被收集和保存；（2）主管当局获取信息的途径和权利，即主管当局必须有法律上的权力获取上述信息，尤其是在不考虑银行保密制度或国内税收利益要求的情况下，并且没有不适当地延迟信息交换的障碍；（3）信息交换机制，即配套有相关的法律机制从而能有效地进行信息交换，通常是双重征税条约或税收信息交换协定等双边协议、多边公约，少数情况下是单边国内立法。

也就是说，信息首先必须是切实存在的、"可以获得"的，然后税务机关必须"有途径"取得该信息，最后必须存在"交换"的基础即相应的税收信息交换法律机制。如果上述三个基本要素缺少任何一项，信息交换都不可能发生。② 此外，为了更好地开展评议工作，同行评议细则还在签署三个基本环节的基础上，又再细分为10个基本要素及其项下的31个基本要求，加以列举。

同行审议过程分为两个阶段。第一阶段（通常需经历20周）目的是审查法律框架（如国内立法和国际协定）和在调查中的行政行为，以及确定标准是否已被实施。

第二阶段（持续约26周以上）目的是核实标准在实践中的应用，以及第一阶段确定的标准是否起到了实际作用。

通常，第二阶段会在第一阶段结束18个月至24个月后开始。与被调查国进行过信息交换的成员国可以提出建议。由于国家数量有限，第一阶

---

① 廖益新：《国际税法学》，高等教育出版社2008年版，第63—67页。

② OECD, Schedule of Review, http://www.oecd.org/ctp/49467448.pdf.

段和第二阶段可以同时进行。

审议过程根据前述包含方法的文件中阐述的准则进行，旨在确保该过程在每一个阶段都是在平等的基础上进行的。在这个过程中，全球论坛邀请与被审议的税收管辖区相关的所有成员国给予意见，在第二阶段，填写问卷以提供它们与该国进行信息交换的实际经历的证据。审议过程由全球论坛秘书处协调出的两个独立的调查员完成。在每个阶段结束，秘书处都会在一份文件中总结审议过程的结果，如果有必要还会提出改进调整的建议。

这份文件会在征集意见的会议开始前至少 5 周由秘书处提交给同行审议小组所有 30 名成员。审批的过程可以以书面或口头形式。一旦获得批准，审议员的报告将成为同行审议过程以及全球论坛的最终报告，并可以提交至后者书面批准。为确保各国的平等，这一决定是基于"除一方外全体意见一致"（consensus minus one）原则，这样单独一个反对国不能阻止最后的决定和报告的审批。如果有否定意见随之出现，则被审议的税收管辖区不能进入下一步，并将需要为随后的检查对其立法做出适当的修订。[①]

3. 自动信息交换标准

自动信息交换，就是一国税务机关在通过税务调查或其他方式获得信息后，发现其中某些信息与另一缔约国有利害关系时，应当主动将这些信息提供给后一国家。

2009 年 G20 伦敦峰会提出了应请求信息交换标准。应请求的信息交换在这样一种情况下会发生，即当一个税收主管机关在实施税收审计或调查过程时，涉及的有可预见相关性的信息被掌握在另一国手中。这个国际标准被规定在《联合国范本》和《OECD 范本》的第 26 条，以及 2002 年的《TIEA 范本》中。确保合规是通过一项深入的同行评议程序实施的。为了同行评议的目的，这项国际标准被分割为 3 个主要类别和 10 个必需元素。这些都被规定在全球论坛的参考附则。基本上，被请求的信息是有关于审查、质询和调查纳税人在特定纳税年度内的纳税义务的信息。该标

[①] SeeAlicjaBrodzka and Sebastiano Garufi, "The Era of Exchange of Information and Fiscal Transparency: The Use of Soft Law Instruments and the Enhancement of Good Governance in Tax Matters", *European Taxation*, Vol. 52, No. 8, 2012.

准禁止审前调查。在发出请求之前，请求国必须在自己的辖区内采取所有可行的措施获取该信息，但可能导致不均衡的困难的措施除外。这项请求必须是书面的，但在紧急情况下，经过相关法律和程序同意，口头请求也可以被接受。请求必须尽可能的详细，并包含所有的相关事实，这样可以使被请求的主管机关清楚地了解请求国的需要，从而以最有效的方式处理这项请求。OECD 已经进一步研究出了关于信息交换请求需要包括的内容的指引。①

2013 年 G20 圣彼得堡峰会提出了一个全新的全球税收标准：自动信息交换。在 2011 年举行的戛纳峰会上，G20 集团同意考虑在自愿的基础上进行税收信息的自动交换。在 2012 年的沃斯卡沃斯会议上，OECD 关于自动信息交换的报告受到了 G20 集团的赞赏，该会议鼓励各国加入自动信息交换的实践中去。基于全球论坛所取得的成果和其他进展——自动信息交换，这项标准将会由全球论坛来监控，以确保它的有效实施。在 2013 年 7 月，G20 集团财政部长和央行首长一致支持 OECD 的建议，该建议是制定一个多边和双边的自动信息交换的全球范本，作为新的国际标准。OECD 已经开始与 G20 集团进行合作，研发一种全新的、单一的自动信息交换标准。G20 集团财政部长和央行首长还要求 OECD 提供关于 11 月份的财政部长会议的进展报告，其中就包括在 2014 年完成这项工作的时间期限。全球论坛将建立一个检测和审查自动信息交换标准实施的机制，并将与 OECD 的税收和发展行动小组、世界银行集团以及其他组织共同合作，从而帮助发展中国家解决技术支持和能力建设的需求。全球论坛成立了一个新的自愿的自动信息交换小组，成员包括愿意共同合作迈向自动信息交换目标的成员。信息交换小组的主要职责是为持续监测信息交换提出职权范围和方法，依靠 OECD 水平发展的专业知识，建立一套标准来确定它何时会是实施自动信息交换的适当的司法管辖区，特别是能力限制、资源限制以及确保机密性和交换信息正确使用的需要，并帮助发展中国家在进行自动信息交换前在技术援助和能力建设方面的需要。

---

① The Global Forum on Transparency and Exchange of Information for Tax Purposes: Information Brief, http://www.oecd.org/tax/transparency/global_ forum_ background%20brief.pdf.

(二)《OECD 范本》和《联合国范本》对各国双边税收协定签订的影响

《OECD 范本》和《联合国范本》，是对长期以来各国双重税收协定实践经验的总结。它们的诞生，标志着双重税收协定的发展，开始进入模式化的成熟阶段。虽然就这两个范本本身的性质来讲，它们并不具有像各国正式签订的税收协定那样的法律效力，仅是供各国谈判和签订协定时参考依据的一种范本（Model Law），但由于各国在谈判和签订此类协定时，基本上都参照两个范本建议的条文规则，可以说两个范本所含的许多原则规范实际上已经具备了国际习惯的法律地位和作用。尤其是两个范本的注释，因为这两个范本的广泛影响和普遍接受，为各国间签订的双边税收协定的条款解释和适用在实践中提供了一种共同的指导原则，有效地促进了双边税收协定在各国相互间的缔结和执行。[①]

不仅如此，《联合国范本》和《OECD 范本》的第 26 条中都规定了信息交换条款，该条款又被称为"协定中的协定"。[②] 2002 年 4 月，OECD 发布了《TIEA 范本》。围绕加强税收信息交换，OECD 于 2004 年对其税收协定范本第 26 条作了自 1977 年以来最大、最全面的修改。这次修改突破了各条款对可进行信息交换的税种范围的限制，从原来的缔约国双方对协定中的约定税种可进行信息交换，扩大到各缔约国税务机关进行征收管理的税种都可进行信息交换。[③] 因此，《OECD 范本》和《联合国范本》对签订专项的双边税收信息交换协定也具有指导性的意义，有效地促进了此类双边税收协定在世界范围内的广泛签订。

(三) 国际税收透明度原则对各国税法实践的影响

1. 在国际层面上的影响

国际税收透明度原则现已得到国际社会的一致认同。2004 年在柏林举行的 G20 财长和央行行长会议通过了此原则，全球税收论坛的所有 121 名成员现在也都在其签署的条约中接受了此原则。

自 2009 年全球税收论坛改组以来，截至 2013 年 11 月，超过 800 项

[①] 廖益新:《国际税法学》，高等教育出版社 2008 年版，第 64 页。

[②] 同上书，第 301 页。

[③] 李爽:《国际反避税合作中进行信息交换的障碍和对策》，《涉外税务》2002 年第 6 期。

的以建立国际统一标准为目的的关于税务信息交换的协议得以签订，全球论坛完成了涵盖 100 个辖区的 124 项同行评议（peer reviews）工作，包括 74 项第一阶段评议，26 项合并评议（第一阶段＋第二阶段）以及 24 项第二阶段评议，88 份同行评审报告完成并出版。这些评审内容包括了实现税务方面信息（所有权、账目或银行信息）共享的决心、管理者获得相关信息的适当权力以及伙伴国索取信息时管理者所能提供信息的限度等。18 项公开认定税收管辖区所做出的改善措施附带性评议也已经发布。

总地来说，100 个税收管辖区业已完成第一阶段的评议，与此同时，50 个税收管辖区已完成第一阶段和第二阶段的评议工作，并取得评级。818 份用于执行（同行评议）标准的建议书已发布，签订了超过 1500 个用于信息交换的双边协议，建立起超过 2000 个信息交换关系。在制定发布的 818 份建议书里，为了执行其中 40 多份建议书，84 个税收管辖区业已推出了本国修订后的法律，或者是已提议将对法律进行修订。此外，18 个补充评议已经公开发布，表明全球税收论坛已认可了这些税收管辖区所做的改进工作。[①]

欧盟于 2014 年 4 月 24 日发布了《利息税指令》的《修订指令》（amending Directive），对自动信息交换部分进行了一些修改。《修订指令》规定自动信息交换至少一年一次，成员国的付款代理人或企业应当在纳税年度结束之后的 6 个月内进行，其中信息应当包括这一年发生的如下内容：(1) 利息税；(2) 依据第二条第四款之规定成为受益所有人的个人的所有情况；(3) 第二条第四款所指的利息税的有效管理的地点的变化。这更加证明了国际公约对于信息透明度原则的接受。

2. 在国内层面上的影响

金融危机后，各国财政饱受重创。为了应对金融危机给财政造成的冲击，规制逃避税、资本外逃和洗钱犯罪，强化打击离岸逃避税势在必行。在税收透明度原则的指引下，各国纷纷采取不同的法律措施缓解财政压力，扩大税源，促进经济复苏和繁荣。

2010 年 3 月 28 日，美国总统奥巴马签署了《外国账户税务合规法

[①] OECD, "The Global Forum on Transparency and Exchange of Information for Tax Purposes: Tax Transparency: 2013 Report on Progress", http://www.oecd.org/tax/transparency/GFannualreport 2013. pdf.

案》(*Foreign Account Tax Compliance Act*,以下简称 FATCA),使其成为正式法案,该法将于 2013 年 1 月 1 日生效。FATCA 共有 5 章、15 节,分别对美国账户、外国账户、持有外国金融资产的美国人、持有美国股票或其他权益的外国投资公司作出了信息披露和报告的要求。FATCA 鼓励外国金融机构(FFI)签订协议,向美国国税局申报美国账户持有人的信息。对于其他外国非金融机构(NFFE),则要求向扣缴义务人提供收益所有人的信息。如果上述实体未履行信息申报义务,FATCA 要求扣缴义务人至支付给这些实体的来源于美国的款项征收 30%的预提税。目的在于加大透明度,以避免持有离岸资产的美国公民和美国居民逃避美国国内税法。

2011 年 8 月,瑞士和英国为了加强在税收和跨境金融服务领域的合作,打击逃避税行为,签署了《瑞士联邦和大不列颠及北爱尔兰联合王国税务合作协议》(*Agreement between the Swiss Confederation and the United Kingdom of Great Britain and Northern Ireland on cooperation in the area of taxation*,以下简称《瑞英协议》)。《瑞英协议》共有 4 章、44 条,对在瑞士支付机构持有相关资产(Relevant Assets)的相关人员(Relevant Persons)施加了选择性的义务——即信息披露或者缴纳预提税。在双边的框架下,加强了对所得和资本利得的税务合作,旨在通过双边互惠的模式达到自动信息交换的效果。

OECD 规定,避税地国家如果与其他国家或地区签订了 12 个双边税收交换协议,即被认为是实质履行国际税收通行标准的国家,就可以默示合规,脱离黑名单进入灰名单。截至目前,全球范围内已经签订了 800 多份 TIEA。[①]

(四) 自动信息交换标准对各国税法的影响

FATCA 因为其税收征管领域中长臂管辖权的最大延伸,受到了全球各界人士的批评。2012 年 7 月 26 日,美国财政部颁布了《改善税收遵从、实施 FATCA 政府间协议范本》(*Agreement Between the United States of*

---

① OECD, "The Global Forum on Transparency and Exchange of Information for Tax Purposes: Tax Transparency: 2013 Report on Progress", http://www.oecd.org/tax/transparency/GFannualreport 2013.pdf.

America and FATCA Partner to Improve International Tax Compliance and to Implement FATCA）（以下简称《范本一》）。《范本一》允许位于已经签署政府间协议范本的司法管辖区的外国金融机构，根据本国使用的尽职调查要求来识别美国账户，并向本国政府报告 FATCA 要求的美国账户信息，然后再由其本国政府以自动交换形式与美国国税局进行信息交换。2012年 11 月 14 日，美国政府又出台了政府间协议的第二个范本（以下简称《范本二》）。签署《范本二》政府间协议的私法辖区同意指导其境内的外国金融机构向美国国税局注册，并直接向美国国税局报告 FATCA 要求的美国账户的信息。两个范本标志着美国朝着自动信息交换，以国际合作方式打击逃避税的方向迈出了至关重要的一步。

自英国和美国于 2012 年 9 月 12 日正式签署了《大不列颠及北爱尔兰联合王国与美利坚合众国改善税收遵从、实施 FATCA 的政府间协议》（Agreement Between the Government of the United States of America and the Government of the United Kingdom of Great Britain and Northern Ireland to Improve International Tax Compliance and to Implement FATCA）以来，英国、丹麦、墨西哥、爱尔兰、瑞士、挪威、西班牙、德国 8 国已经分别依据上述两个范本签署了政府间协议，另有包括开曼群岛、列支敦士登、新加坡、卢森堡等著名避税天堂在内的近 50 个国家和地区正在积极地与美国就 FATCA 政府间协议展开谈判协商工作。

五　小结

在全球税收治理兴起的背景下，国际税收软法的蓬勃发展是一种必然趋势。国际税收软法虽然不具有法律约束力，但在实践中却可能产生某种实际约束效果。全球税收软法治理所依赖的不是正式的"规范约束力"。一方面，全球税收软法治理从各种软法渊源所具有的"协同效力"中获得支撑和推动；另一方面，更主要的是，由多元主体所形成的网络治理结构及其功能运作所形成的"功能约束力"使全球税收软法治理获得足够的成效和动力。

全球税收软法治理模式可以进一步向硬法治理模式转化。国际习惯法有两项基本特征：各国一致遵守（有时也被称为客观因素），以及内心形成的法律确信（有时也被称为主观因素）。从当前的国际税收实践来看，由于国际组织如 OECD 对"软法"措施的使用,税收透明度和信息交换的国际标准已经迅速蔓延至全世界,国际税收软法已经具备了上述国际习惯法的两个特征。从长远的发展趋势来看,国际税收软法将会不断地在法律上和事实上"硬化",最终转化为国际条约、国际习惯法和国内法等。需要指出的是,软法的价值和功能不仅仅在于:(1)证明、确认、诠释硬法规范的存在和内涵;(2)为条约、习惯法甚至一般法律原则的形成提供便利和促进。在全球税收治理中,软法及其治理模式本身就具有独立的价值和作用,从而成为全球税收治理中极为重要的甚至是主要的依据、方法和力量。

第二章　后 BEPS 时代中国国际税收法律问题研究

第一节　后 BEPS 时代常设机构规则的新发展

理论上，为了确定某一国税务机关在何种情况下可以向非居民的收入进行何种程度的征税，必须要界定非居民的收入来源是否与该国有关，即进行税收连接点的认定。从经济的角度看，理论上有两种路径可以确定连接点：一种是供给路径（supply-based approach），即将收入来源归于产生收入的生产要素所在地；另一种是供给—需求路径（supply–demand–based approach），即将收入的产生归因于供给（例如生产要素）与需求（例如市场所在地）的联系。现代税收协定诞生之际，传统商业模式以在当地建立实体存在为开展业务的基础，很少存在国家只向企业提供市场而不为其生产提供公共服务的情况。各国企业在大力向海外扩张的过程中，既享受到东道国基础设施和公共服务的便利，又因享有便利而在东道国获取了可观的利润。从国际公平的角度看，这些外国企业已经与东道国的经济体系融为一体，并且由于它们享受到东道国提供的诸多便利，它们与东道国之间存在一种"经济附从"关系。所以在很长一段历史时期内，"供给路径"成为主流。然而，随着科学技术的不断进步，当今世界已经逐渐步入数字经济时代，典型表现为经济运行的各个环节都通过数字化的形式来完成，各行各业的生产力得以发展，逐渐产生新业态、新模式。2016年，G20 杭州峰会发布了《二十国集团数字经济发展与合作倡议》，该倡议将数字经济定义为"以使用数字化的知识和信息作为关键生产要素、以现代信息网络作为重要载体、以信息通信技术的有效使用作为效率提升和经济结构优化的重要推动力的一系列经济活动"。面对数字经济下新型的生产力和生产关系，数字经济的无形性和可移动性使得确定税收管辖权的连接点逐渐模糊甚至消失，为传统的居民税收管辖权和来源地税收管辖权的认定标准带来挑战。常见的商业架构对实体存在的依赖正在减少，对于主要利用信息技术开展业务的企业而言，这种变化尤为明显。一方面，跨国企业利用税收制度的漏洞进行错配导致应税收入减少，各个国家的总体税基遭到侵蚀；另一方面，新商业模式与现行税收分配规则的不相适应打破了企业居住国与收入来源国之间的税收平衡，从根本上加深了提供数字经济服务的国家和消费数字经济服务的国家之间的税收主权冲突。在此背景下，"供给路径"理论无法对新商业模式进行税收规制，对税收规则的革新需要回归到原先对"经济附从"关系的理解上。现实中新商业模式的出现使得"经济附从"关系呈现出不同以往的表现形式，因此数字经济背景下，供给—需求路径逐渐成为数字经济产品和服务使用国据以征税的法理依据。税收规则对于实体存在的关注要让位于对企业与收入来源国经济联系的把握。因此，数字经济背景下，BEPS第一项行动计划提出了"显著经济存在"作为税收连接点的理论，主要包含三个方面：基于收入的因素——估算市场规模；数字化因素——实现本土化；基于用户的因素——从客户端确定经济联系。

本节首先从后BEPS时代常设机构定义的新发展出发，结合BEPS行动计划阐明数字经济对常设机构定义的冲击。其次，本节从理论方面分析数字经济对常设机构规则的影响，提出常设机构规则的解释性和改革性的应对方案。最后，本节从不同国家有关常设机构问题的司法判决着手，详尽地分析案例争议点以及案例所涉及的常设机构规则的发展与革新，归纳后BEPS时代常设机构问题界定的新理念与新方法。

一　后BEPS时代常设机构定义的新发展

居民税收管辖权和来源地税收管辖权之间的冲突一直是国际税法中的重要主题，如果不能对之进行有效协调，就很有可能导致国际双重征税或双重不征税问题。鉴于跨国公司在全球范围内进行生产经营活动并获得利润，为协调居住国和来源国对跨国企业营业所得的征税权，OECD范本第7条规定了以常设机构为基础的国际税收管辖权规则，即"缔约国一方企业的利润仅在该缔约国征税，除非该企业通过设立在缔约国另一方的常设机构进行营业活动。如果该企业通过设立在缔约国另一方的常设机构进行营业活动，企业的利润可以在缔约国另一方征税……"该规定被大多数国家间的税收协定所采用。因此，常设机构的存在成为税收协定下一国对非居民企业的所得进行征税的前提条件，是收入来源国行使税收管辖权的基础。相应地，跨国公司通过税收筹划人为规避常设机构的构成，也成为了其逃避收入来源国税收义务的主要手段。为了有效规制现有常设机构定义下跨国企业的逃避税行为，BEPS 第七项行动计划提出了对 OECD 范本中常设机构定义的一系列修改建议。相应建议若被各国采纳，对解决税基侵蚀和利润转移问题无疑具有重要意义，也必然会对现有全球税收格局产生深远影响。

本节将首先对第七项行动计划的主要内容进行简要介绍，接下来选取几个典型国家，具体分析后 BEPS 时代不同国家与常设机构定义有关的法律实践，最后从中国国情出发，探讨中国在落实第七项行动计划时应该注意的问题。

（一）BEPS 第七项行动计划出台的背景及其主要内容

目前，BEPS 项目共发布了十五项最终成果报告，即十五项行动计划，其从不同的角度对实践中可能导致税基侵蚀和利润转移的避税安排提出了切实可行的应对策略。其中，第七项行动计划关注跨国公司利用现有 OECD 范本第五条常设机构定义的缺陷，人为规避在收入来源国构成常设机构的问题。

1. 传统常设机构定义的局限性分析

常设机构规则以国际税收管辖权的"经济关联原则"为理论基础，即一国之所以可以对非居民企业进行征税，是因为企业与该国之间产生了足够的经济联系，前者利用后者的资源进行营业活动，得到后者的保护，并由后者进行管理。[①] 根据 OECD 范本的现有规定，常设机构分为以物为基础的场所型常设机构和以人为基础的代理型常设机构两种。企业的营业场所和代理人正是上述"经济关联"存在的物质标志。然而随着时代的发展和科技的进步，这些有限的物质标志越来越不能正确反映跨国公司的

---

① 李时、宋宁、熊艳、丁娜娜：《对数字经济环境下常设机构税收问题的思考》，《国际税收》2015 年第 11 期。

商业活动与其收入来源国之间的经济联系，以至于实践中非居民企业可以轻易采用各种手段人为规避构成常设机构，以此规避来源国的税收管辖权并最终逃避其税收义务。

根据现行OECD范本，场所型常设机构的构成要件如下：第一，具有商业活动发生的具体营业场所，即物理空间；第二，该营业场所具有地理上的固定性和时间上的永久性；第三，企业必须通过固定场所从事经营活动。与此同时，范本中还规定了特定活动例外，即营业场所虽然满足场所型常设机构的一般构成要件，但是当通过营业场所进行的营业活动具有准备性或辅助性特征时，不认为该营业场所构成非居民企业在收入来源国的常设机构。

实践中跨国公司规避在来源国构成场所型常设机构的主要方式如下：第一，利用特定活动豁免规则。受数字经济的影响，很多经营活动的性质和重要性发生了显著变化。如通过在境外设立用于储存、交付货物的仓库，跨境电商可以显著提升其竞争力，扩大其市场份额，增加其营业收入。该储存、交付货物的活动，在数字经济环境下已经成为企业整体业务的核心部分，但在传统商业模式中被认为具有准备性和辅助性特征，因此相应的场所不构成常设机构。此时纳税人虽然通过上述营业活动在来源国获得了更多的利益，却仍然可以不缴纳任何企业所得税。第二，利用紧密关联方进行活动拆分。外国企业可以利用收入来源国境内紧密关联企业的营业场所，将该国境内的整体商业活动拆分成若干部分，使得某些部分在单独考察时具备准备性或辅助性特征，从而适用特定活动豁免。OECD范本注释中已经对外国企业利用本企业在一国境内的多个营业场所进行活动拆分的情形进行了规制，但没有涉及利用紧密关联企业及其常设机构的营业场所进行活动拆分的情况，因此这成为了跨国公司可以利用的漏洞。第三，"合同拆分"。OECD范本第5条第3款规定："建筑工地、建筑、装配或安装工程，或者与其有关的监督管理活动"，只有在该工地、工程或活动连续超过12个月的情况下才能构成常设机构。随着科技的进步，这一标准在UN范本中已经降低到6个月。实践中跨国企业常常通过将一个工程合同拆分成若干部分，使每个合同都不超过12个月期限，由不同主体分别履行，从而避免在收入来源国构成常设机构。

对于代理型常设机构，OECD范本将其区分为独立代理人和非独立代理人，二者的区别主要在于代理人是否完全依赖被代理人的指示和物质资料来完成活动。自主权较大的独立代理人不能构成常设机构。与此同时，非独立代理人构成常设机构需要具备以下条件：第一，该非独立地位代理人在缔约国另一方代表该企业进行准备性或辅助性以外的活动；第二，有权以企业的名义签订合同并经常行使这些权利。① 根据 OECD 范本的注释，"以企业名义签订合同"的本质在于代理人签订的合同能对企业形成约束力。但此约束力属于法律上的约束力还是事实上的约束力，在实践中存在争议。尤其在一些规定了行纪合同的大陆法系国家，代理人以自己的名义订立合同，往往意味着合同不能在法律上约束委托人和第三人，这些国家因此不承认以自己的名义订立合同的代理人构成常设机构。跨国公司可以通过将子公司变成佣金代理人，即以自身的名义在某国代表一家外国企业销售该外国企业产品的人，达到逃避来源国税收管辖的目的。佣金代理人不通过再销售获得利润，而是通过代理活动获得佣金。

2. 第七项行动计划对 OECD 范本中常设机构定义的修改建议

针对上文中提到的常设机构定义的漏洞，BEPS 第七项行动计划对 OECD 范本第 5 条常设机构部分提出了如下修改建议：

（1）修改特定活动豁免条款

OECD 范本第 5 条第 4 款规定了特定活动豁免，其中最大的争议之一是第（a）到（d）项所列举的情况，如"专为储存、陈列或者交付本企业货物或者商品的目的而使用的设施"等，是应该被视为当然具备准备性或辅助性特征而自动豁免，还是需要结合该场所的活动在整个商业活动中的地位和作用，另外进行准备性或辅助性测试。第七项行动计划的立场是后者。报告还在对注释的修改中以案例的形式明确指出，用于储存或交付通过互联网销售的产品的仓库不能适用特定活动豁免。② 但是报告中同时给出了另外一种可选择的修改方案：有些国家为了给税务机关和纳税人提供更强的确定性，认为所列举的活动不需要具备准备性或辅助性特征

---

① 廖益新：《国际税法学》，高等教育出版社 2008 年版，第 101—102 页。

② R 国企业在 S 国运营一个大型仓库，大量员工在该仓库工作，其主要目的是为了储存和交付该企业所拥有的、拟通过互联网向 S 国客户销售的商品。在这种情况下，第 4 款将不再适用于上述仓库，这是因为该仓库属于企业的重要资产，并且企业通过该仓库所展开的存储和交付货物的活动需要大量员工投入，而这些活动构成了企业销售/分销活动的关键部分。

的，可以不做修改，条件是必须增加第 4.1 款紧密关联方之间的活动拆分规则，该规则规定如下："如果某企业使用或设有固定场所，而该企业或其紧密关联企业在该场所或位于同一缔约国的另一场所开展经营活动，并且：（a）按照本条规定，该场所或另一场所构成该企业或紧密关联企业的常设机构；或者（b）该企业或其紧密关联企业在同一场所或两个场所开展活动的结合，使得整体活动不属于准备性质或辅助性质。如果该企业或其紧密关联企业在同一场所或两个场所开展的营业活动，构成整体营业活动中互为补充的部分，则不适用第 4 款的规定。"[①]

根据该新增的规定，如果一个企业在某个营业场所进行的活动与该企业或者多个与该企业紧密关联的企业在同一场所或该国境内的其他场所的活动互为补充，且这些场所中至少一处可以构成常设机构，或者整体结合起来可以构成常设机构，则第 4 款的豁免条款不能适用。这一规定实际上将外国企业在一国境内的活动同与之密切相关的所有企业的所有活动联系起来综合考虑，特定活动豁免的适用条件因此将比以往更加严格。

（2）增加反合同拆分规则

为了防止跨国企业将合同拆分成存续时间均小于 12 个月的若干部分，报告给出了两个解决办法：其一是将第六项行动计划（防止税收协议优惠的不当授予）中建议的"主要目的测试条款"（the principal purpose test，下文简称 PPT 规则）作为一般反避税规则运用于合同拆分当中；其二是在税收协定第 5 条第 3 款下新增第 3.1 项，专门用于规制同一企业或紧密关联企业对合同进行拆分的问题。该反合同拆分规则规定如下："（a）当缔约国一方企业在位于缔约国另一方的场所从事建筑工地、建筑或安装工程，且该活动持续时间不超过 12 个月，且（b）一个或多个与上述企业紧密关联的企业在不同的时间段在同一建筑工地、建筑或安装工程从事与上述活动相关联的活动，每个时间段都超过了 30 天，应当将这些不同的时间段计入首先被提及的企业在建筑工地、建筑或安装工程的活动时间。"

报告指出，判断活动是否关联需要综合考虑合同签订方之间的关系、

---

① 国家税务总局：《国家税务总局发布 OECD/G20 税基侵蚀和利润转移项目 2015 年最终报告中文版，第七项行动计划：防止人为规避构成常设机构》，http：//www.chinatax.gov.cn/download/2015g20/7.pdf。

合同内容之间的关系、合同的性质以及雇员的相似性等因素。

(3) 修改非独立代理人和独立代理人的适用范围

报告建议不再要求非独立代理人必须以企业的名义进行活动。反之，代理人以自己的名义订立合同，只要合同最终涉及被代理人所有的财产的转让或者服务的提供，换言之，合同的执行与被代理人有直接关系，被代理人实际上受到合同约束，代理人就可以成为被代理企业在缔约国的常设机构。同时该行动计划还建议将非独立代理人活动的内容从仅仅"经常性订立合同"扩大到包括"在订立合同中起主要作用，且企业不对合同的内容进行实质性修改"。

第七项行动计划成果报告还对独立代理人的定义进行了修改，缩小了独立代理人的适用范围。一般来说，代理人代表的企业数量是判断其是否为独立代理人的重要标准。第七项行动计划定义了"紧密关联"企业，并把"专门或者几乎专门代表一个或多个与之相关的企业"的代理人排除出独立代理人的范畴，即如果代理人只代理一个企业进行活动，且这个企业与之存在紧密关联，则该代理人不是独立代理人。但是报告同样明确指出，对于两个不存在紧密关联的企业，只有一个委托人的事实本身并不足以完全排除独立代理人存在的可能，还需要结合具体的情况进行判断。

值得注意的是，第七项行动计划并没有将低风险分销商纳入非独立代理人的范畴，在这种情形下，货物所有权在转移给第三方之前先转移给了代理人，尽管代理人拥有货物所有权的时间可能非常短暂以至于不用承担过多的风险，但是OECD认为这样已经可以认定代理人代表自己而不是委托人的利益进行活动。考虑到整个BEPS项目的分工，关于低风险分销商安排最好通过第九项行动计划来解决。

3. 对第七项BEPS行动计划的评价

第七项行动计划对OECD范本的修改具有以下特点：第一，相应修改的直接目的是遏制实践中盛行的诸如佣金代理人等避税安排。因此，上述修改建议或是对现有常设机构定义中某些概念的解释，如明确代理型常设机构中"以企业的名义订立合同"这一表述的含义；或是对常设机构定义的小范围增补，如在特定活动豁免条款的解释中增加利用紧密关联方进行活动拆分的规定。其改动幅度较小而针对性强，不改变相关概念的本质。从作用上来看，这些修改只能起到遏制相应的避税安排的效果，而不能对其他可能出现的问题进行预防。这一点与第一项行动计划中为了应对数字经济的挑战而提出的全新的常设机构概念完全不同。第二，第七项行动计划涉及的问题范围非常广泛，且相互之间没有直接联系。这为各国根据本国国情有选择性地进行修改提供了便利。例如对于发展中国家来说，工程型常设机构的规定与其国内基础设施建设息息相关，因此合同拆分规则会成为其关注的重点。而对于跨境电商较为发达的国家而言，修改后的准备性和辅助性豁免规则对来源国税收管辖权将会产生更大的影响。

（二）后 BEPS 时代各国与常设机构定义有关的法律实践

BEPS 第七项行动计划重新厘定了 OECD 范本中常设机构的定义，但基于 BEPS 行动计划的软法性质，这些定义只是 BEPS 第七项行动计划给各国的立法建议。相应建议能否被各国的国内法和国际税收协定采纳、能否在税收实践中得到执行，都是值得关注的问题。下文将紧密结合近期部分国家在国内和国际层面的发展动态，阐释 BEPS 第七项行动计划的转化适用情况。

1. 西班牙

2016 年 6 月，西班牙最高法院就戴尔公司的西班牙子公司是否构成其在西班牙的常设机构作出了判决。该案例的主要争议涉及佣金代理人和数字经济问题。

Dell Ireland 公司（下文简称 DI）是戴尔公司在爱尔兰的子公司，负责戴尔公司的海外业务。Dell Spanish 公司（下文简称 DS）是 DI 在西班牙的子公司，其最初的功能主要是西班牙境内的产品分销，同时也参与其他与销售有关的工作（如技术支持、物流、仓储、推销、售后服务以及西班牙线上商店的管理等）。1995 年戴尔公司集团进行了业务重组，决定由 DI 公司集中管理所有的客户业务，并承担相应的投资、担保和客户风险。DS 依旧在西班牙市场上销售并推销产品，以自己的名义为 DI 签订合同，但实际上不享有销售的产品的任何权利。

西班牙税收当局认为 DS 构成了 DI 的常设机构。理由是：（1）DI 通过 DS 在西班牙的固定营业场所开展业务并获得利润，该营业场所可以构成 DI 在西班牙的场所型常设机构；（2）DS 以自己的名义为 DI 签订合同、销售商品，符合非独立代理人的特征，DS 可以构成 DI 在西班牙的代理型常设机构；（3）虽然 DI 的线上商店的服务器不在西班牙境内，但是所有通过线上商店签订的订单实际都由 DS 处理及维护，线上商店可以构成 DI 的虚拟常设机构。

对此，DI 却认为：（1）DS 的营业场所归其自身所有，不受 DI 支配，不满足固定营业场所的条件，所以不构成场所型常设机构；（2）DS 虽然代表 DI 签订合同，但是以其自身的名义而不是 DI 的名义，签订的合同对 DI 没有法律约束力，所以 DS 不构成代理型常设机构。

2012 年 5 月，初审法院（central economic-administrative court）支持了税收当局的意见。其理由是：首先，非居民企业能够"支配"一国境内某营业场所，不等同于该非居民企业拥有该场所法律上的所有权或使用权；其次，根据实质重于形式的原则，虽然 DS 以自己的名义签订合同，但它代表的是 DI 的利益，且 DI 事实上受该合同的约束，DI 也可以对 DS 进行完全的监督和控制，所以 DS 可以构成 DI 的代理型常设机构；最后，线上商店的西班牙网站可以构成虚拟常设机构。二审法院（national court）纠正了原判决中关于"虚拟常设机构"的结论，认为网站是无形且不能固定的，不能构成常设机构。2016 年 6 月，西班牙最高法院审理认为，DS 的固定营业场所实际上由 DI 支配，符合场所型常设机构的要求。而 DS 在 DI 的指示下签订合同，虽然不是以自身的名义，但不影响代理人常设机构的成立。因此，DI 在西班牙既有固定场所又有非独立代理人。考虑到可以依据《西班牙—爱尔兰税收协定》第 5 条第 1 款认定 DS 在西班牙存在场所型常设机构，法院认为不需要再认定 DS 是 DI 的非独立代理人。[①] 本案判决时，《西班牙—爱尔兰税收协定》采用的仍然是 OECD 范本现有的常设机构定义，但法院径行依据"实质重于形式"的原则对"以企业的名义"进行了相对宽泛的解释，扩大了非独立代理人的范围，并在佣金代理人问题的解决上与第七项行动计划的建议殊途同归。西班牙税收当局很可能会继续对跨国公司的类似安排进行调查。但是对于虚拟常设机构的问题，西班牙法院的态度相对保守，它们目前也并不打算采纳第一项行动计划中关于"显著经济存在"的建议。

从上述案例可以看出，佣金代理人问题早已引起了部分国家的重视。

---

① Aleksandra Bal, "the Spanish Dell Case: do we need anti-BEPS measures if the existing rules are broad enough?", *European Taxation*, Vol. 56, No. 12, 2008.

在第七项行动计划关于常设机构定义的成果报告出台之前,其法院便倾向于在实践中扩大非独立代理人的适用范围。在与本案案情十分相似但判决结果完全相反的挪威 DELL 案中,法院仅对"以企业的名义"采取文义解释,原因之一在于当时没有其他国家采取类似立场,法院认为这种对常设机构概念解释的不一致,会妨碍国家之间的税收协调。从这个角度来说,第七项行动计划的意义之一在于在相关概念的解释上为各国提供了统一标准,且一定程度上代表了司法实践中的共识。有学者认为西班牙不需要通过按照第七项行动计划的建议修改税收协定来解决常设机构问题,而只需要在实践中改变对相关条款的解释。这样不仅可以避免复杂的立法程序,而且可以避免新常设机构定义中的某些表述带来的不确定性,比如"在订立合同中起主要作用"。很多国家担心这些不确定性会增加纳税人与税收当局之间的争议,并最终加重税收当局的行政负担。在日本 2016 年 5 月的一则案例中,东京地方法院认为美国线上商店在日本的线下仓库,可以构成其在日本的常设机构,因为仓库中进行的储存、交付活动对于线上商店来说不具有准备性或辅助性特征。《美国—日本税收协定》同样未曾就税收协定第 5 条第 4 款进行修改,但与西班牙一样,这并不妨碍日本按照 BEPS 第七项行动计划的建议进行司法活动。

2. 澳大利亚

澳大利亚国内法也规定了政府对非居民企业所得进行征税的权利,但是这种管辖权并非以外国企业在澳大利亚存在常设机构为前提,而是以相应的收入来源于澳大利亚为条件。而判断一项收入是否来源于澳大利亚的标准是从判例法中产生的。澳大利亚对外签订的税收协定中普遍包括常设机构的概念,且协定中往往包含了一项收入来源地条款,规定即便按照国内判例法一项收入不具有澳大利亚来源,仍假定该外国企业通过澳大利亚常设机构获得的收入来源于澳大利亚,以此消除国内法和税收协定之间的矛盾。作为对 BEPS 第七项行动计划的回应,新《澳大利亚—德国税收协定》已经对第 5 条常设机构部分进行了修改。与此同时,澳大利亚在 2015 年 11 月出台的《跨国反避税法》(*Multinational Anti‐avoidance Law*)中也专门就常设机构问题进行了规定,针对人为规避常设机构的问题设置了一般性的反避税条款,在国内法层面上与税收协定保持一致甚至更进一步。新《跨国反避税法》第 177DA 章规定如下:"在满足以下所有条件时，税务机关可以采取行动取消相应税收优惠，甚至收取一定数额的罚金。这些条件包括：（1）外国实体是全球重要实体；（2）外国实体已订立一项方案，根据该方案，该实体通过向澳大利亚客户提供商品或服务获得了一般或法定收入，但该收入的部分或全部不能归于该外国实体的澳大利亚常设机构；（3）根据该方案或由于该方案的关系，与提供商品或服务直接相关的活动是通过外国实体在澳大利亚关联企业或商业上依赖于该外国企业的其他澳大利亚实体及其常设机构在澳大利亚进行的；（4）制定该方案的主要目的是使纳税人可以获得（i）税收优惠；或（ii）税收优惠和外国法律下的税务义务减免。"[1] 根据该规定，具有全球重要性的外国企业利用澳大利亚关联企业及其常设机构进行商业活动获得收入，但通过避税方案使这些收入不能归属于常设机构以至于获得税收优惠时，澳大利亚税务机关可以取消这些优惠。该法令的解释性备忘录中对该项规定中的很多概念进行了进一步界定：

第一，外国实体和全球重要实体。首先，这里的"实体"范围非常宽泛，包括公司、合伙等几乎所有的经济形式。判断一个"实体"是否属于"外国实体"时可以利用受控外国公司规则中的"澳大利亚实体"标准。该标准被定义得非常宽泛，比如任何有澳大利亚实体参与的合伙，不论该实体的份额多少，整个合伙企业都将被认定为澳大利亚实体。"全球重要实体"指全球范围内年度收入不少于10亿澳币的母公司或者全球年度收入不少于10亿澳币的公司集团的成员公司。根据OECD的报告，该标准排除了全球85%—90%的跨国企业，但剩下的跨国企业的收入涵盖了全球企业收入的90%。

第二，"提供产品或服务"（make supply）。这一概念主要指商品销售、服务提供以及技术授权（license of technology rights），但不包括股息分红和借款，也不包括集团内部交易（由转移定价规则规制）。"澳大利亚客户"指所有在澳大利亚有物理存在的实体。本条中规定的"常设机构"，在澳大利亚和外国实体的居住国之间存在税收协定的情况下，其定义等同于协定中的常设机构，否则指 ITAA 1936 第 6（1）条中定义的澳

---

[1] Lee burns, "Multinational anti-avoidance law: Australia's response to BEPS action 7", *Asia-Pacific tax bulletin*, Vol. 22, No. 1, 2016.

大利亚常设机构。后者范围相较于 BEPS 第七项行动计划中的建议而言更宽，具体体现在：代理型常设机构不局限于以委托人名义经常性订立合同的人，还包括代表委托人进行各种商业活动的所有非独立代理人；没有准备性和辅助性活动例外。

第三，"直接相关的活动"。这一概念的范围非常广泛，包括与订立合同直接相关的建立客户关系的活动，但不包括一般客户关系建设活动（例如展销会上负责人的活动，通常不直接与特定产品供应相关，因此不是"直接相关的活动"）。但这种活动必须通过关联的澳大利亚实体或常设机构进行。外国企业通过网络提供服务但没有得到来自澳大利亚实体的直接支持时，本规定不能适用。这也说明本规定与 BEPS 第一项行动计划中的"显著经济存在"无关。对于有助于合同签订的客户支持活动（on-going customer support）是否应该包括在"直接相关的活动"内这一问题，目前尚存在争议。如果不包括，则该表述比第七项行动计划中建议的"直接导致合同订立的活动"范围略窄。"关联企业或经济上依存的实体"指澳大利亚实体和外国企业之间是关联企业或存在商业上的依赖关系。前者一般指一家企业拥有另一家企业的多数投票权，或者在主要管理人员上存在重合；后者没有清晰的界定，但一般认为包括法律形式上相互分离但从外国实体获得几乎所有业务的企业。按照 OECD 范本的规定，"专门或几乎专门代表一家企业的代理人"不一定是非独立代理人，还需要结合具体情况进行判断。第七项行动计划的修改也只是建议当被代理企业与代理人之间存在紧密关联时，仅代表一家企业应该被认为是非独立代理人。但按照澳大利亚《跨国反避税法》，不存在紧密关联但只代表一家外国企业的代理人将被包括在"经济上依存的实体"内，以至于被代理人通过它们进行直接相关的活动时，所得到的利润如果不能归属于常设机构，将可能受到澳大利亚政府的处罚。

第四，本条规定中的"主要目的"与行动计划六中 PPT 规则要求的"主要目的"含义一致，"税收利益"仅限于澳大利亚企业所得税法规定的利益。

这一新法律与第七项行动计划的修改建议相比，从效果上看具有相似性，即都可以遏制跨国公司人为规避构成常设机构的行为。两者的区别在于该法律规定的是一般反避税条款，并不着眼于常设机构的定义，而是从跨国公司的利润不能归属于其常设机构以至于被免予征税的后果出发,对所有可以达到类似效果的避税安排进行规制,但这些安排受到"主要目的"的制约。澳大利亚新《跨国反避税法》的效力高于税收协定,且该法律中的规定比第七项行动计划中的建议更加严格。虽然该法律中也存在一定的技术性漏洞,但是由于其仅针对全球重要实体,相应的适用问题可能不会造成太大困扰。该法律出台之后,澳大利亚在国内法层面上对人为规避构成常设机构的处理,与修改后的税收协定更加协调一致,对解决由常设机构引起的避税问题增添了另一重保障。

3. 巴西

巴西不是 OECD 国家,其国内法中也没有明确的常设机构定义。对于非居民企业的税收征管,巴西法律规定,外国企业收到的所有来自巴西境内的款项都需要缴纳预提税,除非国内法另有规定。非居民企业因为向巴西境内客户提供服务而取得的收入,税率甚至可以高达 40%。基于这种普遍存在的预提税和高税率,虽然巴西对外签订的税收协定中都有常设机构条款,但其认为自己并不需要借助常设机构来保证作为收入来源国的税收利益。然而近几年,巴西在司法实践中先后把几家外国公司的子公司和代理人认定为外国企业在巴西的常设机构,这表明巴西政府的态度正在发生改变。

巴西对外签订的大多数税收协定(不包括澳大利亚、法国、芬兰、日本、瑞士)都规定,可以根据协定第 12 条把提供技术服务和技术支持的所得认定为特许权使用费。但是巴西高级法院(STJ, special trail judge)在最近作出的一个判决中认为,对于税收协定中未包含类似条款的国家,应该把上述收入按照协定第 7 条认定为企业营业收入,且基于协定优先于国内法的原则,该收入不能被征收预提税。如此一来,常设机构的认定对于巴西对非居民企业的征税权具有十分重要的意义。在巴西行政上诉法院(CARF)于 2016 年 2 月审理的另一个案例中,为了进行油气开采活动,巴西 Petrobras 公司与法国 Pride foramer SAS 公司签订了一份与油气开采有关的租船协议,同时它还与该法国公司的巴西子公司签订了另一个合同,内容涵盖与油气开采有关的其他所有技术服务。本案中 Petrobras 将石油开采活动总费用的 90% 以租金的形式支付给了法国 Pride foramer SAS 公司。因租金从性质上看属于营业所得,不需要缴纳预提税;若法国公司在巴西未设立常设机构,该笔经营所得也不需要在巴西缴纳企业所得税，法国公司需要承担的税负因此大大减少。考虑到以下事实：第一，两个合同中的付款人相同且合同内容相互补充；第二，一个合同的终止会导致另一个合同的终止；第三，根据合同，法国公司及其巴西子公司都可以作为被告被起诉；第四，巴西子公司签订的保险合同，以法国公司为共同受益人。① 再加上租船对于技术服务合同的执行必不可少，法院认为这两个合同实际上是同一个合同拆分而成，其实质是法国公司及其巴西子公司共同为 Petrobras 公司提供技术服务并获得报酬。如前文所述，按照《巴西—法国税收协定》，技术服务费用应该被认定为企业营业所得而不是特许权使用费，所以法国公司的所得不需要按照国内法征收预提税。但是，法院认定 Petrobras 公司与法国公司和法国设在巴西境内的子公司签订的两份合同事实上相互关联、相互影响，它们共同保证了法国公司油气开采义务的全部履行，其中法国公司承担的义务是主要核心义务，巴西子公司完全受母公司的支配，已经实质上丧失了独立的地位，构成非独立代理人。因此，巴西子公司构成法国公司在巴西的常设机构，该笔收入可以按照税收协定在巴西征收企业所得税。

上述两个案例之间是相互联系的。正是因为依照税收协定跨国技术服务费可能被认定为企业营业所得，同样根据协定企业营业所得可以免征国内预提税，如果该企业在巴西没有常设机构，上述费用将不能在巴西征税，巴西的税基也因此受到侵蚀。考虑到当前国内的经济危机和增加财政收入的需求，巴西政府顺应国际趋势，开始更加注意常设机构的问题，同时也会对第七项行动计划的修改建议做出回应。

大多数国家仅对股息、利息和特许权使用费等收入征收预提税。但是一些经济欠发达的国家由于税收遵从较差，往往选择对所有来源于该国家的所得，尤其是技术服务费，征收广泛的预提税来保障税收利益。阿尔及利亚、孟加拉国、加纳、印度、肯尼亚和摩洛哥等都是如此。这是发达国家和发展中国家在税收制度上的一个显著区别。由于过于依赖预提税，虽然对外签订的税收协定中有常设机构的规定，但是这些国家在国内司法实践中却往往缺乏对常设机构清晰界定的重视。上文案例中提到的合同结构

---

① Doris Canen, "Permanent establishment: the latest trends from the Brazilian tax authorities-a case law update", *Bulletin for international taxation*, Vol. 70, No. 10, 2016.

在巴西油气开采活动中非常普遍，但这是巴西法院首次认定此类情形下外国公司在巴西存在常设机构。

4. 荷兰

荷兰虽然是成文法国家，但是对判例的运用也十分灵活。通过判例，常设机构概念中的元素可以在 OECD 范本规定的框架之内得到更细致的诠释。例如，OECD 范本对于场所型常设机构的要求是：首先必须存在一定的营业场所，其次该场所需要有地域上的固定性和时间上的持久性，最后经营活动要通过营业场所进行。营业场所在界限明确的空间内移动不会阻碍其地域上的固定性，周期性活动也可以符合时间上的持久性。对此荷兰法院则认为，"营业场所"不要求必须存在实际的物理结构，松散的土壤或沥青就足够了。对于地理上固定性，荷兰法院在 Big Top 案中将在全国流动的德国马戏团也认定为外国企业的常设机构。[①] 但法院在考虑时间上的持久性时非常谨慎。在 Prosthetic Eye 案中，一家德国企业一直在荷兰的不同地方租用酒店客房销售产品。根据荷兰最高法院的意见，这种重复性营业活动的表现与意图永久从事营业活动的表现不同，因此不符合时间上的持久性，该场所也就不能构成常设机构。对于代理型常设机构，荷兰在法律实践中奉行"实质重于形式"原则，不要求代理人必须以被代理人的名义行事，甚至也不要求被代理企业给予代理人以严格的、民法意义上的代理权。只要代理人在荷兰境内实施的商业行为与被代理企业的营业活动有关，且对于被代理企业有事实上的约束力即可。这一点与 OECD 范本的要求不同，但是与 BEPS 第七项行动计划的要求是一致的。[②]

对于 BEPS 第七项行动计划提出的建议，荷兰目前并没有给出明确回应。但是可以看出，荷兰在 BEPS 最终成果出台之前就已经基于事实需要对常设机构概念进行了扩大解释，并且在某种程度上解决了佣金代理人和合同拆分问题。这体现了判例法相较于成文法的灵活性和适应性，但是荷

[①] Big Top 裁定（BNB 1954/336）中涉及来自德国的旅行马戏团，尽管其队伍一直流动不曾固定在某处，但在荷兰仍被认定为常设机构。荷兰最高法院表达的可移植性解释（"遍布全国各地"）似乎比注释中所述的可移植性概念（"相邻地点"）更宽泛。

[②] Hendrik-Jan van Duijn and Rocco O. IJsselmuiden, "Will the Netherlands threshold for levying taxes on PEs be lowered by proposed changes in line with BEPS action 7: preventing the artificial avoidance of PE status?" *European Taxation*, Vol. 56, No. 2, 2016.

兰学者也承认 BEPS 的修改仍然有助于进一步解决和常设机构有关的其他问题，且在国际税收协调上具有重要意义。

第七项行动计划的修改建议主要涉及常设机构的特定活动豁免、活动拆分、合同拆分、佣金代理人四个方面，相应的问题在商业实践中都已经非常普遍，以至于各国在近几年的司法活动中或多或少都已经有所应对。报告中提出的修改建议，相对于原规定，改动程度非常微小，且一定程度上体现了司法实践中的共识，因此从转化适用的角度来说不存在太多争议。上文中介绍了西班牙、澳大利亚、巴西、荷兰四个国家转化适用第七项行动计划的情况。从方式上讲，这些国家有的选择在司法实践中直接扩大解释原有规定，有的选择修改与其他国家的税收协定，有的制定了新的规定。从内容上讲，有的仅采纳了一部分建议，也有的全盘接受。这些差异主要反映了各国司法实践中的不同需求，同时也体现了各国协调国内法与税收协定的不同考虑。

（三）BEPS 第七项行动计划在中国的转化适用

1. 中国对外签订的税收协定中的常设机构

中国目前对外签订的所有双边税收协定，都在第 5 条专门规定了常设机构概念。但是因为签订时间的不同以及协定伙伴国国情的差异，不同的协定会有一些细微的区别。下文将从具有重要意义的《中国—新加坡税收协定》（简称《中新协定》），以及 2015 年第七项行动计划成果报告出台后中国新修订的几个双边税收协定出发，对中国税收协定中的常设机构概念进行简要分析。

（1）《中新协定》对常设机构定义的扩展解释

2010 年国家税务总局发布了《〈中华人民共和国政府和新加坡共和国政府关于对所得避免双重征税和防止偷漏税的协定〉及议定书条文解释》的通知（以下简称 75 号文），文中对常设机构的概念进行了详细解释，并明确规定："中国对外所签协定有关条款规定与中新协定条款规定内容一致的，《中新协定》条文解释规定同样适用于其他协定相同条款的解释及执行"。[①]

[①] 国家税务总局：国家税务总局关于印发《〈中华人民共和国政府和新加坡共和国政府关于对所得避免双重征税和防止偷漏税的协定〉及议定书条文解释》的通知，http://www.chinatax.gov.cn/chinatax/n362/c109865/content.html。

《中新协定》第 5 条参考了 OECD 范本中对常设机构的规定。不同的是，其第 3 款第 1 项要求"建筑工地，建筑、装配或安装工程"存续时间达到 6 个月，而 OECD 范本中要求 12 个月。除此之外，《中新协定》还新增了第 2 项因雇员或雇用的其他人员提供劳务构成常设机构的情形。另外关于第 6 款中独立代理人的界定，《中新协定》指出，代理人活动仅仅"全部或几乎全部代表该企业"并不足以使其被排除出独立代理人的范围，还需要"该代理人和该企业之间商业和财务关系的条件不同于独立企业之间关系的条件"。

对于《中新协定》中相关规定应该如何适用，75 号文作出了具体解释，值得注意的有以下几点：第一，对于第 3 款第 1 项因承包工程构成常设机构的情形，其明确说明了防止合同拆分的方法，即当新加坡企业在中国一个工地或同一工程，即商务关系和地理上是统一整体，连续承包两个及两个以上作业项目时，计算持续时间应该从第一个项目起到最后一个项目止，并明确指出把一个工程拆分成几个合同时应该合并计算。且将工程转包给其他企业，不影响原企业以及分包商持续时间的计算。第二，对于第 4 款规定的特定活动豁免，75 号文在 OECD 范本的解释的基础上，进一步细化了对"准备性和辅助性"的解释，即不独立进行经营活动、不为其他企业服务和不直接盈利。第三，对于代理型常设机构，其不要求代理人必须以被代理企业的名义签订合同，而只需要签订合同对原企业有事实上的约束力。同时代理活动的范围不限于签订合同，还包括参与谈判、商议合同细节。中国《民法通则》中对代理制度的规定与德国等大陆法系国家一脉相承。但是在《合同法》中吸收了英美法系的代理制度，规定了不披露委托人的存在的情况下因第三人行使选择权导致法律后果归委托人所有的情况。《民法典》第 925 条和第 926 条也延续了原《合同法》的相关规定。因此，75 号文的这一解释与中国民法并不相悖。

比较 75 号文与 BEPS 第七项行动计划，可以看出两者对 OECD 范本中常设机构定义的解读在很多方面具有相似性。对代理型常设机构中的佣金代理人问题和合同拆分问题，都采取了实质重于形式的立场。但是，75 号文没有解释第 5 条第 4 款中列举的豁免情形是否需要另外考察"准备性或辅助性"特征，也没有对利用紧密关联的企业拆分营业活动，使得每项活动单独或结合后具备准备性或辅助性特征的情况进行规制。

(2) 后 BEPS 时代中国税收协定对常设机构定义的修改

2015 年,中国与德国签署了新的双边税收协定,该协定于 2016 年 4 月生效,于 2017 年 1 月 1 日起开始执行。新协定中对常设机构的定义进行了如下修改:一是建筑工地,建筑、装配或安装工程,或者与其有关的监督管理活动构成常设机构的时间门槛由 6 个月变为 12 个月;二是对于第 5 条第 6 款中的独立代理人,规定如果某代理人的活动全部或几乎全部代表该企业,且企业和代理人之间的商业和财务关系不同于非关联企业之间应有的关系,则不应认为上述代理人是本款所指的独立地位代理人。而旧协定没有上述表述。新《中国—德国税收协定》中对第 6 款的修改缩小了独立代理人的范围,这一点与 BEPS 第七项行动计划的要求是一致的。

另外,2015 年 5 月中国与智利签署的新的双边税收协定对第 5 条常设机构作出了如下修改:一是在计算建筑工地,建筑、装配或安装工程,或者与其有关的监督管理活动,以及勘探自然资源的活动是否达到构成常设机构的 6 个月时间门槛时,需要加上高度关联企业于不同期间在相同的建筑工地,或为了相同的建筑、装配或安装工程开展相关活动的时间;在确定企业提供劳务的时间是否达到构成常设机构的时间门槛时,同样需要考虑同一企业的其他项目的时间以及高度关联企业从事的实质相同的活动的时间。二是明确第 5 条第 4 款所列举的情况不是当然豁免,还必须同时具备"准备性"或"辅助性"特征。三是明确代理型常设机构不限于"以企业的名义订立合同"的人,且专门或几乎专门代表一家或多家高度关联企业的人不是独立代理人。[①] 以上三点修改与第七项行动计划中的相关建议完全一致,但该协定仍未对紧密关联方之间的活动拆分进行规定。

中国与罗马尼亚于 2016 年 7 月 4 日签订的新税收协定中,也规定了专门或几乎专门代表一个或多个与之紧密关联的企业的人,不被认为是独立地位代理人。

2. 对中国转化适用 BEPS 第七项行动计划的建议

(1) 常设机构定义对国家税收利益及经济发展的影响

上文介绍了四个不同国家落实第七项行动计划的具体情况,以及中国

---

① 国家税务总局:国家关于《国家税务总局关于〈中华人民共和国政府和智利共和国政府对所得避免双重征税和防止逃避税的协定〉及议定书生效执行的公告》的解读,http://www.chinatax.gov.cn/n810341/n810760/c2410110/content.html。

在 BEPS 报告出台后对税收协定中的相关条款作出的修改。可以看出，上述实践都在一定程度上对该行动计划给予了正面回应，但是并没有全面接受所有的修改建议。客观上说，这是因为 BEPS 项目发布的成果报告仅具有软法性质，其 15 项行动计划中，只有防止滥用税收协定、防止有害税收竞争等 4 项规定了"最低标准"，被纳入监督执行机制而具有较强的约束力。而第七项行动计划对常设机构定义的修改只是项目组提出的建议，其允许成员国根据本国产业结构、经济发展水平等因素进行选择性修改。更重要的是，常设机构是国际税收法律体系中最基本的概念之一，其任何微小的变动都会产生非常复杂的影响：宏观上看，它直接关乎国际税收管辖权的划分，因而会影响一国政府的财政收入；微观上看，它直接关乎跨国企业是否需要在来源国纳税，并最终因税负的不同影响企业的投资选择。考虑到这两个方面，各国对第七项行动计划的回应必然因为国家利益的不同而千差万别。具体来说：

首先，对常设机构定义的变动会直接影响一国的税收管辖权，并且最终影响到该国的财政收入。如果认定跨国公司在某一国家或地区存在常设机构，则其来源于该国家或地区的收入就成为了该地企业所得税的征税对象，该国家或地区政府也就可以获得相应的税收利益。从这个角度来说，常设机构定义越宽泛，一国税收主管机关从非居民企业可以获得的税收收入就越多。反过来，因为税收协定中普遍存在避免双重征税的抵免规则，本国跨国公司如果因为构成常设机构而需要在投资东道国纳税，则相应的税收可以从居住国应纳税额中扣除。此时常设机构定义越严格，跨国公司在境外纳税的可能性就越大，根据全球税收利益在居住地和来源地分享原则，居民国从本国跨国公司处可以获得的税收利益就越少。在资本自由流动的现代社会，几乎所有国家都兼具资本输入国和资本输出国的双重身份，它们既是跨国公司居民国也是跨国公司来源国，但是不同国家两者间的对比情况各不相同。总体上说，对于那些以资本输入为主的国家，按照第七项行动计划的建议对常设机构的范围进行扩大，能更显著地实施 BEPS 项目以增加税收收入，缓解财政压力的效果。下文介绍了后 BEPS 时代部分国家与常设机构定义有关的法律实践，其中巴西和澳大利亚都明确表达了扩大构成常设机构范围的意图。根据 2016 年世界投资报告，2015 年巴西的资本流入流量排名世界第 8，澳大利亚排名第 17，但是它们的对外投资流量却都相对较少。也就是说巴西和澳大利亚都是资本输入为主的国家,更宽泛的常设机构规则有利于其扩大政府收入。这在某种程度上可以作为上述分析的例证。

其次,常设机构定义的变化还会对跨国公司的经营策略,如对投资目的地和投资方式的选择造成影响,而这最终会影响一国的经济运行。如前文所述,各国都在税收协定中规定了避免双重征税的抵免规则,这样可以有效维护税收中性,避免税收对经济活动造成扭曲。如果跨国公司在来源国缴纳的税收可以在居住国实现全额抵免,则在境外构成常设机构不会加重它们的税收负担,也就不会对它们投资活动目的地的选择造成影响。但是现实中很多国家为了维护本国税收利益,都规定了限额抵免,即跨国公司可以扣除的境外已缴税款,不得高于相应的收入按照本国税收规则应该缴纳的数额。此时如果投资目的国的税率较居民国高,则跨国公司在境外实际缴纳的税收将多于相应的收入按照本国税率计算出的抵免限额,也就是说无法完全抵免。此时增加构成常设机构的可能性,将增加跨国公司在高税率国家进行经营活动时的税收负担。这将对跨国公司在全球的竞争力产生负面影响。如果因税收问题对跨国公司在这些国家进行投资造成阻碍,无疑会对一国的经济结构产生不良的影响。同时,企业还可能为了减轻税收负担、避免在境外构成常设机构改变自己的投资方式,如跨境电商可以选择不建立海外储存货物的仓库而仍然进行跨国运输。从长期来看,这样做会阻碍企业国际竞争力的增长,并且与国家对外投资的经济发展战略相违背。

综上,正因为常设机构定义的变化会产生经济的联动效应,各国在决定是否对其进行修改以及如何修改时,必须充分考虑本国国情。

(2) 中国转化适用第七项行动计划时应该考虑的因素

在澳大利亚布里斯班举行的 G20 峰会上,习近平主席强调,中国要"严厉打击国际逃避税,全面深入参与应对 BEPS 行动计划,构建反避税国际协作体系。"① 因此,BEPS 项目对于中国来说,是一次主动承担大国税收责任、深入参与国际税收规则制定、增加在国际税收领域内话语权的

---

① 贺艳、厉征:《合作共赢:大国税务应势而为》,《中国税务报》2016 年 1 月 6 日 A02 版。

重要机会。如何对包括第七项行动计划在内的一系列项目成果做出相对积极的回应，同时又尽可能地保护中国的国家利益，是中国必须考虑的问题。判例法国家可以通过司法实践——比如上文中西班牙在相关案例中的做法——在不修改税收协定的前提下将第七项行动计划的建议落实。中国作为成文法国家，只能通过修改国内企业所得税法和双边税收协定的方式对第七项行动计划进行回应。因为在中国税收协定的法律效力要高于国内法规，中国对第七项行动计划的态度实际上只能通过税收协定来体现。考虑到协定的修改所必需的时间、精力和金钱成本，以及其必然带来的长远的影响，中国必须谨慎选择修改的对象和修改内容。除了上文提到《中国—德国税收协定》《中国—智利税收协定》以及《中国—罗马尼亚税收协定》以外，中国还应该与哪些国家、按照怎样的标准修改常设机构定义的问题，需要结合中国实际情况进行具体分析。

第一，考虑与投资国之间的双边投资结构问题。现实中的常设机构可以表现为多种不同的形式，如以销售产品为目的的店铺、商场，以加工产品为目的的工厂、车间，或者以提供服务为目的的办事处。除此之外常设机构还可以表现为开展工程活动的建筑工地、钻井平台，以及代理进行销售、推广、保险等不同业务的代理人。第七项行动计划对常设机构定义的修改并不是全方位、颠覆性的。因此，其虽然在总体上增加了跨国公司在境外构成常设机构的可能性，但是并非会影响所有种类的经营活动。即便一个国家全面采纳了第七项行动计划的建议，也不会增加其境内所有类型的常设机构。如前所述，第七项行动计划主要针对以下三种可能构成常设机构的情形：一是佣金代理人；二是原本被认为具备准备性和辅助性的活动所在的场所，或者拆分后可能具备准备性和辅助性的活动所在的场所；三是拆分后存在时间低于时间门槛的工地。与之关系最密切的商业活动则分别是跨境货物贸易、跨境在线销售以及跨境工程承包，这三个行业将会受到BEPS相关建议的直接影响。国家之间的投资往往因其相对优势的不同而存在特定偏好。在谈签税收协定时，中国首先应该考虑的就是与投资国之间的双边投资结构问题。根据商务部数据，2016年上半年中国实际利用外资的行业主要集中在服务业和制造业，两者之比约7∶3。其中服务业实际使用外资3107.9亿元人民币，占全国总量的70.4%；制造业实际使用外资1248.5亿元人民币，占全国总量的28.3%。同时中国实际利用外资的行业明显从低端产业向高端产业转移。高技术服务业（如金融、法律等）实际使用外资额同比增长99.7%，其中尤其突出的是信息技术服务、数字内容及相关服务、研发与设计服务。高技术制造业实际使用外资额同比增长6.2%，其中医药制造业、医疗仪器设备及仪器仪表制造业增幅较高。基于中国技术输入国的国情，中国在税收协定中大多遵循UN范本，规定了服务型常设机构。根据75号文，其中的劳务活动主要就是指工程、技术、管理、设计、培训、咨询等专业服务活动。另外根据《关于执行税收协定特许权使用费条款有关问题的通知》（国税函〔2009〕507号）的解释，如果技术服务活动是伴随着技术转让一同进行的，则相应的收入在技术服务活动不能构成劳务型常设机构时应该被认定为特许权使用费，否则被认定为常设机构的营业所得。判断服务型常设机构时存在与工程型常设机构类似的时间门槛，第七项行动计划中所建议的反合同拆分规则，也因此在原则上同样可以运用于服务型常设机构之中。除此之外，总体上看中国利用外资的主要行业与第七项行动计划的修改关系并不大，但是具体情况还需要结合具体国家进行分析。具体来说，《2015年中国对外投资统计公报》的数据显示，2015年中国境内对外投资者从行业分布上来说，主要集中于批发零售业和制造业，两者总计占比达到65%，占据了中国对外投资的绝大部分。另外建筑业和采矿业等工程承包项目也占有较大的比重。① 联系第七项行动计划的有关建议，有以下两个方面尤其值得注意：一方面是与批发零售业有关的跨境电商。2015年，《国务院关于大力发展电子商务加快培育经济新动力的意见》等重磅政策文件的出台，使跨境电商行业迎来爆发式增长。② 根据商务部公布的数据，在2016年货物贸易进出口总值同比下降7%的情况下，跨境电商却逆势上涨30%。2017年中国跨境进出口贸易额可能达8万亿元。③ 当下与跨境电商的发展密切相关的就是建立海外仓的问题。电商企业先将货物批量出口并

---

① 根据《2015年中国对外投资统计公报》，2015年中国境内对外投资者的行业构成中，批发和零售业比重最大，共6956家，占比34.4%；制造业其次，共6186家，占比30.6%。建筑业共609家，占比3%；采矿业505家，占比2.5%。

② 魏董华：《跨境电商"海外仓"模式将成外贸发力点》，《智慧中国》2016年第4期。

③ 栾国鋆、刘明：《"海外仓"是跨境电商解药？（上）》，《国际商报》2016年3月30日A03版。

存储于境外仓库，待线上销售完成后再将商品直接送达境外消费者。相比传统出口模式下"出口商—外国进口商—外国批发商—外国零售商—消费者"的多环节模式，"海外仓"可以减少中间环节，节约运输成本。建立海外仓的另一动因是提供个性化服务，实现企业海外本土化营销的需要。这有利于企业增强竞争力，扩大市场份额。美国、欧盟、日本和印度是中国跨境电商的主要目地，而根据相关数据，"自建仓的卖家中有81%在美国有仓库，50%在德国有仓库，37%在英国有仓库。其中美国仓库的数量在自建仓卖家的所有仓库数量中占比达到45%"。[①] 按照第七项行动计划的修改建议，海外仓中进行的商品存储、交付活动极有可能被认为不具有准备性和辅助性特征，因此海外仓可以构成跨境电商在境外的常设机构，所有通过海外仓获得的收入将都需要在来源国纳税，这显然会加大电商走出去时的税收负担。因此中国在考虑与上述跨境电商目的国谈签税收协定时，要审慎对待特定活动豁免的修改；另一方面是与建筑业和采矿业有关的工程承包问题。中国在基础设施建设方面是世界上最有竞争力的国家之一，在"一带一路"倡议不断推进的过程中，中国企业也必然充分发挥其在基础设施建设领域的相对优势。商务部数据显示，2016年全年，中国对"一带一路"沿线国家直接投资145.3亿美元，占全国对外投资总额的8.5%；其中，中国企业在沿线61个国家新签对外承包工程项目合同8158份，新签合同额1260.3亿美元，占同期中国对外承包工程新签合同额的51.6%，同比增长36%。[②] 工程承包活动具有建设周期长、建设投资大、资金回报慢的特征，此时无论是UN范本中将构成常设机构的时间门槛由12个月缩短为6个月的规定，还是第七项行动计划中建议的新反合同拆分规则，都会使企业在承包工程合同时构成常设机构的可能性显著增加。中国在与"一带一路"沿线国家修订税收协定时，应该避免降低构成常设机构的时间门槛，同时注意反合同拆分规则可能的影响。综合上述两个方面可以看出，中国利用外资的主要行业并不在本次常设机构定义扩大所覆盖的范围之内，但是中国的对外投资很多集中在会受到第七项行动计划影响的领域。也就是说，如果中国按照第七项行动计划的建议修改常设机构

---

① 雨果网：《一份震惊跨境电商的海外仓报告》，http：//www.cifnews.com/article/22482。
② 刘晓旭：《一带一路纵深催化大基建行情》，http：//finance.sina.com.cn/roll/2017-02-25/doc-ifyavvsh6511306.shtml。

的定义，相对外国跨国公司在中国构成常设机构，中国跨国公司在境外构成常设机构的可能性会大得多。而这将在总体上导致中国企业所得税的税基流向国外，也会对中国对外投资产生比较复杂的影响。

其次，考虑投资东道国的企业所得税税率设置。除了双边投资结构外，企业所得税税率是另一个值得注意的因素。2015年中国对外直接投资（流量）达1456.7亿美元，虽然位居全球第二，但是仅占排名第一的美国的1/2。而截至2015年年底，中国对外直接投资（存量）达10978.6亿美元，排名全球第八，仅占到排名第一的美国的1/6。以上数据都说明中国的对外投资额与发达国家相比差距较大，中国需要进一步推动对外投资的发展。在"一带一路"倡议下，中国政府大力鼓励企业"走出去"，开拓海外市场。为了扩大对外直接投资，增强企业在海外的国际竞争力，从税收角度来说中国应该尽可能地减轻"走出去"企业的税收负担。如上文所述，按照中国现行的税收抵免制度，纳税人在税率高于中国的国家缴纳的税款，只能按照中国税率计算出的额度抵免；而在税率低于中国的国家缴纳的税款，还要按税率差补税。分国不分项的抵免规则更使得企业不能将不同国家的税收进行综合安排。因此投资东道国的企业所得税税率与"走出去"企业是否可以彻底消除双重征税问题，即对外投资是否会加重企业的税收负担的问题直接相关。根据相关数据，中国对外直接投资存量排名前20的国家中，美国、澳大利亚、卢森堡、德国、法国、南非以及阿联酋等的企业所得税税率都高于中国①；而"一带一路"沿线国家的企业所得税税率一般较低，仅有菲律宾、印度、巴基斯坦、孟加拉国、斯里兰卡、不丹、以色列、巴林8个国家高于中国。② 对于这些国家，如

---

① 截至2015年年底，中国对外投资存量排名前20的国家中，美国408.02亿美元，排名第四；澳大利亚283.74亿美元，排名第6；德国77.40亿美元，排名第12；卢森堡58.82亿美元，排名第13；法国57.24亿美元排名第15；南非47.23亿美元，排名第18；阿联酋46.03亿美元，排名第19。这几个国家的企业所得税税率都高于中国，分别是35%、30%、30%、30%、33%、28%、55%。各国投资存量根据《2015年中国对外投资统计公报》整理所得，各国企业所得税税率根据http://zh.tradingeconomics.com/country-list/corporate-tax-rate整理所得。

② 其中中国对巴基斯坦和印度的对外直接投资存量在所有"一带一路"国家中排名前10，两国的企业所得税税率分别是33%和34.61%。各国投资存量根据《2015年中国对外投资统计公报》整理所得，各国企业所得税税率根据http://zh.tradingeconomics.com/country-list/corporate-tax-rate整理所得。

果中国按照第七项行动计划的建议修改相应税收协定中的常设机构定义,那么中国对外投资企业在境外构成常设机构的可能性将明显增加。此时其在境外实际缴纳的税收高于按照中国企业所得税税率计算出的抵免限额,因此不能获得完全抵免,税收负担也因此比纯粹在境内进行经营活动要大,从而对企业"走出去"形成了阻碍。因此,在充分考虑双边投资结构的前提下,中国在与税率高于中国的国家修订税收协定时,应该更谨慎地对待第七项行动计划对常设机构条款的修改建议。

(四) 总结

BEPS 第七项行动计划针对 OECD 范本中常设机构定义存在的问题提出了明确的修改建议。从各国的实践来看,虽说建议存在一定模糊性和不确定性,但确实符合国际税收实践的发展趋势,有利于解决因常设机构引发的税基侵蚀和利润转移问题。中国在最新修改的税收协定中对常设机构概念进行了微量的调整,与 BEPS 行动计划的要求并不完全一致。但是作为发展中国家,从具体国情出发,制定最有利于经济发展的税收政策应该是中国不变的立场。

二 日本线下仓库构成常设机构案法律评析

在数字经济背景下,现有的常设机构定义可能无法正确反映跨国企业与非居民国之间的"经济关联",因此也无法使税收与经济活动发生地或价值创造地相匹配。日本法院在最近的一项判决中认定,美国纳税人通过线上店在日本进行销售活动时使用的日本公寓和仓库,可以构成其在日本的常设机构。常设机构的界定问题对于协调各国对跨国企业的征税权具有重要意义,这一判决对如何适用 OECD 范本第五条第四款规定的常设机构的特定活动豁免规则具有重要的借鉴意义,也可以为理解 BEPS 第一项行动计划和第七项行动计划的相关内容提供参考。

(一) 日本线下仓库构成常设机构案简介

1. 案件事实

原告(纳税人)是一位美国公民,于 2001 年 11 月在日本租赁了一套公寓。2002 年 3 月,纳税人创建了一个网站并开始进行在线销售活动,其业务主要是为日本消费者提供从美国进口的汽车零部件。在这期间,纳税人利用其租赁的公寓进行货物的储存、包装和装运。2004 年 7 月,纳税人将网站在日本线上购物商场进行注册,并在同年 10 月离开日本前往美国,此后一直在美国对网站进行维护和管理。2006 年 11 月,随着销售量的扩大,纳税人在公寓之外另行租用了一个仓库,代替原先的公寓进行货物的存储、包装和装运。自 2004 年离开日本后,纳税人没有提交过任何所得税和消费税的纳税申报表,并于 2008 年受到地区税务局税收专员的检查。

经调查,税收当局发现纳税人的营业活动主要按照以下安排开展:首先,纳税人利用网站和在线商城接收来自日本客户的订单。该网站使用日本域名,显示的文字也都是日语。线上商店在日本线上商城登记注册,该商城要求所有注册的商店必须提供一个日本联系地,因此网站上标注了纳税人在日本租赁的公寓的地址。该线上商店还标记了"快速运输",这意味着货物运输花费的时间较短,一般是国内运输。其次,纳税人居住在美国,并在美国进行对网站的日常维护和管理。这些活动具体包括:进行市场研究并决定所出售商品的价格,与生产商谈判并购买商品,通过电子邮件与客户沟通,用日语起草产品说明书,等等。最后,货物由美国运往日本,由纳税人的员工在其租赁的公寓和仓库内接收并存储进口的货物。在合同签订之后,员工会对货物进行包装(如有需要,包装货物时会附上日文手册),并通过货运公司向客户运送货物。该公寓和仓库还负责从客户处接收退回的货物并装运替换物,除此之外,拍摄货物照片并将其发送到网站上的工作,也是在这些公寓和仓库进行的。

2. 案件争议

本案的主要争议在于,线上商店在日本的公寓和仓库是否可以构成其在日本的常设机构,具体来说,纳税人的员工在公寓和仓库中进行的包装、储存及交付货物的活动是否符合常设机构特定活动豁免条款的适用条件。

《美国日本税收协定》第五条对常设机构的规定如下:①

在本协定中"常设机构"一语是指企业进行全部或部分营业的固定营业场所。

尽管有本条的上述规定"常设机构"一词应认为不包括:

---

① 参见《日本—美国税收协定》(2003)第五条。

(a) 专为存储、陈列或交付本企业的货物或商品而使用的设施；

(e) 专为本企业进行任何其他准备性或者辅助性活动而设有的固定营业场所。

该条款的规定与 OECD 范本完全一致，问题在于第五条第四款（a）—（d）项所列举的活动是当然具备准备性或辅助性特征，因此可以自动豁免；还是需要结合该场所的活动在整个商业活动中的地位和作用，而另外进行准备性或辅助性测试。纳税人对此的主张是：按照经合组织工作组在 2012 年提出的建议，第五条第四款（a）—（d）项应被视为自动豁免，这样的解释对维护协定的确定性具有重要意义。

对此法院则认为，根据 OECD 范本对有关条款的注释，第五条第四款所列举活动的共同特点是"具有准备性或辅助性"，因为"第 4 款的规定旨在防止仅在缔约国另一方国家从事准备性和辅助性活动的一方缔约国企业，在另一方国家被征税"。[①] 且第五条第四款以（e）项"具有准备性或辅助性的任何其他活动"作为兜底条款，第五条第四款（a）—（d）项所述活动应视为这种类型活动的举例。

3. 案件结论

(1) 常设机构认定

经审理，法院认为公寓和仓库若要根据条约第 5 条构成常设机构，必须首先是"企业进行全部或部分营业活动的固定营业场所"（第 5.1 条），且在该场所的活动不具备准备性或辅助性特征（第 5.4 条）。法院指出，首先，公寓和仓库是该外国企业在日本唯一具有营业功能的地点，因为所有合同签订行为都通过互联网进行，而该企业通过公寓和仓库进行实际的销售活动（即出售存储在仓库的商品），且公寓的地址被列为网站的营业地点。其次，法院承认企业的雇员在公寓和仓库进行的活动主要是"存储和交付货物"［符合第 5.4（a）项的表述］以及"简单的和例行的"工作。但这不影响常设机构的成立，因为货物的包装和运输对于远程销售业务至关重要。一方面，日本的仓库和公寓的存在增强了潜在客户对线上商店的信任感。比起可以实际评估卖方及其产品的柜台交易，线上销售中顾客很难知晓与其沟通的卖家的信誉，也不知道照片上显示的产品是否真

---

① 参见 OECD 范本注释第 21 段。

实可信。因此，能够为潜在的线上客户提供安全感是线上商店竞争力的重要来源，而日本地址的存在给客户留下该企业位于日本的印象。此外，对于远程销售业务来说，处理退货和及时替换货物同样具有重要意义；另一方面，位于日本的仓库使得货物可以存储在日本，因此可以快速到达客户指定的地点。物流速度对于线上商店的竞争力同样意义匪浅。法院还指出，诸如包装中附日文手册、拍摄货物照片和接收退回货物等活动，都增加了所销售货物的价值，因此综合来说，在公寓和仓库进行的活动不仅仅只是"存储"和"交付"。

值得注意的是，法院认为纳税人虽然在美国进行网站维护活动并通过电子邮件与客户沟通意见，但应当认为这些活动实际上是纳税人通过互联网在公寓和仓库进行的。因此，纳税人在美国进行某些活动的事实与公寓和仓库作为线上商店唯一营业场所的结论之间并不矛盾。

基于上述事实，法院驳回了纳税人的观点，认为日本的公寓和仓库是线上商店的唯一营业地点，并且不具有准备性和辅助性特征，可以构成该外国企业在日本的常设机构。

（2）常设机构利润归属

如果线上商店在日本的公寓和仓库可以构成常设机构，接下来需要考虑的重要问题是，如何确定常设机构的可征税利润。法院指出，由于企业在网站上收到所有订单，并将储存在日本仓库（构成常设机构）的货物出售给客户，因此可以说，企业的整个在线销售业务都是通过日本的常设机构进行的。因此，在计算应归属于常设机构的收入数额时，应假定公寓和仓库构成独立的从事网上销售业务的企业。法院指出，可以使用纳税人上一年度收入与总收入的比值来估算本年度的收入，因为商业活动的内容基本不变。

税务主管部门在估计应税收入时，没有考虑到纳税人在美国开展的活动所产生的费用（即纳税人在美国进行商业活动产生的开支）。然而法院指出，证据显示纳税人从日本移居美国的行为提高了商业活动的效率，具有明显的经济意义。即纳税人将经营活动的一部分转移到美国的安排并没有从整体上减少线上商店的收入。同时，由于纳税人也没有提供费用增加的记录，可以认为业务的费用率没有增加。因此，税收当局未考虑纳税人在美国发生的分项开支的事实，这不影响利润估值的合理性。

（二）结合 BEPS 行动计划对本案进行法律评析

上文所述的案例主要涉及常设机构的界定问题，常设机构的定义对于一国行使来源地税收管辖权至关重要。然而随着时代的发展和科技的进步，OECD 范本中现有的常设机构概念逐渐落后于实践中商业模式的变化，因此也成为跨国公司进行税收筹划逃避税收责任时可以利用的漏洞。由 OECD 和 G20 共同主导的防止 BEPS 项目，针对实践中跨国公司常用的避税手段和其他当下亟待解决的税收问题提出了切实可行的应对措施，这是一次对国际税收秩序的深刻变革。其中第七项行动计划致力于解决人为规避构成常设机构的问题，对 OECD 范本中的常设机构定义提出了一系列修改建议，对第 5 条第 4 款规定的特定活动例外是修改的重点之一。同时，行动计划一为了应对数字经济对常设机构的冲击，提出了新的革命性的常设机构认定标准。两个成果报告的内容与根源都与本案直接相关。

1. BEPS 第七项行动计划对常设机构定义中"特定活动豁免"的修改

关于 OECD 范本第 5 条第 4 款规定的特定活动豁免规则，最大的争议之一是（a）—（d）项所列举的情况是当然具备准备性或辅助性特征，还是需要另外进行准备性或辅助性测试。第七项行动计划给出的建议是后者。具体结合本案进行分析，纳税人的线上商店在日本设立了专门用于储存和交付货物的仓库和公寓。如果认为（a）项所述的"专为储存、陈列或者交付本企业货物或者商品的目的而使用的设施"意味着自动豁免，则该公寓和仓库不能构成线上商店的常设机构。反过来，如果认为这一项规定需要结合（e）项"专为本企业进行其他准备性或辅助性活动的目的所设的固定营业场所"来理解，则需要另外检测该活动是否具备准备性和辅助性，即通过考察公寓和仓库进行的活动对于整个经营活动的意义来判断其可否构成线上商店的常设机构。日本法院在分析了储存和交付货物对线上销售活动的重要性之后，得出了仓库可以构成常设机构的结论。可以看出，虽然日美条约参考的是 BEPS 修改前的 OECD 范本，但是法院在判决中采用了行动计划中建议的解释方法，即认为条约第 5 条第 4 款第（a）—（d）项所述的活动，必须在具有准备性和辅助性特征时才能获得豁免。

行动计划最终报告中也给出了对关键词"准备性"和"辅助性"的解释：发生在企业活动的基本部分或重要部分之前的相对较短时间内的活

动一般都具备准备性质；辅助性活动则是为了支持上述基本活动，而不构成该基本活动的任何部分。根据 OECD 范本的原有注释，判断一项活动是否具有准备性或辅助性特征时，主要考察的是该固定营业场所的营业活动与企业整体营业目标是否相同。比如物流公司在各国的仓储业务和物流业务应该被认定为企业的主营业务。第七项行动计划同样对 OECD 范本的这一解释进行了修改，报告以案例的形式明确指出①：用于储存或交付通过互联网销售的产品的仓库作为线上商店的"重要资产"，在人员和资金投入上都具有相当的规模，是企业销售活动的"关键部分"，因此，这些仓库的活动不具有准备性或辅助性特征。第七项行动计划用资产和人员的比重代替"活动的功能目的与性质"来解释"准备性或辅助性活动"目的的做法，与数字经济下企业经营活动方式的变化有关。在数字经济背景下，很多原先被认为具有准备性和辅助性的活动可以已经成为企业的核心业务，包括信息收集等一些与价值创造并不直接相关的活动，如 Google 的免费搜索引擎服务对吸引客户、扩大品牌知名度具有重要作用，从而最终对企业的总体收入具有重大影响。此时，单纯通过活动的功能和目的不足以判断一项活动对于整体业务的重要性。

　　BEPS 第七项行动计划对特定活动豁免规则的修改体现了常设机构概念"经济关联"的本质。OECD 范本第五条第四款（a）—（d）项列举的活动之所以可以豁免，是因为在当时的经济环境下它们通常都具有准备性或辅助性特征，即对整体商业活动而言不具备足够的重要性。跨国企业在一国境内仅仅从事准备性或辅助性的活动，不能体现出其与收入来源国之间的足够的经济联系，专门从事此类活动的场所或代理人也就应该被排除出常设机构的范围。但是同样的活动其性质在数字经济的背景下已经发生了变化。上文所述的日本案例中，经营者利用互联网、在线商店可以与世界各地的客户进行联系并接受他们的订单，这一

---

① 国家税务总局发布 OECD/G20 税基侵蚀和利润转移项目 2015 年最终报告中文版，第七项行动计划：防止人为规避构成常设机构。例如 R 国企业在 S 国运营一个大型仓库，大量员工在该仓库工作，其主要目的是为了储存和交付该企业所拥有的、拟通过互联网向 S 国客户销售的商品。在这种情况下，第 4 款将不再适用于上述仓库，这是因为该仓库属于企业的重要资产，并且企业通过该仓库所展开的存储和交付货物的活动需要大量员工投入，而这些活动构成了企业销售/分销活动的关键部分。

过程因为科技的进步而变得非常便捷，花费的成本也相对较低。但是线下的公寓和仓库将商品快速交付给日本客户并进行配套的包装工作，对线上商店的经营具有至关重要的意义，也需要花费较多的人力和资金成本。线上商店在日本境内存在用于储存和交付货物的场所，足以证明该线上商店与日本存在足够的经济关联。因此，应该认定公寓和仓库构成线上商店在日本的常设机构。

关于在线销售的类似争议在许多国家都已经开始有所显现，随着数字经济的进一步发展，在线销售必将进一步挤占线下销售的市场空间，从而成为跨国经济的主流。在这一背景下，第七项行动计划对 OECD 范本的修改对保证来源国的征税权具有重要意义。

2. BEPS 第一项行动计划中"显著经济存在"对常设机构定义的变革

正如上文所述，数字经济对常设机构的影响主要体现在两个方面：一是物理连接点，比如固定营业场所和代理人，对非居民企业在收入来源国取得收入而言不再必不可少；二是常设机构中的准备性或辅助性活动豁免规则可能不再合理。针对第二个问题，BEPS 第七项行动计划中已经明确建议对第 5 条第 4 款（a）—（d）项单独进行准备性和辅助性测试。因此，可以根据事实情况判断非居民企业在线销售活动的仓储或库存等业务是否可以适用特定活动豁免。第一个问题则更为复杂，OECD 曾经颁布《电子商务中常设机构定义的使用说明——关于范本第 5 条注释的修改稿》，认为非居民企业的网址和服务器都难以符合常设机构对"固定场所"的要求。对此挪威学者 A. A. Skaar 教授对比传统的常设机构定义，提出了"虚拟常设机构"这一概念。OECD 进一步指出，虚拟常设机构可以表现为"虚拟的固定营业场所"和"虚拟代理人"，分别指不要求非居民企业拥有或支配的服务器和可供客户签订合同的网络平台等数字技术。除此之外，虚拟常设机构还可以表现为"现场商业存在"，即电子商业终端（如电脑、手机）。但此概念对存在形式的要求极低，因此在具体适用时必须加以限制。目前这一提议得到了部分国家的响应，比如以色列税务总局于 2015 年 4 月发布了一项草案，规定当非居民企业通过网络完成其针对以色列市场的核心业务时，该网站就有可能被认定为常设机构。但是，OECD 在 BEPS 第一项行动计划中提出了更具革命性的方案，即以"显著经济存在"代替常设机构作为判断来源国税收管辖权的标准，而判断是否存在"显著经济存在",需要考虑收入因素、数字化因素和用户因素,如果非居民企业在这三个方面与收入来源国发生了"有意义且有实质性的相互影响",[①]则企业的收入可以在来源国征税。

上述的变化同样涉及"常设机构"概念的本质。在数字经济兴起之前,跨国企业在另一国进行经营活动必须借助一定的营业场所或者代理人,该场所或代理人成为了企业与收入来源国之间存在一定经济关联的标志。而从本质上看,这种关联性才是一国得以向跨国企业征税的原因。数字经济时代,很多经营活动可以在虚拟化的网络上开展,随着人们对网络的接受度的提高,会有越来越多的服务不必要求实质性的接触,比如在线授课和在线咨询。因此,跨国企业与来源国之间的经济联系很难通过一定物理存在及其进行的活动的性质来判断。来源国需要一个新的标准来确定自己是否具有征税权。对此,"虚拟常设机构"是将现有的常设机构认定标准扩张至与互联网有关的领域,而"显著经济存在"则直接通过对跨国企业在一国境内的收入和客户数量等因素来判断该企业与收入来源国之间的联系程度。两者对常设机构概念进行了不同程度的革新,但都没有背离创设常设机构概念的初衷。

在日本 2009 年的一起案例中,东京证券交易所(TSE)为外国投资者提供主机托管服务,法院认为虽然 TSE 为每个投资者单独指定了一个服务器,但这些服务器并不能构成外国企业在日本的常设机构,因为投资者们并未拥有或租赁这些服务器,即没有实际处置这些"场所"。本部分所介绍的日本东京地区法院的案例中,非居民纳税人通过互联网在日本从事网上销售业务。判决中并未提及网站的服务器是否在日本,但线上商店注册的线上商城无疑是日本网站。按照上文的分析,这有可能构成"虚拟常设机构"。该线上商店的客户主要在日本,也很有可能符合"显著经济存在"的要求。但是纳税人、税务当局和法院都没有讨论接受订单的网站或服务器的位置以及线上商店在日本的客户数量以及收入总额。很明显,日本对"虚拟常设机构"以及第一项行动计划中建议的"显著经济存在"都持保守态度。

---

① 国家税务总局发布 OECD/G20 税基侵蚀和利润转移项目 2015 年最终报告中文版,第一项行动计划《应对数字经济的税收挑战》。

不管是"虚拟常设机构"还是"显著经济存在",对现有常设机构定义的变革都远远超过第七项行动计划中对 OECD 范本的修改建议,也因此大大拓宽了外国企业构成常设机构的可能性,在付诸实践时也必然面对更多的不确定性。可想而知,很多数字经济出口国以及对全球经济具有重要影响力的大国在考虑这一方案时会非常谨慎。

(三) 小结

常设机构的界定问题对于协调各国对跨国企业的征税权具有重要意义。如果认定跨国企业在某一国境内存在常设机构,则其来源于该国的所有收入都应该在该国纳税。在该收入来源国与跨国公司居民国之间存在避免双重征税的税收协定的情况下,跨国公司还可以要求就已缴纳的税收在母国进行税收抵免。最终结果是该笔收入虽然不变,但它作为税源,其归属却发生了转移。因此,任何对常设机构定义的微小改动,实践中都会对国家和企业的税收利益产生非常重大而深远的影响。第七项行动计划立足于实践中跨国公司经常使用的逃避税行为,对常设机构定义的修改是具体的、微观的。第一项行动计划则对数字经济背景下的常设机构给出了全新的定义,从接受程度和修改难度上来说都明显与第七项行动计划不同。从当下的税收实践上看,已经有包括西班牙、澳大利亚、巴西等国家对第七项行动计划的建议做出了正面回应,但各国对第一项行动计划中建议的"显著经济存在"的态度相对保守。

2015 年日本法院的案例对于 OECD 范本现有常设机构定义中特定活动豁免条款的理解适用,具有重要借鉴意义。同时,法院的态度也可以看作是日本对 BEPS 行动计划中提出的新豁免规则的回应,从侧面反映了 BEPS 行动计划对税收实践的重要指导作用。尽管 BEPS 项目得到了大多数对国际经济具有重要影响力的国家的认可,但是各项行动计划最终报告仍然属于软法的范畴,并没有法律上的强制力。如何将行动计划中的建议落地,同样是一个值得研究的问题。一般认为,各国对 BEPS 项目的回应应该通过修订税收协定以及相关国内法实现,但是从本部分中的日本案例可以看出,对于第七项行动计划中的一些建议,在不对税收规则进行明确改动的情况下,各国也可以通过司法实践直接获得类似的效果。BEPS 第七项行动计划的修改体现了各国对常设机构中诸如"以企业的名义"和"准备性或辅助性活动"等概念的共识,如果说在最终报告出台之前,各国尚且因为对税收协调的顾虑（如挪威 DELL 案中，法院之所以没有把"以企业的名义"解释为合同对企业有事实上的约束力，原因之一即在于当时没有其他国家采取类似立场，法院认为这种对常设机构定义的不一致将妨碍国家之间的税收协调），拒绝在司法活动中做出超出税收协定文本的解释。在目前这种障碍已经大致消除的情况下，相比逐一修改与各国的税收协定，在实践中直接对条文进行扩大解释的方法可能更加灵活适用。也就是说，BEPS 第七项行动计划对常设机构的修改建议很可能会在更广泛的程度上被采纳，而不仅仅是局限于那些明确对税收协定或国内法做出了修改的国家。

近年来，中国企业"走出去"的范围和程度都在不断扩大。2017 年中国出口跨境电商交易规模为 6.3 万亿元，同比增长 14.5%。考虑到线上商店的线下仓库很有可能被认定为常设机构，企业在选择是在国外设立仓库还是通过国内仓库进行运输时，不能忽略收入来源国税收政策的影响。而在进行这种税收筹划时，不能仅仅根据两国间有无税收协定来判断，也要充分考虑收入来源国的司法实践，以便综合安排最有利于自身利益的商业模式。

三 俄罗斯常设机构案例的实证分析

本部分通过对俄罗斯欧瑞莲公司构成代理型常设机构一案进行事实梳理和法理分析，研究国际税收问题中代理型常设机构的认定标准。本案反映在新的经济背景下，传统常设机构规则受到了挑战。尤其是 BEPS 行动计划成果公布后，2017 年新 OECD 税收协定范本对代理型常设机构的有关规定进行了修改，对各国国内法和税收协定产生了一定的影响。因此，中国应当尽快完善国内立法，明确对双边税收协定中有关条文的解释，以保障中国的国际税收权益。

（一）案情简介

1. 案件事实

原告欧瑞莲公司（Oriflame OOO，纳税人，以下简称欧瑞莲—俄罗斯）是瑞典跨国集团 Oriflame 在俄罗斯境内的一家子公司，该公司的股东为 Oriflame Holdings B. V.（以下简称欧瑞莲—荷兰）和 Oriflame Cosmetics-Vertriebs GmbH（以下简称欧瑞莲—德国）。这两家公司的上一级母公司为位于卢森堡的 Oriflame Cosmetics S. A.（以下简称欧瑞莲—卢森堡）。原告的董事会成员有相当一部分是欧瑞莲—卢森堡的雇员。在 2009 年和 2010 年两个税务年度内，原告一直从母公司欧瑞莲—卢森堡进口美妆和香氛类产品在俄罗斯境内销售。上述各个公司之间的关系见图 2-1。

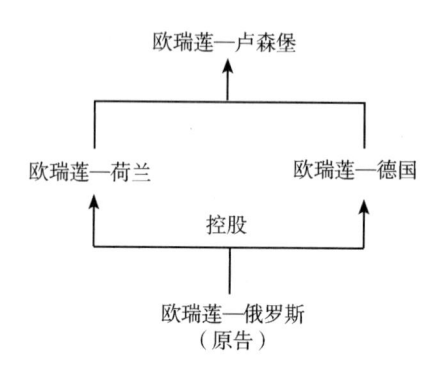

图 2-1 欧瑞莲集团内部关系图

原告在俄罗斯境内采取的营业模式主要有两种，一是通过"销售顾问"①进行的直销；二是通过网上商店完成的电子商务销售。直销主要是由销售顾问利用自己的人际关系网络直接向消费者提供产品信息和推销产品，销售顾问可以根据自己的销售业绩从公司获得相应的报酬，在进一步扩大自己的销售团队后还有可能获得更高的佣金。电子商务销售则是指消费者可以直接通过浏览欧瑞莲网站的俄罗斯页面购买产品，预约咨询销售顾问，甚至申请成为销售顾问。欧瑞莲网站俄罗斯页面是由欧瑞莲—卢森堡负责运行、管理和维护的全球性网站的一部分。根据企业年报，这一电子渠道是其营业模式的重要组成部分，90%的直销员活跃在网络平台上，超过 90%的订单也通过互联网完成。

2. 争议焦点及法院判决

本案的争议焦点主要是原告能否构成欧瑞莲—卢森堡在俄罗斯境内的常设机构。一旦原告被认定为常设机构，俄罗斯税务部门将可以对原告的销售利润征税，从而使欧瑞莲集团的税务负担大幅增加。

---

① 欧瑞莲集团内部对于直销员的称呼。

税务部门基于以下事实认定原告不具有独立地位，构成俄罗斯税法中的常设机构：

（1）欧瑞莲网站的俄罗斯页面是由欧瑞莲—卢森堡注册、运营和维护的全球性网站的一部分；

（2）原告所使用的宣传资料和商品目录上印制的是欧瑞莲—卢森堡公司的名称，而不是原告的名称；

（3）原告所管理的销售顾问和消费者会收到一封特制的手册（"*Oriflame Success Plan*"）。该手册中介绍的是为"欧瑞莲"这一跨国集团工作可享有的福利和工作机会，而不是为原告工作可享有的工作待遇；

（4）原告的高级管理人员中有欧瑞莲—卢森堡的雇员；

（5）原告的决策能力受到欧瑞莲—卢森堡的限制，大部分决策都需要争得欧瑞莲—卢森堡的同意。

在收到税务机关的决定之后，原告辩称其在俄罗斯境内的营业活动不能使其构成常设机构，并向俄罗斯联邦仲裁法院①提起诉讼。

经审理，法院支持了税务部门的观点，认为原告不属于具有独立地位的代理人，其行为构成欧瑞莲—卢森堡在俄罗斯境内的常设机构。

首先，法院援引了2010版OECD范本注释第37段和第38.3段。其中第37段认为只有当代理人在"法律和经济上"都独立于被代理人，且以正常经营模式进行活动时才属于独立代理人，第38.3段则认为独立代理人通常以工作成果对被代理人负责，在工作过程中不必依赖被代理人的详细指令，"被代理人依赖于代理人的专业知识和技能"是判断代理人独立性的标准之一。因此税务机关依据前述事实认定原告不具有独立地位是正确的。

其次，法院认为由于欧瑞莲—卢森堡是原告最主要的供应商，且俄罗斯消费者可以直接从欧瑞莲—卢森堡运营管理的网上商店中购买商品，消费者实际上是和欧瑞莲—卢森堡这家公司保持着直接的联系。因此原告事实上是在俄罗斯境内代表欧瑞莲—卢森堡的利益进行活动，且其行为可以对欧瑞莲—卢森堡产生约束力，根据俄罗斯联邦税法可以认为原告构成了

---

① 俄罗斯有专门处理商业和税务争议的法院，虽然这些法院名称中有"仲裁"一词，但它们事实上属于国家法院，而不是仲裁机构。

欧瑞莲—卢森堡的常设机构。①

（二）法理分析

本案主要涉及常设机构的认定问题。常设机构规则是来源国对于非居民行使税收管辖权的依据，是各国协调解决对跨国营业所得的重复征税问题的基本原则，②常设机构的定义和解释一直是国际税收研究的焦点问题之一。在本案中，俄罗斯法院首次在判决中引用代理型常设机构的有关规定，因此俄罗斯法院对代理型常设机构认定标准的解释引起了学术界和实务界的广泛关注。另外，本案判决期间恰逢 BEPS 项目发布成果，③其中的第七项"防止人为规避构成常设机构"就对现有常设机构的定义进行了修改，以应对数字经济背景下企业所常用的一些避税安排，其中就包括对于本案所涉及的代理型常设机构定义的修正。同时 2017 年年底 OECD

---

① 《俄罗斯联邦税法》将常设机构表述为"常设代表"，其中第 306 条第 2 款对常设机构进行了总括性规定，第 9 款对代理型常设机构做了进一步规定。

306 条第 2 款认为"常设代表"可以是企业经常在俄罗斯境内开展营业活动的附属机构、代表、部门、办事处、办公室、代理机构等独立分支，或者其他地点，这些营业活动应当包括：

（1）开采矿产或其他自然资源

（2）依合同开展的建筑、安装、装配、架设、调整、维修或运行设备，包括娱乐用的自动售货机

（3）通过企业所有或租用的俄罗斯境内的仓库销售商品

（4）进行其他活动，提供服务或实施其他行为，第 4 款中规定的活动（准备性和辅助性活动）例外。

第 9 款认为如果外国企业通过自然人或法人进行符合第 2 款规定的营业活动，且该自然人或法人满足：

（1）和外国企业有合同关系；

（2）在俄罗斯境内代表该外国企业的利益；

（3）在俄罗斯境内代表该外国企业行动；

（4）拥有或经常行使代表上述外国企业签订合同，或修改合同中的基本条款的权利，并因此为上述外国公司设立法律后果，则该自然人或法人（非独立地位代理人）构成外国企业的常设代表。

② 廖益新：《国际税法学》，高等教育出版社 2008 年版，第 97 页。

③ BEPS 是二十国集团（G20）领导人在 2013 年圣彼得堡峰会委托经济合作与发展组织（OECD）启动实施的国际税收改革项目，旨在修改国际税收规则、遏制跨国企业规避全球纳税义务、侵蚀各国税基的行为。BEPS 项目成果包括所有 15 项行动计划报告和一份解释性声明。OECD 于 2015 年 10 月 5 日发布了 BEPS 项目全部 15 项产出成果。这些成果已由 10 月 8 日 G20 财长与央行行长会议审议通过，并将提交 11 月 G20 安塔利亚峰会由各国领导人背书。

正式通过了新的税收协定范本，基本采纳了 BEPS 行动计划中对常设机构定义的修改建议。因此，有必要在数字经济背景下对本案所涉及的常设机构认定问题，尤其是代理型常设机构的认定进行进一步的研究，以探求互联网经济模式下判定常设机构的新思路。

1. 代理型常设机构的定义及争议

早在 1963 年，OECD 就在关于避免双重征税的协定范本草案中对代理型常设机构进行了规定，该规定由代理型常设机构的认定标准和具有独立地位的代理人豁免规则两部分组成。尽管 1977 年正式税收协定范本对草案中的条文表述进行了一些修改，但这种修改只是为了使条文的立法意图更加明确，并不涉及核心规则。[①] 根据 OECD 范本，"如果一个人代表外国企业在一国境内活动，有权以该企业的名义签订合同，并经常行使这种权利，对于这个人为企业进行的任何活动，应认为该企业在该国设有常设机构"，这个人是具有独立地位的代理人，又按常规进行其本身业务的除外。[②] 该规定一直沿用至 2017 年 11 月 21 日 OECD 正式通过对税收协定范本的新修改前，也是大部分现行税收协定中所使用的判断规则。

判断是否构成代理型常设机构的关键在于代理人是否"有权以该企业的名义签订合同，并经常行使这种权利"（an authority to conclude contracts in the name of the enterprise）。然而实践中各国对于该表述的解释不尽相同，造成了判决中认定代理型常设机构时的争议，这种争议主要集中在以下两个方面：

"签订合同"是仅包含形式上的签名、盖章等行为，还是包括其他能够对合同最终订立造成实质影响的行为；

"以企业的名义"是否要求企业必须为合同的当事人之一。如果不要求企业为合同的当事人，那么代理人的行为是否需要能够从法律上约束外国企业，还是只需要对外国企业形成事实上的约束力，即代理人与第三人之间的合同的法律后果是否需要直接由外国企业承担。

对此，OECD 于 1994 年首次在范本注释中对该问题进行了解读，注释第 32 段中认为"以企业的名义签订合同"这一表述并没有将范本第 5

[①] OECD: *Model Tax Convention* (Condensed Version) 2010, p. 105.

[②] Ibid., p. 25.

条第 5 款的适用限定在字面意义上的情形，即企业为合同一方当事人的情况。如果企业可以受代理人所签订的合同的约束，那么即使该企业不是合同当事人，代理人也可能构成代理型常设机构。2003 年 OECD 又进一步将这种实体判断标准单列为范本注释第 32.1 段。新的范本注释认为外国企业不积极参与交易可能意味着对代理人的授权。但是 OECD 的这一举措并没有彻底解决上述争议，各国在判决中对代理型常设机构的认定标准的解释仍有较大分歧。这使得各国的税收管辖规则变得不甚明确，缺乏可预期性，跨国企业在营业中遭受的税务风险日益增大，对国际经济发展造成了不利影响。

例如 2010 年法国 Zimmer 案。① 一家名为 Zimmer SAS 的公司基于经销合同，负责在法国境内以自己的名义替英国 Zimmer 公司销售该公司的产品。根据该经销合同，Zimmer SAS 与客户签订合同后，货物所有权直接由英国 Zimmer 公司转移给客户，而 Zimmer SAS 可以获得一笔固定的佣金。因此法国税务部门无法对 Zimmer SAS 的销售利润征税，只能够对其获得的佣金进行征税。法国最高法院推翻了下级法院的判决，认为尽管英国 Zimmer 公司需要履行转移货物所有权的义务，但根据法国民法典第 1154 条第 2 款的规定，代理人以自己的名义缔约，但为他人利益行事的，该合同仅约束相对人和代理人，② Zimmer SAS 与客户之间签订的合同不能对英国 Zimmer 公司产生法律上的约束力，因此 Zimmer SAS 不构成英国 Zimmer 公司在法国境内的代理型常设机构。2011 年，挪威最高法院在类似的案件判决中接受了法国最高法院的观点，认为在这种情况下代理人的行为无法在客户和被代理人之间形成法律约束力，因此不构成常设机构。③

2. BEPS 行动计划及 2017 年 OECD 范本对代理型常设机构定义的修改

上述案例中所涉及的这种营业安排是目前企业所采用的常见避税策略

---

① Zimmer Ltd v. Ministre de l'E'conomie, des Finances et de l'Industrie, Cases 304715 and 308525.

② 法国立法者认为，只有直接代理值得被总则性质的共同法所规范，而间接代理最好交由特殊合同或商法典来规范，参见刘骏《法国新债法的代理制度与中国民法总则代理之比较》，《交大法学》2017 年第 2 期，第 71—72 页。

③ Dell Products v. Tax East, HR-2011-02245-A（sak nr 2011/755）.

之一，也是 BEPS 第 7 项行动计划和 2017 年 OECD 对税收协定范本修改所针对的主要问题之一。BEPS 第七项行动计划将其称为"佣金代理人"（commissionaire）安排。这种安排是指，代理人根据合同在缔约国境内以自己的名义销售被代理人的产品，代理人与客户之间的合同成立后，货物的所有权从被代理人的手中直接转移到客户手中。缔约国只能对代理人提供服务获得的报酬征税，而不是对销售商品获得的利润进行征税。具体结构如图 2-2 所示：

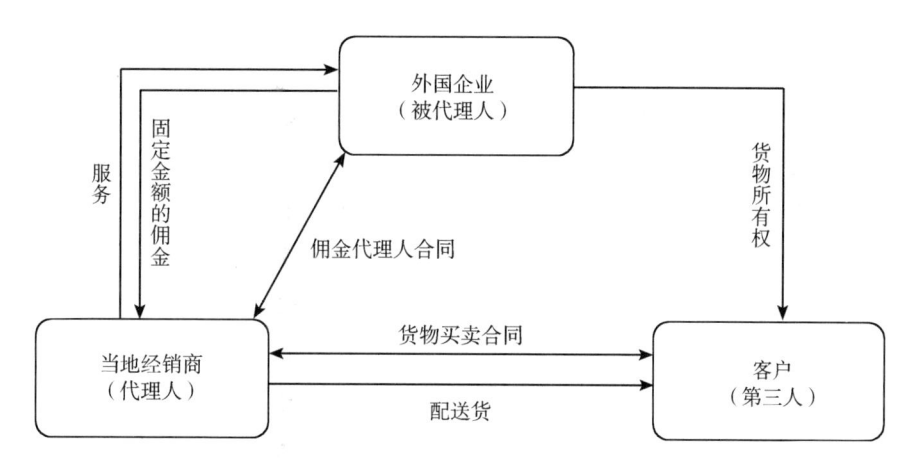

图 2-2 佣金代理人安排示意图

由于大陆法系国家和英美法系国家对代理制度的规定有差异，大陆法系国家在认定代理型常设机构时分歧更严重。英美法系国家通常认为代理包括代理人身份公开、部分公开和不公开三种情况。除代理人身份不公开，也就是第三人根本不知道代理人是代替其他人进行活动的情形外，被代理人通常都需要对代理人与第三人之间的合同承担法律责任。而在大陆法系国家，代理通常仅指直接代理，因此当代理人以自己的名义和第三人签订合同时，该合同不能突破合同相对性原则而对被代理人产生法律约束力。因此在佣金代理人安排中代理人与第三人之间签订的合同也难以对被代理人产生法律约束力。这也是上述案例中法国、挪威和西班牙法院在判决时产生分歧的主要原因。

为应对这些新出现的避税策略，BEPS 第七项行动计划和 2017 年版 OECD 范本及注释对代理型常设机构的认定进行了修改，一方面扩大了代理型常设机构的定义的范围，另一方面缩小了具有独立地位代理人豁免构

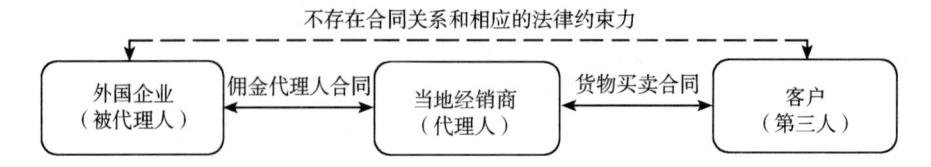

```
                    不存在合同关系和相应的法律约束力
        ┌─────────────┐ 佣金代理人合同 ┌─────────────┐ 货物买卖合同 ┌─────────────┐
        │  外国企业    │←─────────────→│  当地经销商  │←─────────────→│    客户     │
        │ （被代理人） │                │  （代理人）  │                │  （第三人）  │
        └─────────────┘                └─────────────┘                └─────────────┘
```

图 2-3　不存在合同关系和相应法律约束力情况下的代理构架

成常设机构的情形，具体条文见表 2-1：

表 2-1　OECD 2010 年范本与 2017 年范本代理型常设机构规则对比

	代理型常设机构的定义	独立代理人豁免
2010	虽有本条（指 OECD 范本第五条）第一款、第二款的规定，如果一个人（适用第六款的独立地位代理人除外）在缔约国一方代表缔约国另一方的企业进行活动，有权以该企业的名义订立合同并经常行使这种权力，对于此人为该企业所进行的任何活动，应认为该企业在该缔约国一方设有常设机构	一家企业仅通过经纪人、一般佣金代理人或者任何其他独立代理人在缔约国一方进行营业，只要这些代理人是按其营业常规进行活动的，就不应认为该企业在该国设有常设机构
2017	虽有本条第一款、第二款的规定，如果一个人（第六另有规定的除外）在缔约国一方代表缔约国另一方的企业进行活动，经常订立合同或在订立合同的过程中起到主要作用，企业对合同内容不进行实质性修改，且该合同： （一）以该企业的名义订立，或 （二）涉及该企业拥有或有权使用的财产之所有权的转让或使用权的授予，或 （三）设计该企业提供的劳务， 对于此人为该企业所进行的任何活动，应认为该企业在该缔约国一方设有常设机构	在缔约国一方代表缔约国另一方的企业进行营业，如果是作为独立代理人，且代理行为是其常规经营的一部分，则不适用第五款的规定。但是如果某人专门或几乎专门代表一个或多个与之紧密关联的企业，则不应认为该人是这些企业中任何一个的本款意义上的独立代理人
修改	1. 将代理人的权利范围由"签订合同"（an authority to conclude contracts）扩大到"经常签订合同或在订立合同过程中起到主要作用，且企业对合同内容不进行实质性修改"； 2. 本款中的合同类型除"以企业的名义"订立的合同（in the name of the enterprise）外新增两种，分别为： （1）"涉及该企业拥有或有权使用的财产之所有权的转让或使用权的授予"的合同 （2）"涉及企业提供的劳务"的合同	增加了独立代理人的例外：专门或几乎专门代表一个或多个与其紧密关联的企业进行营业活动的代理人不能被认定为本款所称的具有独立地位代理人

对于代理型常设机构的定义，这次修改主要表现在以下两个方面：

（1）对"签订合同"的范围进行扩大

在旧的 OECD 范本规定下，企业可以不改变合同协商、订立的实质过程,而通过其他人在境外授权、定稿的方式回避构成代理型常设机构。针对这类安排,新的 OECD 范本对"签订合同"这一概念的范围进行了扩大。

其一,对"签订合同"的具体含义进行了解释。

范本注释第 87 段首次解释了"签订合同"的具体含义。根据注释中的举例,新的 OECD 范本显然不要求各国从字面意思或形式角度对"签订合同"进行解释,而是赋予各国以合同订立过程中的实际情况为基础的自由裁量权。如果某人在一国境内协商合同的所有条款和细节,即使该合同最终由其他人在该国境外签署,其本人并没有参加合同签订的过程,也可以认为该人的行为符合本款的"签订合同"。

其二,增加"在订立合同的过程中起到主要作用,且企业对合同不进行实质性修改"。

在根据合同法所确立的普遍原则之外,OECD 范本中还增加了对发生在一国内的实质性活动的辅助测试,以应对根据有关法律合同由其他人在某国境外订立,但直接导致"订立合同"这一结果的活动发生在该国境内的情形。尽管 OECD 范本注释试图将对该条款的适用限制在能够直接导致合同订立的活动范围内,而不是所有推广、宣传企业的货物或服务的活动,但是各国在适用这一规则时还是享有相当的自由裁量权。

(2) 增加两种新的合同类型

BEPS 行动计划希望通过增加"涉及该企业拥有或有权使用的财产之所有权的转让或使用权的授予"和"涉及该企业提供的劳务"这两种新的合同类型将代理型常设机构的范围明确扩张到实际上需要由被代理人承担义务的合同,而不仅仅是能够在被代理人与第三人之间产生法律约束力的合同。与旧的 OECD 范本仅在注释第 32.1 段模糊地表达"实质重于形式"的倾向不同,新 OECD 范本注释第 91、92 段都明确表达了这一观点,其中第 91 段认为:

"……不仅仅适用于由代理人代表的企业和第三方订立具有法律效力且规定双方权利和义务的合同,也适用于实际上由该企业承担义务(而不是由代理人根据合同承担义务)的合同。"

这种修改实质上包含了代理的两种法律结果,一种是事实上的约束力,另一种是法律上的约束力,从而明确了"以该企业的名义订立"的内涵，消弭了大陆法系和英美法系对这一问题的分歧。

值得注意的是，尽管新的 OECD 范本规定扩大了代理型常设机构的范围，但是无论是在 BEPS 行动计划中，还是在 2017 年 OECD 范本注释中，这种修改几乎都被限定适用于几种特定的避税安排（尤其是佣金代理人安排），OECD 似乎并不希望通过这种修改来预防未来可能出现的新的避税手段。例如与佣金代理人安排十分相似的"低风险经销商"，其与佣金代理人的主要差异在于，经销商与客户签订合同后，货物的所有权并不直接从被代理人转移给客户，而是先由被代理人转移给经销商，再转移给客户，也就是说货物所有权经历了两次转移，尽管这两次转移可能几乎是同时发生的。在 BEPS 行动计划进行公开讨论的阶段，许多评论家认为这种安排应该属于新的代理型常设机构范围，但是在后续修改和最终报告，包括 2017 年 OECD 范本注释中，这种"低风险经销商"式的营业模式都被排除在代理型常设机构的范围之外。

另外，2017 年 OECD 范本认为如果代理人专门或几乎专门代表一个或多个与之紧密关联[①]的企业活动，则不应认为该代理人相对于前述任何一个企业具有独立地位，即使该项对代理人不适用，也不能直接认为代理人具有独立地位而适用豁免，其行为还必须属于独立代理人的常规营业活动范围。

3. 俄罗斯法院在俄罗斯欧瑞莲公司案中对代理型常设机构有关规则的应用

如前文所述，本案是俄罗斯法院首次试图通过引用 OECD 范本注释中关于代理型常设机构的内容，通过将本地子公司认定为外国企业的代理型常设机构来防止企业避税。

结合本案案情，欧瑞莲—俄罗斯显然不属于具有独立地位的代理人。俄罗斯税务部门和法院都对这个问题做了比较详尽的解释。因此本案判决

[①] 2017 年 OECD 范本第 5 条新增的第 8 款详细解释了"紧密关联企业"的判断标准："如果给予所有相关事实和情况，认定某人和某企业中的一方控制着另一方，或双方被相同的人或企业控制，则应认为该人与该企业紧密关联；在任何情况下，如果一方直接或间接拥有另一方至少 50% 的受益权（或在公司的情况下，至少 50% 的表决权和股权或相当于受益权的价值），或者第三方直接或间接拥有该企业至少 50% 的受益权（或在公司的情况下，至少 50% 的表决权和股权或相当于受益权的价值）则认为该人和该企业紧密关联。"

引起争议的关键在于原告欧瑞莲—俄罗斯在俄罗斯境内的行为达到了认定代理型常设机构的标准。根据俄罗斯本国的立法和 OECD 对于代理型常设机构规定的发展，俄罗斯法院在判决过程中采取实质重于形式的立场是具有一定合理性的，但仍存在一些问题：

首先，现行俄罗斯税法中对于常设机构的规定和新 OECD 范本的内容有所冲突。在现行俄罗斯税法中，合同能够为外国企业设立法律后果是构成代理型常设机构的明确要件之一。尽管根据上文的论述，新的 OECD 范本彻底用实质约束力代替了这种法律意义上的约束力，但 OECD 范本及注释毕竟只是软法，在法律上对各国并没有约束力。虽然各国在签订条约时可以参照 OECD 范本，采纳它的意见，但在现行的国内法规定下，俄罗斯法院仍很难适用这种新的解释。在本案中，消费者虽然不知道，或者无法推断出原告与欧瑞莲—卢森堡是两家独立的公司，但真正和消费者订立合同，并承担合同的法律责任与后果的仍是原告，而不是欧瑞莲—卢森堡。由于俄罗斯和大多数大陆法系国家一样，也采用了直接代理的概念，参照上文中的 Zimmer 案，俄罗斯税法上的这一规定甚至可能会对俄罗斯法院将"佣金代理人"安排认定为代理型常设机构构成障碍。

其次，法院在判决过程中没有对原告的营业模式进行深入分析。如果原告的营业模式是从欧瑞莲—卢森堡手中买入产品再售出，那么参照 BEPS 行动计划和新的 OECD 范本，原告与第三人之间签订的合同并不涉及欧瑞莲—卢森堡拥有或有权使用的财产之所有权的转让或使用权的授予（商品的所有权属于原告），也不涉及欧瑞莲—卢森堡提供的劳务（为消费者提供服务的直销员由原告全权负责）。即使对"以企业的名义"订立的合同做实质重于形式的解释，也很难认为原告的行为会对欧瑞莲—卢森堡形成事实上的约束力。虽然原告的行为可能确实会对欧瑞莲—卢森堡造成一定的影响，但这种影响不能等同于约束力，因此无法将原告认定为欧瑞莲—卢森堡的代理型常设机构。事实上根据现有事实分析，原告的营业模式很有可能更近似于由 BEPS 第九项行动计划所确定的风险与资本调整的"低风险经销商"，而不是 BEPS 第七项行动计划和 2017 年 OECD 范本第五条第五款所主要针对的"佣金代理人"。

总而言之，新的 OECD 范本规定在认定代理型常设机构时更加注重代理人的行为是否对合同订立的结果造成了直接影响，以及合同的内容事实上是否能够约束被代理的外国企业。这种实质重于形式的立场给予各国更多依据个案中具体案情进行自由裁量的空间，但是 OECD 范本对于这种自由裁量的边界有严格的限制。另外由于 OECD 范本的"软法"性质，当一国的国内立法与 OECD 范本规定有所冲突时，该国将难以通过引用 OECD 范本及注释来保护其税收利益。

（三）数字经济背景下常设机构规则的局限性

事实上，扩大代理型常设机构定义的范围面临着一种两难局面。一方面，随着新的营业模式不断出现，需要扩大代理型常设机构的定义以保护来源国的税收管辖权；另一方面，为了避免判断标准变得过于主观，各国自由裁量的空间过大，影响税收条约的确定性，这种修改主要是针对一些已经存在的营业模式，具有一定的滞后性，难以应对可能出现的新的营业模式。

造成该问题的主要原因是常设机构规则的核心是"物理存在",[1] 无论是场所型常设机构还是代理型常设机构，都需要通过外国企业在一国境内的"物理存在"进行认定。对于场所型常设机构而言，这种物理存在是固定的营业场所；对于代理型常设机构而言，则是非独立地位代理人。常设机构规则作为居民税收管辖原则的例外以平衡来源国与居民地国的税收管辖权，在其诞生的 19 世纪中期至 20 世纪早期，用这种"物理存在"作为企业与一国的经济关联度的判断依据有相当的合理性。因为在当时的经济环境下，跨国经济活动主要涉及的是有形的货物贸易，要想在一国境内开展经济活动就必须在该国境内设置实体机构作为营业场所。

然而随着通信技术和其他信息科技的发展，商业价值创造和"物理存在"已经没有必然的联系。这种特点不仅表现在某些特定的信息产业中，而是几乎涉及所有的产业，即使是最为传统的货物贸易也不例外。事实上，正是由于发达的信息技术的支撑，"佣金代理人""低风险经销商"等新的避税策略才成为可能。更重要的是，在互联网经济背景下，想依靠某种不变的营业模式获得长期成功几乎是不可能的，大型跨国集团几乎都采用了复杂的营业模式并且不断进行自我更新。这使得常设机构规则被纳税人扭曲性地适用，甚至成为企业规避来源国税收管辖的一种方式。本案中原告

---

[1] Justus Eisenbeiss, BEPS Action 7: Evaluation of the Agency Permanent Establishment, *Intertax*, Vol. 44, No. 6, 2016.

所属的欧瑞莲集团虽然有着成熟的直销营业模式，但无论是从其企业年报来看，还是从其收入组成来看，电子化渠道都变得日益重要，集团也在很大程度上变为网上营销模式。在这种经济背景下，针对特殊营业安排对常设机构规则进行的局部修改的滞后性将会表现得更加明显。

为了应对互联网经济背景下国际税收面临的新挑战，BEPS 第一项行动计划中提出了引入"显著经济存在"这种新的关联度概念。该行动计划建议通过"收入因素""数字化因素"和"用户因素"衡量外国企业在一国境内是否构成"显著经济存在"，以代替传统常设机构规则中的"物理存在"来体现企业与一国经济的关联程度。但是"显著经济存在"的考量方式尚不具体，要适用这种新的关联度概念也意味着需要大幅度修改各国国内法和税收协定，这显然是一个相当漫长的过程。

虽然仅凭"显著经济存在"直接认定"虚拟"常设机构在现行规则下仍有一定的难度，但是法院在判决过程中可以仍然以传统的规则为主，但将与"显著经济存在"有关的因素纳入考量范围，尤其是针对外国企业在一国境内已经具有一定程度的物理存在的情况。例如本案中，欧瑞莲公司采用"线上销售"和线下实体店销售结合的模式进行经营活动。尽管原告欧瑞莲——俄罗斯从欧瑞莲—卢森堡手中购买商品再通过由自己负责的直销员利用人际关系网络卖出的直销模式难以达到认定常设机构的标准，但这并非原告唯一的销售模式，甚至很有可能不是原告最主要的销售模式。实际上对原告而言，无论是在俄罗斯境内的产品销售还是对直销员的管理和培训都十分依赖由欧瑞莲—卢森堡管理和运营的欧瑞莲网站平台，即为了进一步便利俄罗斯当地客户群体，该网站平台专门设置了使用俄语的俄罗斯页面（认定显著经济存在的"数字化因素"，即企业通过设立当地数字平台吸引当地消费者和潜在客户），消费者可以直接在该平台上下订单购买由原告负责销售的产品，该页面具有相当的访问量和销售业绩（认定显著经济存在的"用户因素"，即企业在一国境内的用户群体规模、业务紧密程度和企业通过数字平台与客户在线达成的合同数量）；直销员可以通过该平台获得企业提供的培训，符合一定条件的人甚至可以直接通过该平台申请成为原告的直销员（跨国集团通过数字平台对集团内各个企业的具体营业方式加以控制）。这一网上平台一方面体现了欧瑞莲—卢森堡对于原告的营业模式所进行的控制，可以证明原告对于欧瑞莲—卢森堡的依赖，即原告作为代理人不具有独立地位;另一方面也可以辅助证明欧瑞莲—卢森堡在俄罗斯境内的经济影响力和关联程度,具有"显著经济存在性"。

在现行的常设机构规则和税收协定规则下,通过在具体判决中将"显著经济存在"测试的一些因素纳入考量范围,可以使来源国在应对网络经济中诞生的新型营业模式和避税安排掌握更多的主动权。[1]

(四)数字经济背景下各国立法对2017年OECD范本新规定的回应

2017年OECD范本中常设机构定义的新发展对各国国内立法和各国政府间签订的新的税收协定都产生了一定的影响。[2]

1. 日本

日本在1962—1963年税务改革中首次规定了常设机构规则。[3] 此后,外国公司只有在日本境内拥有常设机构时,才需要对其营业所得缴税。日本国内法中规定的常设机构大致可分为三类,分别是场所型常设机构、建筑设施常设机构和代理型常设机构,具体规定内容与OECD范本基本一致,但所涉及的范围更广,其中代理型常设机构除了包括经常以企业的名义订立合同的代理人外,还包括以下两类代理人:

(1)履行合同的代理人,具体指在日本境内保有一定数量的货物或商品,且经常代表外国企业履行订单,交付前述货物或商品的代理人。

(2)担保合同的代理人,具体指专门或几乎专门代表外国企业在日本境内担保订单,协商或进行合同订立过程中其他重要活动的代理人。

2017年12月,日本执政党公布了2018年税制改革法案,该法案提交给日本国内立法机构,并且在2018年3月底正式实施。根据该法案,日本国内法对常设机构的定义将被修改,且这种改动与BEPS行动计划和2017年OECD范本的新规定基本一致。新的代理型常设机构包括经常代表非居民个人或企业签订合同的代理人,和经常在签订涉及非居民个人或

---

[1] Frank Mortier, "The Russian Permanent Establishment: A Trap for Foreign Distributors?" *European Taxation*, Vol. 55, No. 12, 2015.

[2] EY Global Tax Alert Library, France and Luxembourg sign a new double tax treaty, 26 March 2018 & Japan releases 2018 tax reform outline, 19 December 2017; KPMG in Italy Tax Alert, Italy Update on the definition of permanent establishment, 6 December 2017.

[3] 张文春:《日本的国际税收发展史》,李品一编译,《涉外税务》2002年第1期。

企业与第三人之间的所有权转让的合同的过程中扮演主要角色的代理人，上文所列的履行合同的代理人和担保合同的代理人则会被排除在代理型常设机构的范围之外。专门或几乎专门代表一个或多个紧密关联企业进行活动的代理人也将被视作非独立代理人，而无法豁免构成常设机构。此外，该法案中还对"准备性和辅助性"活动豁免规定进行了修改，并增加了反拆分规则。①

这次税务改革使得日本国内法上对常设机构的定义范围变得更广，以应对跨国集团的避税策略，进一步保护本国的税收管辖权益。

2. 意大利

意大利直到2004年才在本国的企业所得税法中规定常设机构的概念。在此之前，意大利政府基本上接受OECD范本对常设机构的原则性规定。意大利国内法对于常设机构的定义与旧OECD范本基本一致，意大利国内法也认为当非独立地位代理人有权以企业的名义签订合同，并经常行使这种权利时，该代理人构成代理型常设机构。但其对例外情况的规定中和OECD范本有所不同，意大利企业所得税法第162条第6款规定，如果代理人的活动仅限于替企业购买商品和货物的话，该代理人不构成常设机构，而根据OECD范本，如果代理人从事的是"准备性和辅助性"活动，且当企业通过固定的营业场所进行这些活动时也不构成场所型常设机构，那么该代理人就不能被认定为常设机构。OECD范本中的"准备性和辅助性"活动显然包含但不限于意大利国内法所规定的替企业购买商品和货物。

2018年1月起，意大利将在企业所得税法中适用新的有关常设机构的规定。和2017年版OECD范本一样，新规定中代理型常设机构将在原有规定的基础上增加代理人参与被代理的外国企业订立合同的过程，且被代理人通常直接接受代理人与第三人之间的协议而不做实质性修改这一情况。同时，专门或几乎专门代表一个或多个与其紧密关联的企业进行营业活动的代理人也不能被认定为具有独立地位。

值得注意的是，意大利政府为进一步保护其在数字经济背景下的税收权益，在新法案中突破了传统常设机构对于"物理存在"的要求，认为

---

① 这两点修改也与BEPS第七项行动计划中的内容和新OECD范本第5条第4款和第4.1款一致。

外国企业在意大利境内构成长期而显著的经济存在，即使缺乏物理存在（如固定的营业场所或代理人），也可以被认定为常设机构。

3. 法国—卢森堡税收协定

2018年3月20号，法国与卢森堡签署了新的双边税收协定。该税收协定翻新了原协定中对于常设机构的规定，而基本采纳了BEPS第七项行动计划中的修改建议，对代理型常设机构的定义中涵盖了非独立地位代理人"在订立合同的过程中起到主要作用，且企业对合同不进行实质性修改"的情况，另外，专门或几乎专门代表一个或多个与其紧密关联的企业进行营业活动的代理人将不能再被认定为具有独立地位的代理人。根据该协定，佣金代理人安排和其他类似安排将被包含在代理型常设机构的定义的范围内。

（五）常设机构定义的新发展对中国完善立法的启示

反观中国对常设机构问题的立法现状，存在国内法规定不完善、双边税收协定落后于新的经济环境、对税收协定条文解释不甚明确等多种问题。因此，中国应借鉴各国国内立法的经验，吸收BEPS行动计划和2017年OECD范本的新规定，尽快修改、完善常设机构的定义，进一步促进国际经济交往，维护中国的税收利益。

1. 中国对代理型常设机构问题的现行规定

中国对代理型常设机构的规定由国内法和中国签订的避免双重征税协定组成。

（1）国内法规定

中国国内立法中并没有使用"常设机构"这一概念，但在《企业所得税法》中提到了外国企业在中国境内"设立机构、场所"[①]，这种"机构、场所"的概念与常设机构有一定的相似性。《企业所得税法实施条例》第五条对"机构、场所"进行了具体解释，该条第二款规定了常设

---

① 《中华人民共和国企业所得税法》第二条第三款："本法所称非居民企业，是指依照外国（地区）法律成立且实际管理机构不在中国境内，但在中国境内设立机构、场所的，或者在中国境内未设立机构、场所，但有来源于中国境内所得的企业。"第三条第二款："非居民企业在中国境内设立机构、场所的，应当就其所设机构、场所取得的来源于中国境内的所得，以及发生在中国境外但与其所设机构、场所有实际联系的所得，缴纳企业所得税。"

机构概念中代理型常设机构的概念。① 对于代理型常设机构，条例采用列举的规范模式，"营业代理人"从事生产经营活动的，包括委托单位或者个人经常代其签订合同，或者储存、交付货物等都可被视为该外国企业在中国境内设立的机构、场所。

(2) 避免双重征税协定

中国现行双边税收协定绝大多数是在1990—2005年签署的。2010年以来，中国一方面不断与非洲、南美洲的发展中国家②签署新的双边税收协定；另一方面与多个欧洲发达国家③对旧的税收协定进行了修改，以应对新的经济环境和税收问题。这些税收协定对于代理型常设机构的规定几乎都与2010年OECD范本规定一致，包括代理人"以企业的名义签订合同"和具有独立地位的代理人豁免两部分。其中有七十多份则进一步采用了UN范本对于独立代理人的规定，认为如果代理人的活动"全部或几乎全部"代表某企业，则该代理人不具有独立地位。一些国家还要求代理人的活动"全部或几乎全部"代表某企业的同时，代理人与该企业之间在商业和财务上，不符合独立交易原则（the Arm's Length Principle）。这与BEPS行动计划和2017年OECD范本中的新规定十分相似，即在判断代理人是否具有独立地位时，考虑代理人所代理的企业数量和两者之间的关联程度。

2010年，中国针对《中华人民共和国政府和新加坡共和国政府关于对所得避免双重征税和防止偷漏税的协定》发布了国税发〔2010〕75号

---

① 《中华人民共和国企业所得税法实施条例》第五条企业所得税法第二条第三款所称机构、场所，是指在中国境内从事生产经营活动的机构、场所，包括：

（一）管理机构、营业机构、办事机构

（二）工厂、农场、开采自然资源的场所

（三）提供劳务的场所

（四）从事建筑、安装、装配、修理、勘探等工程作业的场所

（五）其他从事生产经营活动的机构、场所

非居民企业委托营业代理人在中国境内从事生产经营活动的，包括委托单位或者个人经常代其签订合同，或者储存、交付货物等，该营业代理人视为非居民企业在中国境内设立的机构、场所。

② 如赞比亚、乌干达、厄瓜多尔、智利、津巴布韦、肯尼亚等。

③ 如法国、德国、丹麦、荷兰、马耳他等。

文件，对协定中的条文进行解释。根据国家税务总局的通知，对于中国和其他国家签订的与中新税收协定中有关条款内容一致的条款也应适用这一条文解释。该文件对"以该企业的名义签订合同"做了广义解释，认为即使不以企业的名义签订合同，但代理人所签合同对企业具有约束力也可以认为是第五条第五款中所指的"以该企业的名义签订合同"。另外文件认为对"行使"权利应做实质解释，即"如果代理人在该缔约国另一方进行合同细节谈判等各项与合同签订相关的活动，且对企业有约束力，即使该合同最终由其他人在企业所在国或其他国家签订，也应认为该代理人在该缔约国另一方行使合同签署权力。"①

2. 对中国代理型常设机构规定的建议

结合中国现有的对代理型常设机构的规定可以发现，现行规则主要存在以下问题：首先，中国国内法中代理型常设机构的定义比较模糊，且缺乏独立代理人豁免构成常设机构的规定；其次，对代理型常设机构条文的解释中没有明确合同需要对被代理人形成事实上的约束力还是法律上的约束力，导致实践中对"佣金代理人"和类似安排能否被认定为常设机构仍有争议②；最后，中国所签署的双边税收协定中对代理型常设机构大多采用了旧定义，无法满足新经济环境下的需要。因此，对修改中国代理型

---

① 《中华人民共和国政府和新加坡共和国政府关于对所得避免双重征税和防止偷漏税的协定》第五条：

五、虽有第一款和第二款的规定，当一个人（除适用第六款规定的独立代理人以外）在缔约国一方代表缔约国另一方的企业进行活动，有权并经常行使这种权力以该企业的名义签订合同，这个人为该企业进行的任何活动，应认为该企业在首先提及的缔约国一方设有常设机构。除非这个人通过固定营业场所进行的活动限于第四款的规定，按照该款规定，不应认为该固定营业场所是常设机构。

六、缔约国一方企业仅通过按常规经营本身业务的经纪人、一般佣金代理人或者任何其他独立代理人在缔约国另一方进行营业，不应认为在该缔约国另一方设有常设机构。但如果这个代理人的活动全部或几乎全部代表该企业，并且该代理人和该企业之间商业和财务关系的条件不同于独立企业之间关系的条件，不应认为是本款所指的独立代理人。

② 中国实践中对佣金代理人安排中，代理人与被代理人之间的法律关系认定有分歧。一种观点认为两者之间成立中国《合同法》第四百零二条和第四百零三条规定的委托合同，存在法律关系。另一种观点则认为成立中国《合同法》分则第二十二章规定的行纪合同，不存在法律关系。参见邱冬梅《跨境销售中的代理型常设机构问题：以 Zimmer 案为例》，《涉外税务》2012年第12期，第26页。

常设机构规定提出以下建议：

（1）根据代理活动的性质，区分独立代理人和非独立代理人

对于代理型常设机构，代理人受外国企业委托，代其进行"签订合同，或者储存、交付货物等"营业活动，都可能被视为"机构、场所"。首先，中国国内法上没有区分独立代理人和非独立代理人，也就是说作为独立企业进行常规营业活动的独立代理人也可能会被认定为中国国内法上的"机构、场所"。其次，可能导致营业代理人构成"机构、场所"的营业活动范围很广。与 OECD 范本相比，中国国内法对于代理人代企业签订合同没有任何限制，既没有要求该合同是以企业的名义签订的，也没有要求合同的内容涉及企业的所有权、使用权，或由企业提供的劳务。因此，应当根据营业代理人的活动性质，在《企业所得税法》中区分独立代理人和非独立代理人。在区分的过程中，应该考虑到营业代理人通常是具有独立人格的自然人或法人，不宜轻易突破其独立性，认为只要是营业代理人代外国企业从事生产经营活动，就构成外国企业在中国境内的"机构、场所"。因此，可借鉴 BEPS 第七项行动计划和 2017 年 OECD 范本的规定，在中国《企业所得税法》中规定独立代理人豁免规则，只有非独立代理人才有可能构成代理型常设机构。此外，常设机构规则的理论基础是"经济关联原则"。[1] 作为居住地税收管辖权原则的例外，只有当外国企业与一国的经济关联达到某种程度时，来源国才能够行使税收管辖权，无论这种关联体现为营业场所还是代理人。判断外国企业是否构成常设机构的过程，也就是判断外国企业与来源国的经济关联程度的过程。因此，与场所型常设机构相同，只有当营业代理人的活动性质使其所代理的企业在一定程度上参与了相关国家的经济活动时，才应将该营业代理人视为构成常设机构。[2]

（2）将"以该企业的名义签订合同"明确解释为事实上可以对企业产生约束力的合同

尽管国税发〔2010〕75 号文件中对代理型常设机构有关条文的解释与 BEPS 行动计划和 2017 年 OECD 范本中所采用的解释方法基本一致，

---

[1] 李时、宋宁、熊艳、丁娜娜：《国际税收领军人才系列文章（三）对数字经济环境下常设机构税收问题的思考》，《国际税收》2015 年第 11 期。

[2] OECD：*Model Tax Convention* (Condensed Version), 2017, p. 86.

认为"以企业的名义签订合同"包括企业不是合同的相对人、但合同对于企业仍有约束力的情形，但该文件仍然没有表明"对企业有约束力"是指事实上的约束力还是法律上的约束力，而"佣金代理人"能否对被代理人形成法律上的约束力与中国的代理制度有关。

根据中国《民法总则》第一百六十二条规定"代理人在代理权限内，以被代理人名义实施的民事法律行为，对被代理人发生效力"，可见中国民法上的代理制度更接近于大陆法系中的直接代理，即将代理作为一种归属规范，认为当代理人以被代理人的名义实施行为时，该行为所产生的法律后果可以直接归属于被代理人。[1] 这种代理制度强调代理中的"显名主义"和法律后果的直接归属，由于被代理人的身份公开，第三人可以了解真正的交易当事人，有助于维护交易安全。为了进一步维护交易安全和保护第三人的信赖利益，中国《民法总则》第一百七十二条中还规定了表见代理，认为只要第三人可以合理信赖表见代理人的代理权，[2] 即使代理人的代理权有瑕疵，代理行为仍然有效。

与英美法系注重被代理人的同意或授权而形成的广泛的、几乎无所不包的代理概念不同，直接代理的范围狭窄得多。很多商事领域中向被代理人提供专业知识、技能和服务或者专为产品销售的代理行为都被排除在代理制度之外，这显然是不符合市场经济的实际要求的。因此大陆法系国家多对实践中可能产生的各类代理行为进行了单独规定，例如《德国商法典》《法国商法典》都对佣金代理人、经纪人等进行了规定。[3] 对此，中国在《合同法》委托合同一章中第四百零二条、四百零三条中分别规定了委托人的介入权和第三人的选择权，又针对代理人以自己的名义为委托人从事贸易活动专门规定了行纪合同一章。对于四百零二条、四百零三条的规定，目前学界依然存在争议。有的学者认为这两条实际确立了间接代理的制度，有的学者认为其并非代理制度。由于此种法律解释的模糊性，在实践中难以判断"佣金代理人"应当适用行纪合同的规则，即由行纪人直接承担合

---

[1] ［德］迪特尔·梅迪库斯：《德国民法总论》，邵建东译，法律出版社2000年版，第671页。

[2] 参见刘骏《法国新债法的代理制度与中国民法总则代理之比较》，《交大法学》2017年第2期。

[3] 高富平：《代理概念及其立法的比较研究》，《比较法研究》1997年第2期。

同的法律后果，还是应当适用第四百零二条、四百零三条的规则，可能由于委托人的介入或第三人的选择导致委托人直接承担法律后果。国内法缺乏一个明确的判断标准，可能导致相似的营业安排适用不同的法律规则，产生不同的法律责任归属结果，最终影响其能否构成代理型常设机构。

通过将"以企业的名义签订合同"明确地解释为事实上由被代理的企业承担责任的合同，可以回避中国民法上对于代理问题的种种分歧。如上文所述，判断外国企业是否构成常设机构的过程，实际上是判断外国企业与来源国的经济关联程度的过程。代理人能否被认定为代理型常设机构，关键是代理人的行为使得外国企业在多大程度上参与了本国经济，这与代理人行为的法律后果能否直接归属于被代理人没有必然联系。即使大陆法系国家通常认为当代理人以自己的名义行动时，其行为的法律后果不能直接归属于被代理人，通过被代理人与代理人之间的契约，这种法律后果最终往往还是会被间接地转移至被代理人。大陆法系与英美法系对代理行为采取了不同的法律保护机制，根本原因是大陆法系遵循成文法传统，重视代理制度的严谨和体系化，更注重保护第三人的信赖利益，维护交易安全；而英美法系则以案例法和衡平法为主，能够在实践中不断对现有规则进行修订和扩充，更快地顺应商业环境，倾向于保护被代理人的利益和提高交易效率。[①] 仅从税收角度，没有必要因为对条文解释的争议，使认定代理型常设机构变得更加复杂，仅需要从"经济关联原则"出发，确定行使征税权的连接点。

BEPS 行动计划成果的公布和 2017 年 OECD 范本的修订已经开始影响各国国内法和双边税收协定，因此，中国也应及时更新对于税收协定中条款的解释，尤其是对代理型常设机构问题，将代理人的行为对被代理人的约束明确解释为事实上形成约束即可，而不要求被代理人直接承担法律上的责任和后果。

（3）在未来签署的双边税收协定中接受 BEPS 行动计划和 2017 年 OECD 范本中的新规定

事实上，中国近年所签订的双边税收协定中有一些已经采用了 BEPS

[①] 参见［德］迪特尔·梅迪库斯《德国民法总论》，邵建东译，法律出版社 2000 年版，第 166 页。

行动计划和 2017 年 OECD 范本中的新规定。例如 2015 年中国与智利签署的《中华人民共和国政府和智利共和国政府对所得避免双重征税和防止逃避税的协定》中就全面采用了 BEPS 第七项行动计划对于代理型常设机构定义的修改和紧密关联企业的概念。① 2016 年中国与罗马尼亚签署的新的《中华人民共和国和罗马尼亚对所得消除双重征税和防止逃避税的协定》中也包含了紧密关联企业的判断规则。② 因此，为了适应新的经济环境，未来中国签署的双边税收协定中，应当更多地采用有关代理型常设机构的新规定，以应对数字经济背景下常设机构的征税问题。

第二节 后 BEPS 时代税收协定滥用的规制建议

经济全球化的发展与生产要素的自由流动放大了资本逐利性的危害，这为国际社会带来了一系列经济问题，包括主权国家税基侵蚀以及国际税收秩序的失衡。对此，OECD 于 2013 年借助 G20 发起了税基侵蚀与利润转移（Action Plan on Base Erosion and Profit Shifting，以下简称"BEPS"）行动计划，旨在通过协调各国税制以应对跨国企业税基侵蚀与利润转移给各国政府财政收入和国际税收公平秩序带来的挑战。2015 年 10 月 5 日，OECD 发布了 BEPS 行动计划的十五项产出成果；2016 年 11 月 24 日，OECD 发布了《实施税收协定相关措施以防止税基侵蚀和利润转移的多边公约》（以下简称为《多边公约》），旨在通过多边工具来修订双边税收协定，快速落实 BEPS 行动计划各项成果，它实现了税收协定历史上规模最大、范围最广的一次多边合作与协调。

在防止税收协定滥用的问题上，OECD 将协定滥用，尤其是择协避税（treaty shopping）视为产生税基侵蚀和利润转移问题最重要的原因之一。BEPS 第六项行动计划，即防止税收协定优惠的不当授与（Prevent the Granting of Treaty Benefits in Inappropriate Circumstances）提出了一系列新的反滥用规则，包括主要目的测试规则（Principal purpose test，以下简称"PPT 规则"）和利益限制条款（Limitation on benefits，以下简称"LOB

---

① 已于 2017 年 1 月 1 日正式生效。
② 已于 2018 年 1 月 1 日正式生效。

条款"),要求各国至少执行最低标准,确保在协定中加入足够的防范措施来防止协定滥用。随着《多边公约》的签署,包括中国在内的各签署方皆提交了一份包括保留事项与通知事项的暂定清单,其中表明了各方对规制税收协定滥用方式的选择和态度。

近年来,中国全面参与国际税收改革,高度重视 BEPS 成果落实,发布了《一般反避税管理办法(试行)》(2014 年)等强化反避税管理的规章和规范性文件,并在与俄罗斯、智利等国新签署的避免双重征税协定中加入了防止税收协定滥用条款。同时,中国已签署《多边公约》,其中关于防止协定滥用的立场也与中国当前新谈判以及重新谈签税收协定的立场基本相同,即采纳 PPT 规则,满足了 BEPS 第六项行动计划中建议的最低标准。在此背景下,研究后 BEPS 时代滥用税收协定的规制问题,对于中国提升规则制定的话语权、维护税收权益具有重要意义。

一 税收协定滥用规制的概述

不断扩大的国际税收协定网络,在为跨国纳税人提供优惠待遇的同时,也为其进行国际避税提供了客观条件。实践中,税收协定滥用成为国际避税的主要形式之一,因此有必要对税收协定的适用加以规制,以防滥用。

(一) 税收协定滥用的背景

跨国贸易与投资的发展和由此带来的税基扩张增加了各国政府的财政收入来源,但同时导致了严重问题:一方面各国行使管辖权的依据、政策考量以及税制的差异可能导致国际重复征税,加重跨国纳税人的负担,阻碍国际贸易和投资活动的开展;另一方面,国际逃避税和国际税收歧视问题也都需要各国通过缔结税收协定加强合作来解决。在这种情况下,国际税收协定应运而生,并在百年间蓬勃发展,目前国际上各类税收协定的总量约为 3500 个。不断扩大的国际税收协定形成网络,为跨国纳税人进行国际避税提供了客观条件。国际避税是指跨国纳税人以合法方式利用各国间的税制差异,通过课税主体或课税客体跨境流动或非流动,来减轻或消除纳税义务的行为。同国际逃税相比,国际避税是纳税人利用公开、不违法的手段进行的,一般并不违反有关国家的税法。近年来,与国际避税紧密相关的概念是税基侵蚀与利润转移,即利用不同税收管辖区的税制差异和规则错配进行税收筹划以达到不缴税或少缴税的目的。

其中,税收协定滥用作为国际避税的主要形式之一,是指在国际经济关系中,一些非某个特定缔约国的跨国纳税人,也就是无资格享受协定待遇的第三国居民,利用各种巧妙的税收安排,从另外两个国家之间签订的税收协定中取得税收利益,享受税收协定优惠待遇的现象,其实质是主体变相转移的一种特殊避税方式。

实践中,跨国纳税人往往利用税收协定网络提供的税收优惠和合理的商业架构来实现税收负担最小化、税后利润最大化,这种税收筹划无可厚非。美国最高法院在 Gregory v. Helvering 案(1935 年)中称:"任何人都可以安排其事务以使得税务负担最小化,其不必然选择某种最利于财政的模式,也没有爱国义务来增加税收收入。"而在 IRC v. Willoughby 案(1997 年)中,英国上议院认为,避税的特点是"纳税人减免了其税收责任,但不会导致其他纳税人减免其纳税义务的经济后果"。因此,避税的核心是适用法律而非违反法律,但其违背了法的精神,造成了一系列后果:一是损害了相关国家的税收利益。税收协定滥用属于一种特殊的国际避税活动,纳税人利用税收协定网络进行筹划安排获得了其本不应享有的协定优惠,损害了税收协定缔约方的税收利益。二是违背了税收协定的互惠原则。缔约国签订税收协定主要是为双方负有无限纳税义务的居民提供税收优惠,如果第三国居民滥用税收协定享有税收优惠,那么税收协定所假设的双方利益牺牲的平衡状态就会发生变化,从而违背了互惠原则,使其中一方发生无谓的利益牺牲。三是削弱了国家间缔结税收协定的动力。当税收协定所授予的优惠可被第三国税收居民通过改变投资安排获得时,该第三国也就缺乏与他国缔结税收协定的动力,不利于国际税收合作的发展。因此,对税收协定的适用仍应加以规制,以防滥用。

(二)传统税收协定滥用规制的实践

多数国家通过国内法措施或者税收协定的相关条款来规制税收协定滥用,其中作为特别反避税规则的受益所有人规则和一般反避税规则是最常见的税收协定滥用规制措施。

1. 受益所有人规则

"受益所有人"(Beneficial owner)是 OECD 范本和 UN 范本在股息、利息和特许权使用费条款中使用的一个特别反避税规则,以遏制潜在的税收协定滥用，保护本国税收利益。由于 OECD 范本和 UN 范本的广泛影响，"受益所有人"规则是各国双边税收协定中最广泛采用的反协定滥用规则。

根据协定条款中"受益所有人"规则的要求，这些投资所得的收款人虽然是缔约国另一方的居民，但如果其并非所得的受益所有人，则不能主张享受协定优惠待遇。因此，税收协定通过"受益所有人"这一规则来保证协定条款中规定的优惠待遇只适用于跨国投资所得的受益所有人是缔约国对方居民的情形，防止第三国居民通过在缔约国一方境内设立具有该国居民身份的中间人收取来源于缔约国另一方境内的股息、利息和特许权使用费所得款项的方式，套取协定规定的优惠待遇。但是，关于税收协定中受益所有人的概念和认定标准，国际税法理论和实践中存在诸多认识分歧，这也影响了该规则在打击税收协定滥用上的效力。

2. 一般反避税规则

一般反避税规则是相对于特别反避税规则的一般性规定，并不针对某一特定的交易类型，而是试图以法律规定的形式，通过避税构成要件的描述以涵盖违反立法意图的所有避税行为，以宣示对避税行为的否定与调整。解决税收协定滥用的一般反避税规则（General Anti-Avoidance Rule，GAAR）包括条约性质和国内法性质两种形式。2003 年 OECD 范本注释的修订版为解决税收协定滥用提出了三种方案：第一，为了拒绝条约利益的不当授予，各国可以选择适用其国内的反避税规则；第二，各国可依据《维也纳条约法公约》（VCLT）第 31 条规定的诚信原则在不成文法的意义上禁止滥用行为（即防止滥用可能有条约或国内法的基础）；第三，提出了各国在决定拒绝条约利益时应该遵守的"指导原则"。

（1）国内一般反避税规则

国内法中关于反避税的一般法律规则或判例原则可用于解决税收协定滥用问题。例如，德国在一般反避税实践中发展出了"实质重于形式"概念，它强调纳税人不得通过滥用税法的行为规避纳税义务。如果纳税人实施滥用行为，纳税人的税负将依照其没有滥用行为时的合理商业安排予以确定。

此外，普通法国家的司法机构在判例中确立和发展了一系列反避税的司法原则，如实质重于形式、商业目的原则。在美国的艾肯实业案

(Aiken Industries Case) 中，法院运用商业目的原则否定了纳税人滥用税收协定的安排。该案中，美国公司和巴哈马公司通过利用一家洪都拉斯公司来获取美国与洪都拉斯之间的税收协定中关于利息预提税的优惠。法院认为，洪都拉斯公司只是一个将利息从美国公司向巴哈马公司支付的导管，其并未从中获利，且不具有合理的商业目的，因此该笔利息不能免除预提税。法院指出，收取自己的利息不仅仅是暂时占有由一个缔约国公司支付的利息，还必须能够支配和控制这笔资金。因此如果公司仅仅是临时性的且完全没有以营利为目的从事商业活动或者仅仅是一个"空壳"，则涉及外国公司的交易将因不具备实质的经济活动而被忽视，从而不符合商业目的原则。

(2) 不成文的禁止滥用

不成文的禁止滥用以税收协定的目的和宗旨为基础，并根据《维也纳条约法公约》第31条进行善意解释。税收协定的最初目的是避免国家间的双重征税，但随着国际经济交往日益紧密，跨国公司不断出现和发展壮大，各国税务主管当局意识到有必要通过法律的形式加强合作，共同应对跨国公司的逃避税行为，防止税基侵蚀和利润转移。因此，防止逃避税也作为税收协定的目的之一被各国所接受和重视。《维也纳条约法公约》第31条规定了条约解释之通则，要求"条约应依其用语按其上下文并参照条约之目的及宗旨所具有之通常意义，善意解释之"。而协定滥用行为与税收协定的目的及宗旨相悖，经善意解释应予以禁止。

在著名的 ApS 案中，瑞士最高法院运用了类似推理。该案涉及瑞士公司通过一个丹麦中介向百慕大母公司支付股息。在此种情况下，瑞士公司支付的股息最终将支付给百慕大母公司，丹麦公司的干预被认为是多余的，即从法律意义上讲，丹麦公司作为中介无权控制其收到和支付的金额。在得出这一结论时，瑞士法院根据瑞士与丹麦的税收协定适用了反避税原则（滥用权利）来拒绝授予股息预提税优惠。

无可否认的是，善意条款与下述指导原则类似，其适用也基于目的性检验："当公司设立时，其主要目的、经营行为以及由此获得或维持所涉收入的股权或其他财产，是出于良好的商业原因，其主要目的并非根据本公约获得任何税收利益时，上述规定不适用。"

但是，由于税收协定范本注释并不具有强制力，这些规定仅仅是各国可能决定纳入其税收协定的起草建议，同时，具体的起草建议也不可能界定一般性和不成文的禁止滥用行为。因此，为了确定何为滥用，OECD 引入了"指导原则"。

(3) 指导原则

2003 年 OECD 范本注释中引入了指导原则，以处理协定滥用问题。随后，2014 年范本注释指出，"不能轻易认为纳税人正在进行上述滥用交易行为。一个指导原则是，如果进行某些交易或安排的主要目的是为了获得更优惠的税收地位，并且在这种情况下获得的优惠待遇违背税收协定相关条款的宗旨和目的，那么纳税人不应当获得税收协定的利益"。

指导原则包括主观（"主要目的"）和客观（"更优惠的税收地位"）要求，它与 BEPS 第六项行动计划和《多边公约》中提出的 PPT 规则相类似，但在性质和功能上仍存在争议。第一种观点认为指导原则实际上是协定中的一般反避税规则，而第二种观点认为指导原则是一种普遍标准，当国家无论是基于条约或国内法基础拒绝授予条约利益时，都必须遵守该原则。相较而言，BEPS 第六项行动计划和《多边公约》引入的 PPT 规则是一个真正意义上的条约一般反避税规则，鉴于 2017 年 OECD 范本以及众多 BEPS 成果下的税收协定中引入了 PPT 规则，指导原则的地位和功能问题显然变得不再那么重要了。

(三) 传统税收协定滥用规制措施的困境

面对日益复杂的避税活动，传统税收协定滥用规制措施存在诸多问题，主要集中在受益所有人规则定义的模糊性和适用范围的局限性，一般反滥用规则与特别反滥用规则的关系问题以及国内反避税条款与税收协定中的反避税条款的关系问题上。

1. 受益所有人规则的定义和适用问题

受益所有人规则作为一个被各国双边税收协定普遍采用的特别反避税规则，在打击税收协定滥用问题上发挥着重要作用，然而，由于其自身定义的模糊性和适用范围的局限性，该规则也为国际社会所诟病。随着 BEPS 行动计划中新的税收协定滥用规制措施的大力推行，受益所有人这一概念的效力也有所淡化。

(1) 受益所有人定义的模糊性

OECD 范本没有给出"受益所有人"一词的明确定义。1977 年范本仅指出在收款人和付款人之间插入的代理人等中间人不属于受益所有人。2003年范本主张对"受益所有人"一词进行自主解释，并指出"受益所有人"并非狭义的技术概念，而是应该根据公约的目的来理解，包括避免双重征税和防止逃避税。2014年范本重申了这一概念解释的自主性，同时进一步宣称"如果股息、利息或特许权使用费的接受者有权使用和享受这些款项，且不负有将收到的款项转交给他人的合同或法律义务"，则收受人是受益所有人；与此同时，2014年范本也澄清了这一术语在税收协定中具有独特含义，认为其应与其他国际文书中的类似解释区分开来。2017年范本强调了受益所有人的概念应结合上下文来理解，尤其是结合"支付……给居民"这一表述，同时考虑税收协定的目的和宗旨，包括避免双重征税和防止逃避税。

显然，OECD期待各国采取一种动态的方法来解释受益所有人，各国一般采用范本第3条第2款规定的解释要求，即"缔约国一方在适用本协定时，对于协定本身没有明确定义的用语，除上下文联系另有要求外，应具有缔约国一方国内法中的概念含义"。虽然越来越多的判例法趋势表明，各国在认定受益所有人这一概念上趋于一致，但对于其确切内容仍然缺乏共识。概括而言，这些认识和实践分歧主要体现在以下几个方面：其一，受益所有人概念是否应具有独立的协定法含义；其二，受益所有人的判定是否仅限于法律性质的认定标准；其三，受益所有人的控制支配权是否应扩及产生所得的基础财产或权利；其四，受益所有人的认定是否应适用缔约国国内反避税规则。由于这些分歧尚未得到解决，各国对受益所有人做出的不同甚至相互矛盾的定义，使得对其概念进行明确十分必要，其概念上的模糊性仍是其规制税收协定滥用的主要障碍。

（2）受益所有人适用范围的局限性

在实践中，税收协定滥用主要分为两种形式，一是设立导管公司，二是直接利用双边关系。受益所有人并非能够应对税收协定滥用的所有形式。

设立导管公司是指当跨国纳税人的母、子公司所在国之间并未签订税收协定时，通过在与母、子公司所在国共同签订有税收协定的国家设立一个具有居民身份的中介公司来传输商业活动利润，以获得两国税收协定提供的优惠待遇。这个中介公司就是为了享受某一特定的税收优惠而设置的导管公司。此时，运用受益所有人概念可以有效识别出起到受托人或代理人作用的导管公司，防止税收协定优惠的不当授予。

直接利用双边关系通常是指利用税收协定和国内法中的税收优惠条款进行避税的方法，如设置外国低股权的控股公司，即利用税收协定和国内税法的双重优惠，构建持股比例低的控股公司来获得税收利益，在这种情况下不存在作为受托人或代理人的导管公司。在这种安排中，最终股息接收者是缔约国对方居民，也不存在受益所有人的判断问题。因此，其难以应对此种形式的协定滥用。

综上，受益所有人条款只是现行反滥用条款之一，它主要针对导管公司，并不涉及税收协定滥用的其他方面。也就是，说受益所有人作为一个特别反避税规则，其适用范围有限，无法应对其他特别形式的协定滥用安排。此外，OECD 也明确适用受益所有人概念并不限制其他防止税收协定滥用措施的实施。

2. 一般反避税规则与特别反避税规则的关系问题

反避税规则的适用涉及一般反避税规则（GAAR）与特别反避税规则（SAAR）的关系，两者在应对协定滥用中如何运作尚无明确规定。特别反避税规则，包括受益所有人规则、LOB 规则等，旨在尽可能实现税法的确定性，主要适用于打击那些传统的、模式已经固定的滥用行为，如导管公司安排；而一般反避税规则更加追求规则的涵盖性，主要针对那些新出现且税法尚未及时对之作出应对规定的避税活动。

OECD 认为两者相互补充，鼓励各国兼采两种方式，并指出"一般反滥用条款的可能适用并不意味着在税收协定中不需要引入旨在防止特定避税形式的条款。在确定具体的避税技术或使用这种具体技术有问题的情况下，在公约中增加直接应对相关避税战略的规定往往有所帮助"。

而根据特别法优先于一般法的原则，特别反避税规则应优于一般反避税规则适用。首先，这一观点符合字面解释的要求，能够直观反映出当事方之间的合意；其次，如果特别反避税规则（SAAR）所涵盖的事实模式可以根据一般反避税规则（GAAR）进行审查，那么特别反避税规则（SAAR）的存在毫无意义，并且不会有其自身的适用范围。此外，特别反避税规则（SAAR）的适用范围应当明确，正如受益所有人概念的模糊性导致了一般反避税规则（GAAR）仍适用于原本受益所有人所针对的更复杂的导管公司模式。

3. 国内反避税条款与税收协定中的反避税条款的关系问题

在打击税收协定滥用上，国内反避税条款与税收协定中的反避税条款在某些情况下均可适用，但当两者规定不一致时，可能会产生适用结果不一致或冲突的问题，即国内反避税条款可能会限制或重新调整双边协定既已确定的税收管辖权和税收利益分配。这一问题涉及税法的确定性以及"条约必守"的原则与保护缔约国税基、维护国际税制和税收秩序的实质公平之间的关系，其适用规则尚无统一定论，各国和地区主要有三种不同观点。

第一种观点是国内反避税条款优先于税收协定反避税条款；第二种观点是税收协定反避税条款优先于国内反避税条款；第三种观点是国内反避税条款与税收协定反避税条款在通常情况下并不会产生冲突，但在特定情况下两者可能出现冲突，此时，税收协定反避税条款应优先适用。大部分国家和地区采取较为混合的第三种方法。

从税收协定与国内法关系的一般原理看，国内反避税条款与税收协定反避税条款之间并不存在冲突，两者应协调一致、相互补充，共同作用于税收协定滥用。因此，在处理税收协定与国内有关税法的效力问题上，不宜无条件地赋予协定规定优先于国内税法适用的地位，而应该有所保留和限制，即在税收协定条款与国内税法规定冲突的情况下，原则上税收协定条款有优先适用的地位，但在涉及滥用税收协定的情况下，缔约国国内税法有关反避税规则的适用应不受协定条款规定的影响。

二 BEPS 第六项行动计划对税收协定滥用规制的新发展

BEPS 行动计划和《多边公约》的出台改变了国际税收的传统格局。受金融危机影响，关于避税以及税收协定滥用的规制措施得到了广泛关注和重视。因此，BEPS 第六项行动计划和《多边公约》第 6 条、第 7 条针对税收协定滥用制定出一系列建议措施和规范，提供了包括 PPT 规则和 LOB 条款在内的多种反滥用条款供缔约国选择。

（一）税收协定滥用规制大格局变化

国际避税活动违反了税收公平原则，扭曲了国际竞争，其盛行导致各国财政收入减少。金融危机之后，避税以及对激进的税收筹划的应对得到了国际社会普遍关注，国内和国际层面在打击税收协定滥用上的无效努力促使各国对反滥用政策的态度发生了变化，BEPS行动计划正是对这种转变的回应，并将对未来的国际税收格局产生深远影响。

1. 传统国际税收格局的演变

在国际经济交往中，国际避税之所以产生并迅速发展蔓延有其内在和外在的原因。从内因上讲，企业的最终目的是追求利润最大化，而规避税收是其中一种非常有效和安全的方式。从外因上讲，各国内部和各国之间的税制存在的不完善之处，如国内税收漏洞和国际税收差异，为国际避税带来了生存空间。

国际避税虽然合法，但纳税人逃避了纳税义务，使得国家财政收入减少，这是其最主要的危害。从税收理论角度看，国际避税违反了税收公平原则，使得纳税人的税负降低，而未实行避税的纳税人则承担了较高的税负，这使得纳税人的竞争能力出现差异。并且国际避税活动的普遍化会造成全体纳税人的税法遵从度降低，从而影响税收效率。从经济理论角度看，国际避税扭曲了竞争，跨国纳税人从税基侵蚀和利润转移中获利，会比国内经营的企业更具竞争优势。同时，国际避税活动会扭曲投资决策，导致资源配置的低效率，使资源流向税前回报率低而税后回报率高的经营活动。

但是，各国对反避税的态度各不相同。有的国家对国际避税活动很重视，通过实践不断地完善法规，堵塞漏洞；而有的国家则采取比较宽松的政策，这也为纳税人进行国际避税提供了选择机会。

多年来，各国在国内和国际层面上对避税策略做出了回应，但各国的实践并不协调一致。一些国家采取了较为零碎的做法，以事后针对性的反滥用规则回应具体法律滥用；另一些国家采取了广泛的一般反避税规则，忽视滥用或缺乏经济实质的交易。这种随意和不协调的方式在各国通过的反税收协定滥用政策中也很明显。正如前文所述，在税收协定中引入反滥用条款的过程并非一帆风顺，部分原因可能是税收协定在传统上被认为是避免双重征税的机制，而不是作为抵制避税的手段。

金融危机之后，避税以及对激进的税收筹划的应对得到普遍关注，跨国企业国际避税活动带来的危害以及国内和国际打击税收协定滥用的无效努力，促使国际社会对反滥用政策的态度发生了变化。这种态度的转变体现在了20国集团领导人在2013年9月的会议声明中。这一共识为OECD出台BEPS行动计划及其直接产生的《多边公约》奠定了基础，它们共同构成了过去100年来国际税收政策最重大的变化，并将对未来的国际税收格局产生深远影响。

2. BEPS行动计划和《多边公约》的出台

国际社会对国际避税态度的变化为OECD出台BEPS行动计划奠定了基础，而BEPS行动计划及其直接产生的《多边公约》的出台也受到了国际社会的普遍支持和积极落实。BEPS行动计划进一步加强了国际税务合作，《多边公约》的出台实现了税收协定历史上规模最大、范围最广的一次多边合作与协调，两者共同改变了税收协定滥用规则的大格局。

（1）BEPS第六项行动计划

税基侵蚀与利润转移（Base Erosion and Profit Shifting，BEPS）是一种利用税制差异和规则错配人为地将利润转移至低税或免税地区的避税策略。根据OECD自2013年以来的调查工作，据不完全统计，BEPS导致的全球企业所得税（CIT）流失可能占到全球企业所得税总额的4%至10%，即每年达到1000亿至2400亿美元。跨国企业位于低税率国家的关联企业所申报的利润率（相对于资产），几乎是其全球集团利润率的两倍，可见BEPS已经造成经济扭曲。鉴于此，2013年9月G20成员国领导人一致对BEPS行动计划进行了背书，旨在帮助各国应对BEPS问题，以重拾各界对国际税收体系的信心，并确保利润在经济活动发生地和价值创造地征税。BEPS倡议确定了15项行动计划，主要包括三个方面的内容，即国际税收规则的一致性、强调经济实质以及提高税收透明度和确定性。OECD认为这对于恢复国际税收制度的平衡是必要的。

其中，BEPS第六项行动计划是《防止税收协定优惠的不当授予》。OECD认为协定滥用，尤其是择协避税是产生税基侵蚀和利润转移问题的最重要原因之一，该计划分别从三个方面提出一系列反滥用建议，一是修订税收协定范本条款，并提出针对国内法规制定的建议，以防止税收协定优惠的不当授与；二是澄清导致双重不征税并非税收协定的意图；三是确定各国与他国缔结税收协定前通常应进行的税收政策考量。

显然，OECD对协定滥用的解释较为宽泛，但本书重点关注针对修订协定范本条款所提出的建议。值得注意的是，为了防止协定滥用，报告区分了两种情形：第一，试图规避协定本身的限制的情形，即协定滥用本身；第二，试图利用协定优惠来规避国内税法规定的情形，即税收条约有助于滥用但不是直接造成的滥用。对于第一种情形，国内具体反滥用规则和一般反滥用规则不足以应对，报告建议在协定中并入反滥用规则，主要包括 LOB 条款和 PPT 规则。对于第二类情形，报告认为这种情况涉及规避国内法，仅通过协定条款无法规制，因此需要制定国内反滥用规则。Luc De Broe 和 Joris Luts（2015 年）批评 OECD 以这种二分法为基础，却没有充分阐述这两种情形的特点，也就是说这一区分是 BEPS 第六项行动计划的关键，但是报告基本上没有明确定义这两类情形，也没有对打击相关滥用行为的法律对策做出明确解答。

(2)《多边公约》

全球化进程加剧了不同国家税收体制之间的摩擦，而双边税收协定中的一些特征可能导致税基侵蚀和利润转移而亟待修正。除了修订税收协定内容带来的挑战外，就双边协定的数量而言，更新现有的双边税收协定工作繁重且费时，限制了 BEPS 计划的落实效率。鉴于此，BEPS 第十五项行动计划提供了与制定多边协议相关的税务和国际法问题的分析，以帮助各国应用多边协定，实施 BEPS 和修订双边税收协定的工作中的各项措施。《多边公约》正是第十五项行动计划的最终成果，其目的在于实施用于解决税基侵蚀和利润转移问题的一系列措施，而它的实施结果则是对双边税收协定网络下某些条款进行修订。

第一，《多边公约》可修订双边税收协定网络。《多边公约》的目标是通过修订双边税收协定现有网络，以实施各方同意的、为解决税基侵蚀和利润转移问题的各项措施。在不违反主权原则和国家同意的前提下，国际公法允许各种修改协定的选项；相应地，在各方同意的前提下，协定可以通过多种方式修订，包括多边公约的形式。

第二，《多边公约》与双边税收协定之间的关系。在当前的情形下，只有部分双边税收协定条款将被《多边公约》修订和取代，而双边税收协定的其他实质性规则，将在《多边公约》未涵盖的领域继续生效。《多边公约》与双边税收协定之间的关系问题，可以通过两种方式解决，一是在《多边公约》中纳入兼容性条款（或"冲突条款"）明确两者之间的关系，目前公约中常见的两个组合是"代替或者在没有……的情况下适用",或者要求各缔约方列出已有协定的类似条款、被修改条款、被取代条款等;二是借由国际法一般原则界定该关系,即适用《维也纳条约法公约》第 30 条第 3 款规定的习惯规则,"遇先订条约全体当事国亦为后订条约当事国但不依第五十九条终止或停止施行先订条约时,先订条约仅于其规定与后订条约规定相合之范围内适用之"(后法优于先法),据此,双边税收协定规定仅在与《多边公约》可兼容的范围内继续适用。

第三,《多边公约》缔约方与第三方的关系。国家主权原则推定该公约仅对缔约方产生约束力。根据《维也纳条约法公约》的规定,"如未取得同意,协定不对第三国产生任何权利或义务",且"如协定的缔约方欲使条款成为确立义务的方式,且第三国以书面明示接受该项义务,则对于第三国的该项义务在协定条款下产生"。因此,在现有情况下,《多边公约》的内容对非缔约国第三方不产生约束力。《多边公约》的缔约方与第三方继续受其双方订立且未被多边协议修订的双边税收协定约束。

第四,《多边公约》与 BEPS 行动计划的关系。《多边公约》是 BEPS 第十五项行动计划的产物,它根据 BEPS 行动计划的各项成果对现有的双边税收协定进行了修订。两者最主要的区别在于 BEPS 行动计划不具有法律约束力,而《多边公约》具有法律强制力,各缔约方需遵守"条约必守"原则。

(二) 反滥用措施最低标准的确立及其演变

BEPS 各项行动报告根据约束性强弱分为"最低标准""共同方法"和"最佳实践",其中"最低标准"的约束性最强,将纳入监督执行机制,而防止税收协定滥用即属于"最低标准"。随着 BEPS 第六项行动计划的最终报告发布以及《多边公约》第 6 条和第 7 条的规定,反滥用措施最低标准不断演变并确立。

1. BEPS 第六项行动计划中最低标准的提出

BEPS 第六项行动计划中提出了一系列应对税收协定滥用的方式,包括 LOB 条款和 PPT 规则。同时,报告也指出 LOB 条款和 PPT 规则结合的方案不一定对所有国家都适用或都有必要,有的国家可能有国内反滥用规则,或者有的国家法院已经形成了有效应对各种协定滥用安排的各种解释性工具,因此,这些国家可能不需要引入一般性的协定滥用条款,或者是倾向于采用比条款更为严格的形式。鉴于此,BEPS 认为只要各国所采取的方法能够有效应对协定滥用,报告允许一定程度上的灵活性,但应满足最低限度要求。

根据 BEPS 第六项行动计划报告,最低限度要求包括在税收协定序言部分加入反避税声明,以及采取 PPT 规则或者 LOB 条款,或者 PPT 规则与 LOB 条款相结合的方式应对税收协定滥用安排。然而,BEPS 第六项行动计划并不具有法律约束力,税收协定缔约国双方对于最低标准的实施也有不同偏好,因此最低标准的执行需要依靠有效监督。对此,随后的《多边公约》延续了该最低标准,但又结合各国的政治利益进行了妥协。

2.《多边公约》中最低标准的确立

(1) 将反避税作为税收协定的目的之一

税收协定的目的定位曾历经三次主要变化,反映了国际税务的发展趋势。早期,税收协定定位于消除双重征税、促进经济发展和增进税务合作。随后,2003 年 OECD 修订范本注释时,加入了"反避税也是协定的目的之一"。而《多边公约》可以称为第三次大转向:打击反避税与消除双重征税、促进经济发展和增进税务合作之目的并行。《多边公约》第 6 条(关于被涵盖税收协定的目的)要求在序言中纳入关于反避税声明的规定,这是缔约国的必选条款,也是对 BEPS 第六项行动计划中最低标准的进一步确定,赋予了其强制执行力。

《多边公约》第 7 条(关于防止协定滥用)规定,缔约国可以从 PPT 规则和 LOB 条款中选择其一。以下将对其进行详细论述。

(2) PPT 规则

《多边公约》关于 PPT 规则的最终表述是从 BEPS 第六项行动计划中直接引入的,并作为缔约方的默认选择。这一条款提出了主观测试("主要目的之一")和客观测试("税收协定相关规定的宗旨和目的")来决定是否授予协定优惠,即当安排或交易的主要目的之一是取得税收协定优惠时,PPT 规则能够否决优惠的授予;但与此同时纳税人可以去证实其在这些情况下取得税收协定优惠符合相关条款的目的和宗旨,从而获得相关税收协定优惠。

在 BEPS 第六项行动计划中，OECD 倾向于将 LOB 和 PPT 规则结合起来，意图使这两项规则协同运作，因为二者都有各自的长处和短处，LOB 主要关注择协避税和渠道安排，而 PPT 则作为一个全面的兜底条款。然而在《多边公约》中，OECD 明确指出，PPT 规则是唯一能够满足最低标准的方法，并将其提升为《多边公约》第 7 条的核心内容，这巩固了 PPT 规则作为满足最低标准的唯一条款的地位。但是，PPT 规则的提议和纳入并不是没有争议的，一方面这一术语的内涵和外延十分广泛，天然地缺乏确定性；另一方面，PPT 规则使得确认协定滥用存在的门槛更低，这将进一步混淆避税和合法税务规划之间已经模糊的界限。以下对 PPT 规则的主要内容进行分析：

第一，PPT 规则的适用范围。《多边公约》第 7.1 条确立了 PPT 的适用范围，即"被涵盖税收协定的任何规定"。该表述具有双重目的：第一，在 BEPS 第六项行动计划中，作为一般反滥用规则的 PPT 规则被认为与作为特别反滥用规则 LOB 条款相对应。从实践角度出发，如果两者并行运作，那么应当明确适用 PPT 规则的同时不影响 LOB 条款的适用，并对这些反滥用条款进行有效的优先排序。第二，关于《多边公约》第 7 条和现存税收协定之间的关系，通过规定"被涵盖税收协定的任何规定"，能够明确即使税收协定中存在特别反滥用条款，PPT 规则仍然可以适用。但是有些学者质疑 PPT 规则是否受到特别法优于一般法的限制。De Broe 和 Luts（2015 年）认为，PPT 文本中的表述在不影响其根本的基础上确立了其适用范围，因此这个问题不成立。Michael Lang（2014 年）虽然同意上述观点，却质疑总体规定适用的灵敏性。相反，Báez Moreno（2017 年）提出了一种解释，即将 PPT 的适用限制在择协避税的情况下，认为"被涵盖税收协定的任何规定"不是指 LOB，而是指协定的其他条款。

第二，主观测试。主观测试即获得优惠是否是直接或间接产生该优惠的任何交易或安排的主要目的之一。"优惠"一词包括了 OECD 范本第 6 条至第 22 条下所有对来源国征税权的限制、第 23 条下消除双重征税的方法以及第 24 条下对缔约国居民和国民提供的保护，或其他类似的限制。但并不是所有关于所得或财产的优惠都在 PPT 规则的适用范围内。根据"本协定"这一措辞，根据国内单方面规定或其他税收协定（对欧盟国家而言，还包括欧盟立法），都无法援引 PPT 规则拒绝税收优惠的适用。"交易或安排"应作广泛的理解，应包括合约、协议、方案、交易或一系列交易，而无论其在法律上是否具有可行性。所有与课税对象（收入或相关资产）或纳税主体（缔约国的税收居民）相关的安排或交易都应被考虑在内。"直接或间接"这一措辞说明主观测试将（一系列的）交易或安排而不是纳税人作为测试内容，表明了 PPT 规则适用的人的范围是开放的。因此，即便主张协定优惠的纳税人只是作为第三方间接地参与另一个纳税人涉嫌滥用协定的安排或交易，也属于 PPT 规则的适用范围。根据"交易或安排"和"直接或间接"的措辞，PPT 规则适用于所有类型的协定滥用。"主要目的之一"（one of the principal purposes）是指取得协定优惠并不必须是一个特定安排或交易的唯一目的（the sole or dominant purpose），只要至少主要目的之一是取得优惠即可。也就是说，安排或交易可以由一个或多个与获得协定优惠无关的原因引起，但是如果此时取得协定优惠也是主要目的之一，那么 PPT 规则可以适用。对一个安排或交易目的的判定，报告强调了要对所有围绕该安排或交易的情况进行具体分析，合理地推断，不应轻易地假定。当只有以享受相关协定优惠为目的才能解释一个安排时，则可以得出该安排的主要目的之一是为取得协定优惠这项结论。这一规定是 PPT 规则中最具争议性的问题。从纳税人的角度看，这一规定使得确定滥用存在的标准更低了，与理性经济行为人的思维相背离。一般来说，税收成本对企业而言几乎是微不足道的，但谨慎的经营者可能会受到企业税收成本的影响。人们通常认为交易的主要目的之一获得税收利益是合理的，而纳税人也会选择税收成本最低的方案，即使这种安排是完全合理且能够实现税收最大化减免。但是引入这一规则后，纳税人不得不证明无论是否获得税收利益，交易都会发生。这大大限制了纳税人的选择范围，并且为税务机关提供了相当大的自由裁量权，他们将评估在没有税收优惠的情况下交易是否反映了合理的商业惯例。但是商业敏锐性并非可以客观衡量，而 PPT 规则却将其作为评估税收利益是否是驱动交易的关键因素的标准。

第三，客观测试。客观测试即授予该优惠是否符合相关协定条款的宗旨和目的。"宗旨"（object）与"目的"（purpose）二词是否同义无关紧要，即使二词在意义上有区别，与 PPT 规则的解释和应用也无实际联系。① 《报告》没有对协定及其相关条款的宗旨和目的作出明确解释和说明。根据《维也纳条约法公约》第 31 条第 1 款对条约解释的基本规则:"条约应依其用语按其上下文并参照条约之目的及宗旨所具有之通常意义,善意解释之。"第 31 条第 2 款确认,上述基本规则所指的上下文包括协定的前言部分。第六项行动计划中的最低标准要求各国应同意在税收协定中加入一项明确声明,阐明各国的共同目标是避免双重征税,同时防止为包括择协避税安排在内的逃避税行为创造条件或不征税或少征税。② 据此起草的《多边公约》第 6 条 "被涵盖税收协定的目的" 也包含了防止逃避税行为所造成的不征税或少征税的相关内容。③ 同时,《报告》在关于澄清税收协定意图的内容中建议,将税收协定的标题从 "(A国)和(B国)关于对所得和财产避免双重征税的协定" 修改为 "(A国)和(B国)关于对所得和财产避免双重征税以及防止逃税和避税的协定"。④ 据此,可以认为防止逃避税为税收协定的目的之一。另外,根据《报告》对诸多示例中的评论,可以认为税收协定的一般宗旨是 "为真实的商品和服务交易以及资本和人员流通提供优惠" 与 "鼓励双边跨境投资"。⑤ 报告举出的不适用 PPT 规则的两个例子也体现了这一宗旨。一个示例是一国公司为了扩张业务和较低的生产成本,考虑在另一国设立制造基地。通过初步审核的几个国家具有相似的政治环境。考虑到税收因素,该公司最终选择了这几个国家中唯一与本国有税收协定的国家。⑥ 在另一个示例中,为给诸多子公司提供服务而建立一个区域性公司,因为构成了一项 "真正的业务"(real business)而不适用 PPT 规则。该区域性公司 "有实质性的经济功能,利用真正的资产,承担真实的风险",且通

---

① Reinout Kok, "The Principal Purpose Test in Tax Treaties under BEPS 6", *Intertax*, No. 44, p. 406, p. 409, 2016.

② 国家税务总局:《防止税收协定优惠的不当与予(第 6 项行动计划)》,第 19 页。

③ 《多边公约》第 6 条第 1 款:应修订被涵盖税收协定,在序言纳入下述内容:"旨在消除对本协定所适用税种的双重征税,同时防止逃避税行为所造成的不征税或少征税(包括通过协定套用安排,为第三方管辖区居民间接获得本协定下的税收优惠)。"

④ 国家税务总局:《防止税收协定优惠的不当授与(第 6 项行动计划)》,第 143 页。

⑤ 同上书,第 83、89 页。

⑥ 同上书,第 88—89 页。

过该公司的"自有人员"开展活动。① 报告认为这两例中均存在真实的商业活动，获得税收优惠符合协定鼓励双边跨境投资的宗旨。《多边公约》第 6 条"被涵盖税收协定的目的"也提出了公约缔约一方也可选择在被涵盖税收协定序言中指明"希望进一步发展其经济关系并加强税收合作"。② 因此，可以认为，在 BEPS 项目语境下，税收协定的宗旨和目的是消除双重征税以促进真实的商品和服务交易以及资本和人员流通，鼓励跨境投资和防止逃避税。

（3）LOB 条款

除了 PPT 之外，缔约方还可以同时选择适用《多边公约》第 7 (8) 条至 (13) 条中的简化版 LOB 条款或单独适用复杂版的 LOB 条款。简化版 LOB 条款直接引用了 BEPS 第六项行动计划中所建议的 LOB 条款的表述，而 BEPS 第六项行动计划报告中的 LOB 条款是基于已被纳入大量税收协定中的条款而制定的，其中主要包括美国税收协定范本。

LOB 条款是一项特别反滥用规则，即使纳税人符合有关税收协定的居民身份，但并非"合格的人"时，它将拒绝授予纳税人税收协定的利益。也就是说，与缔约国存在足够联系的纳税人才能享有协定优惠，这是因为缔约国的居民身份十分容易通过利用某些形式获得和复制，而 LOB 条款通过测试纳税人与缔约国之间是否有足够联系，以确保纳税人是税收意义上的真正的缔约国居民，而非仅以获得税收优惠为目的获得和复制相应身份。为此，LOB 条款设计了一些客观测试标准来判断能够享有协定优惠的"合格的人"。

第一，一些实体被自动视为与缔约国有足够联系的"合格的人"。与其他实体不同，LOB 条款推定个人、政府、公开上市公司、慈善机构等实体滥用协定优惠的可能性低。因此，这些实体请求协定优惠无须主管当局事先裁定或批准。当然，税务机关可能在审查后认为纳税人不属于"合格的人"，因而不授予其协定优惠。

第二，一些实体必须满足特定条件才能成为"合格的人"。这些实体

---

① 国家税务总局：《防止税收协定优惠的不当授与（第 6 项行动计划）》，第 91 页。
② 《多边公约》第 6 条第 3 款：在被涵盖税收协定序言未提及发展经济关系或者加强税收合作意愿相关内容的情况下，公约缔约一方也可选择在被涵盖税收协定序言中纳入以下内容："希望进一步发展其经济关系并加强税收合作"。

需通过额外的测试,比如税务当局会审查该实体的真实所有人、实体收入的接收者等,当该实体主要为第三国居民所有,或者其主要收入被支付给第三国居民,那么 LOB 条款将推定该实体滥用税收协定,拒绝授予协定优惠。

第三,在这些严格的"合格的人"的测试之外,LOB 条款设计了一些"安全港"规则来提供部分税收优惠。比如在积极营业活动测试下,只要"该人在其居民国从事积极营业活动,且这些收入关联于或附属于前述积极营业活动",其将有资格获得协定优惠。此外,缔约国一方的主管当局可以自由裁量授予原本根据其他条款应被否定协定优惠的人部分或全部协定优惠。

LOB 条款正是根据居民的法律性质、所有权和一般活动,来否定不具备实质条件的居民享有协定优惠。这一规则可以解决类似"受益所有人"概念不清晰所带来的不确定性。但其一刀切式的僵化应用易产生不公平的结果,且 LOB 条款的复杂性也被普遍诟病。虽然 OECD 最初对 LOB 条款的前景充满热情,将其视为反对挑选条约中最低标准的组成部分,但其在《多边公约》中得到的反应非常不乐观。目前,仅少数国家初步表明打算将简化版 LOB 条款纳入其税收协定。在现阶段,鉴于《多边公约》的选择与保留规定,LOB 条款对税收协定的影响还有待观察。

(4) BEPS 第六项行动计划反滥用规则的优劣势分析

为应对除择协避税以外的其他形式的协定滥用,包括 LOB 条款没有涉及的择协避税情况,《报告》建议加入 PPT 规则。同时,BEPS 第六项行动计划也简单提及了受益所有人规则。这些反滥用规则各有优劣,可能无法适用于所有国家。目前各国对反滥用规则的引入情况不同,在税收实践中也显示出了 PPT 规则的优势和劣势。

第一,适用范围。比较而言,PPT 规则的适用范围最大。作为一般反滥用规则,PPT 规则的包容性使其将几乎所有协定滥用的行为都纳入打击范围,对各种无法预料的协定滥用行为进行概括性否认。而受益所有人规则是一种特别反滥用规则,只能解决简单的择协避税情形,即它防范打击的只是那些第三国居民通过在缔约国一方境内安排设置某种负有转移支付股息义务的中间人(包括代理人、指定人或实际上仅是以一种受托人或执行人的身份为利益关系人行事的导管公司等不同形式）收取来源于缔约国另一方支付的股息所得款项的方式，来套取协定规定的预提税限制税率的优惠待遇这类滥用协定的国际避税行为。① 同样属于特别反滥用规则的 LOB 条款，如前文所言，只关注择协避税，无法应对其他形式的协定滥用，而且也无法应对特定形式的择协避税，如导管融资安排②。在导管融资安排中，没有资格获得优惠的人将原本可获得协定优惠的缔约国居民视为导管，利用导管的中间方作用获得协定优惠。此种情形下，作为导管的缔约国居民可能通过上市公司测试，从而避开 LOB 条款的适用。这也是最低标准中 LOB 条款一定要辅以应对导管融资安排的 PPT 规则或其他机制的原因。另外，LOB 条款中的测试多为数据化的硬性客观标准，为其带来确定性优势的同时也造成了隐患。这些测试设计虽然合理，但不排除实践中存在进行真实的商业活动且无滥用税收协定目的的纳税人，因达不到测试中各种机械化标准而无法享受税收优惠的情况。

第二，可执行性。与 LOB 条款相比，对中国而言，PPT 规则更具有可执行性。PPT 规则作为一般反滥用规则，并不针对某一特定的行为类型，而是试图通过要件描述，涵盖违反立法意图的所有协定滥用行为或避税行为。包括中国在内的许多国家国内法中一般反避税条款的经验可为 PPT 规则的适用和执行提供参考。而 LOB 条款的繁琐和僵化增加了税务主管当局的执行成本，许多国家尚不具备使用它的行政能力。③ LOB 条款在美国产生且长期发展至今，美国拥有充足的税务人才和执行经验。虽然 OECD 将 LOB 条款引入 BEPS 项目时，已顾及不愿进行反避税国家的利益，提供了简化版的 LOB 条款，但对于许多经验或执行能力不足的国家而言，LOB 条款仍然不是最好的选择。

第三，规则的确定性。PPT 规则措辞的模糊导致其标准不明，降低了法的确定性和可预测性。首先，纳税人交易或安排的主要目的难以确定，存在多种目的时更是难以区分主次。虽然报告中的诸多示例确实提供了一

---

① 廖益新：《国际税收协定中的受益所有人概念与认定问题》，《现代法学》2014 年第 6 期。

② 国家税务总局：《防止税收协定优惠的不当授与（第 6 项行动计划）》，第 19 页。

③ Luc De Broe and Juris Luts, "BEPS Action 6: Tax Treaty Abuse", *Intertax*, No. 43, pp. 122, 146, 2015.

些指导，但这些基于特定事实的简单例子，实际作用有限。其次，关于协定的宗旨和目的，缔约国双方不一定有共同的概念。尽管根据前文所述，税收协定的宗旨和目的是消除双重征税，促进真实的商品和服务交易以及资本和人员流通，鼓励跨境投资和防止逃避税，但这些宗旨和目的本就非常抽象。此种情形下，对纳税人而言，依据抽象的协定宗旨和目的主张协定优惠就会存在非常大的难度。可以认为由语言本身的模糊性和开放结构等导致的不确定性是所有法律制度的一个必然特征，而且因为实际情况的纷繁复杂，完全确定的立法是不可能存在的。作为一般反滥用规则，PPT规则要全面打击协定滥用，用语就不可能非常确定。但是，法律至少要实现其指导作用。PPT规则过于模糊的措辞在实践中可能会导致合法税收筹划和协定滥用之间的界限不明，从而影响纳税人对税法稳定性的预期，进而可能会促使合法的纳税人寻求更加复杂的税收筹划。[1] 相较而言，LOB条款各测试建立在客观的标准之上，依据缔约国居民实体的法律性质、所有权及日常活动这些标准将协定优惠限定在满足特定条件的实体中，力图确保该实体与其所在国有足够的关联，比PPT规则能提供更大的确定性。目前已采用LOB条款国家的实践，也证明该规则在其应对范围内是有效的。[2]

第四，自由裁量权与举证责任。PPT规则赋予税务主管当局过多的自由裁量权，同时间接地改变了举证责任的分配。税收主管当局只需要承担主观测试的举证责任，客观测试的举证责任由纳税人自负。而且，主观测试的证明标准也低于客观测试的证明标准。在实力和地位上占据优势的税务主管当局只需要进行合理地推断（reasonable to conclude），拥有较大的自由裁量空间，而处于劣势的纳税人需要证明（establish）其取得协定优惠符合协定相关条款的宗旨与目的。PPT规则下的举证责任在税务主管当局与纳税人之间的分配明显不平衡。对税务主管当局而言，对主观测试的内容进行合理的推断并不存在多少困难，而协定及相关条款的宗旨和目的的不确定性大大加重了纳税人的举证难度，举证责任实际上转移到纳税人

---

[1] ValentynKolosov, "Guidance on the Application of the Principle Purpose Test in Tax Treaties", *Bulletin for International Taxation*, No. 71, p. 1, 2017.

[2] 参见国家税务总局《防止税收协定优惠的不当授与（第6项行动计划）》，第1页。

一方。① 赋予主管当局过大的自由裁量权并不仅仅存在理论上的风险,在实践中对各缔约方税务主管当局和纳税人的影响也是无法预测的,极易出现推定协定滥用成立的情形,在某些国家可能会违反如比例原则等的宪法规定。

总地来说,受益所有人规则、PPT 规则和 LOB 条款的主要优劣势如下:

表 2-2 受益所有人规则、PPT 规则和 LOB 条款的优劣势

	优点	不足
受益所有人规则	有效应对导管公司安排,可操作性强	概念模糊、适用范围有限
LOB 规则	各项测试客观且具体,具有确定性和可预测性	规则设计复杂,实践操作难度大
PPT 规则	作为一般反滥用规则,能够全面应对复杂多变的避税安排,且中国已有一般反避税条款的实践经验	具有不确定性,税务机关自由裁量权大,纳税人承担的举证责任过重

(三) 反税收协定滥用条款组合模式的选择与保留

鉴于多边公约的目的在于协调应对税基侵蚀和利润转移的措施,创建一个公平竞争环境,因此确保缔约方承诺尽可能一致十分重要。然而当多边协定的所有缔约方在某项税收政策上无法协调,以及各方准备承诺的内容将取决于缔约对方时,多边公约允许在特定案例中存在弹性。

为争取尽可能多国家地参与,《多边公约》体现了最大的灵活性:一是缔约国可以选择纳入公约适用范围的税收协定;二是缔约国可以通过双边谈判来对修订后的税收协定做进一步修改;三是对于满足 BEPS 最低标准必须选择,但对于非 BEPS 最低标准的条款,OECD 给予了不予选择的自由,而且 OECD 提供了尽可能多的选择方案;四是如果存在落实 BEPS 方案的多种方式,缔约国有适用选择条款和替代条款的灵活性。

在这种背景下,《多边公约》创新性地为缔约方提供了反协定滥用条款的选择与保留空间,尽可能地满足缔约方的各种偏好,同时尽量保证各方遵守共同的最低标准。根据公约条款规定,缔约方可以对反协定滥用条款进行选择和保留来实现最优的组合模式。这些选择主要包括:

---

① Luc De Broe and Juris Luts,"BEPS Action 6: Tax Treaty Abuse",p. 132.

第一种模式：单独适用 PPT 规则。PPT 规则作为唯一满足最低标准的条款，公约允许缔约国仅单独适用，并且这一适用是默认的，除非缔约国根据第 7 条第 15 款第 1 项作出保留，即第五种模式。

第二种模式：同时适用 PPT 规则和酌情减免条款。即在适用 PPT 规则的前提下，任何人因其主要目的或主要目的之一是获取被涵盖税收协定待遇而被拒绝授予优惠，此时，本该给予该项待遇的缔约管辖区一方主管当局可以根据当事人的请求和相关事实，进行自由裁量是否授予协定待遇。

第三种模式：同时适用 PPT 规则和简化版 LOB 条款。缔约方可以同时选择适用 PPT 规则和简化版 LOB 条款，但是，简化版 LOB 条款应仅在被涵盖税收协定的缔约管辖区各方都已选择适用时，才能适用于被涵盖税收协定。

第四种模式：同时适用 PPT 规则、酌情减免条款和简化版 LOB 条款。

第五种模式：不适用第 7 条的反滥用条款，适用详细版 LOB 条款以及其他反滥用措施以达到最低标准。公约允许缔约国对 PPT 规则进行保留，在这种情况下，缔约管辖区各方应努力达成各方满意的解决方案，来达到最低标准。

《多边公约》所提供的反协定滥用条款组合模式的选择与保留从单个国家的角度来看是理想的，它提供了极大的灵活性，允许缔约方根据其具体反避税政策的严厉程度来调整其选择。但必须承认的是，多种模式组合的方案会带来一系列的后续工作，《多边公约》也将不得不在第 7 条的框架内引入一个相当复杂，甚至不完整的规则来规范组合模式的选择与保留。虽然《多边公约》第 7 条相当复杂，但在选择与保留模式在公约整体框架内是相当合理和创新的。

迄今为止，《多边公约》缔约方所采取的初步立场并不完全符合 OECD 在 BEPS 中关于防止税收协定滥用的预期。一方面，就《多边公约》第 7 条而言，几乎所有的缔约国都选择避开简化版 LOB 条款，并且倾向于采用 PPT 规则，这种选择产生了极大的灵活性和不确定性，与此同时，它又最大限度地减少了缔约国进行混合错配后，解决选择性错配的困难和谈判的必要性；另一方面，PPT 规则有其自身问题，即没有明确的定义范围且缺少解释性指导，如果《多边公约》的缔约方未能采取协调一致的方式来执行 PPT 规则，那么共同的最低标准可能面临减损风险。因此，税收协定滥用的规制仍需进一步探索。

三 BEPS 第六项行动计划对各国税收协定滥用规制的影响

截至 2019 年 2 月 28 日，已有 94 个国家和地区签署《多边公约》，而公约的生效和运行将对国际产生深远影响。根据《多边公约》的规定，缔约方可以根据第 7 条对反协定滥用条款进行选择与保留，组合后的选择模式主要分为两类，第一类是以 PPT 规则为主的模式选择，第二类是以 LOB 条款为主的模式选择，这两种模式将对各国税收协定滥用规制产生不同影响。此外，有一些国家并未签订《多边公约》。

（一）以 PPT 规则为主的模式选择

《多边公约》的缔约方，包括中国大陆、香港和瑞士、荷兰等绝大部分国家、地区在所表达的初步立场中均选择了 PPT 规则，这一规则将对税收协定产生深远影响，下文将详细分析 PPT 规则在实践中的相关问题和影响。

1. PPT 规则与税收协定相关条款的冲突问题

《多边公约》生效之后会出现多边公约与现行税收协定并存的问题，其相关条款可能会重叠或者发生冲突。《多边公约》条款与税收协定条款发生重叠的情况可以分为两种：一是《多边公约》条款确认和巩固现存税收协定条款，二是《多边公约》条款增加和补充现存税收协定条款。但是，如果它们提供的解决方案有不同结果，那么《多边公约》的规定可能与现行税收协定的规定发生冲突。由于税收协定以一种更加宽泛的措辞规定一般反避税条款，这种冲突将更易发生。即使《多边公约》中设计了兼容条款，但"从属于或优先于其他条款"的规则可能无法解决《多边公约》和被涵盖税收协定之间所有类型的冲突。因此在发生冲突的情况下，《多边公约》将无法确定修改具体条约的哪些文本，并且由于《多边公约》为了明确其效力优于现行税收协定制定了更加准确和有效的条款，却尚未提供冲突下的解决方案。

公约第 7 条第 2 款正是这种情况，它涉及一个新的具体条款应当被视为取代、添加至双边税收协定中来解决相同问题，与此同时，在《多边公约》生效后，该双边税收协定仍然有效。本书认为，如果兼容条款在解决可能发生的事前税收协定冲突方面作用不明显，那么《维也纳条约法公约》第 30 条第 3 款的"后法优于先法"原则将会发挥作用来补充兼容条款，并解决《多边公约》和被涵盖税收协定之间的冲突。从这个意义上说，如果两个条约的条款不能同时实施，那么后一条约的效力和后果应该得到执行，优先于先前条约的效果和结果。因此，只要与先前条约的条款不相抵触，先前条约的规定仍然适用。相反，如果出现条约冲突，则只适用后条约的规定。简而言之，根据《多边公约》第 7 条第 2 款设计的兼容条款未能提供利益相关方所需的确定性水平，其将与"后法优于先法"原则共同运作。

此外，一方面应该指出的是，只有在《多边公约》范围内，所有谈判国都同意《多边公约》条款效力优于现存税收协定条款，"后法优于先法"原则作为更新现行税收协定条款的工具才有效；另一方面，税收法院的决定在这个过程中发挥重要作用，其在很大程度上将重塑国内避税方法，其目标是适用 PPT 规则或建立一个比 PPT 规则范围更小的新内部门槛。另一个结果是需要根据税务法院的决定和立法程序，根据 PPT 规则的新标准调整现有国内一般反避税规则或一般反滥用规则，以追求更高的法律确定性。

2. PPT 模式下的选择与保留问题及影响

根据《多边公约》第 7 条第 2 款的规定，各国在双边税收协定中引入 PPT 规则时，若未作出相关保留，那么可以考虑三种情况：第一，被涵盖税收协定条款与《多边公约》条款"不相似"，则将以《多边公约》条款为补充条款，条件是所有缔约方都已向保存人适当通知具体条款。第二，如果被涵盖税收协定包含与《多边公约》条款具有"相似效果"的条款，则该条款将被新的《多边公约》条款取代，前提是所有缔约方都已向保存人适当通知具体条款。第三，如果被涵盖税收协定确实包含与《多边公约》规定"相似"并应予以替换的条款，但缔约方未根据《多边公约》向保存人通知"具体条款"，或者只有一个缔约国向保存人作出通知，则被涵盖税收协定现有条款仍然适用，但如果该税收协定条款与《多边公约》条款发生冲突，则《多边公约》条款将取代适用。

以英国的双边税收协定为例。2012 年 10 月 30 日，英国与印度的双边税收协定首次出现"一般目的条款"，其新增第 28C 条 LOB 条款规定，

"如果缔约国一方居民的存在或创设或其从事的交易的主要目的或主要目的之一是获得协定利益，则缔约国一方居民或该居民所从事的任何交易不应获得本协定下的利益"。2011年英国与中国双边税收协定分别在股息、利息、特许权使用费和其他所得条款中也有类似规定，"如果据以支付所得的权利的产生或分配，是由任何人以利用本条内容为主要目的或主要目的之一而安排的，则本条规定不适用"。可以观察到，英国双边税收协定的表述与《多边公约》的表述有些许差异，但没有任何实质性影响。现行税收协定中包含的"目的条款"因其涵盖税收协定的利益范围而定，或涵盖所有协定利益，或仅限于特定条款下的利益，例如股息、利息、特许权使用费以及其他收入等。在这方面，《多边公约》第7条第2款（兼容性条款）提到拒绝"全部或部分利益"正是为了确保范围较窄的条款也将被第1款中设想的更广泛的条款所取代，或者在没有这些规定的情况下，第1款将被添加至双边税收协定。

根据缔约方签订《多边公约》时所表明的初步立场，英国与中国在对于第7条的选择与保留上，均就双边税收协定条款的第10（7），11（8），12（7）和21（4）条作出通知，双方实现了完全匹配。但在英国与印度的选择与保留上，英国已经通知了第11（6），12（11），13（9）和28C条，而印度仅通知了第28C条。第7条第2款作为兼容性条款主要解决替代或无类似规定的情形，但其无法解决英国与印度之间的不匹配，因为第28C条是印度通报的唯一条款，该条款在很大程度上包括第11（6）、12（11）和13条的措辞，而根据"后法优于先法"的原则，即使在这种不匹配通知的情况下，第7条第1款也应适用于取代第11（6），第12（11）和第13条（9）。

因此，通过比较税收协定与《多边公约》第7条第1款下的PPT规则措辞，可以发现其能够取代目前税收协定中范围更为有限的条款，同时《多边公约》第7条第2款中包含的兼容性条款在解决事前冲突方面的不足之处，可以由"后法优于先法"原则加以补充。尽管多边公约的范围取决于其不对称的应用，但实践中可能出现许多不可预测的不对称。表面上看，《多边公约》适用的灵活性不必然追求一致性和确定性，但因此公约的协调和实施可能很难迅速实现。

（二）以LOB条款为主的模式选择

由于单一的简易版LOB条款不满足最低标准要求，因此适用LOB条款的缔约方主要有两种选择方案：一是同时选择 PPT 规则和简易版 LOB 条款，二是适用详细版 LOB 条款以及其他反滥用措施以达到最低标准。从目前缔约方所表明的初步立场来看，尚无国家选择适用详细版 LOB 条款，选择同时适用 PPT 规则和简易版 LOB 条款主要是印度、墨西哥等极少数国家，而俄罗斯和保加利亚选择仅适用简易版 LOB 条款。《多边公约》第 7（6）条指出"简化版 LOB 条款应仅在被涵盖税收协定的缔约管辖区各方都已选择适用时，才能适用于被涵盖税收协定"，因此现阶段，关于《多边公约》第 7（8）条至（13）条对被涵盖税收协定的影响程度还有待观察，本节主要对 LOB 条款运行的困境进行分析。

《多边公约》的 LOB 条款包含在第 7（8）条至（13）条中，它们分别就合格的人、积极经营活动测试、同等受益人测试、酌情宽免等做出了规定。其措辞和结构沿袭了 BEPS 第六项行动计划中 LOB 条款的简化版本，其中某些修改借鉴了 2016 年美国新修订的税收协定范本。简而言之，《多边公约》的 LOB 条款的文本十分冗长，且该规则通过一个特定且复杂的机制由一系列客观测试组成。尽管公约中的 LOB 条款被认为是客观和机械的，但其文本仍需要进一步解释，以下将详细分析之。

第一，LOB 条款下的基本测试在预防择协避税上存在一定缺陷。证券交易所测试是指公司或其他实体可以被视为"合格的人"，条件是其主要种类的股票经常在一个或多个被认可的证券交易所交易。这一测试可以用来保护上市公司和其他实体不受择协避税的审查，从而帮助了上述人员之间择协避税行为的扩散。同样，它歧视私人控股公司和其他实体，以支持公开交易的公司。所有权测试是指除个人以外的人也可以被视为"合格的人"，只要其满足一定的时间条件。这项测试触及了择协避税的核心，但实际上未能有效解决择协避税问题。一是 50% 的门槛指的是一个名义上的所有类型股份的所有权百分比，这为纳税人规避"所有权测试"提供了一种相对简单的方法。二是在详细版 LOB 条款中，所有权测试与税基侵蚀测试共同作用，而在简化版 LOB 条款中由于缺乏税基侵蚀测试的协同适用，所有权测试在防止税基侵蚀和择协避税方面的有效性上被削弱。积极营业活动测试是指无论缔约方的居民是否为合格的人，在满足特定条件下，都可以享有协定优惠。在特定情况下，企业的营业要与所得来源国的活动相比具有实质性联系的要求仅针对来源于关联企业的所得，其实质是为了防止一种狭义的协定滥用行为，即企业试图通过在居住国最小限度地参与营业活动来满足授予优惠的要求。而实质性的判定需要给予所有的事实和情况，并且考虑在各缔约国经营的相对规模、在各缔约国进行的行为性质及对在各缔约国业务的相对贡献。在任何情况下，做每一个判定或比较时，都要对缔约国双方的经济与市场的相对规模予以适当考量。这种全局性的考量将带来巨大的执行难度和执行成本。酌情宽免测试是指缔约国居民未通过前述测试享有协定优惠时，税务主管当局在考虑被涵盖税收协定的宗旨和目的后，授予其协定待遇，条件是该居民通过自证使该主管当局认可，其成立、并购或保有、从事的业务，都不是以获得被涵盖税收协定待遇为主要目的之一。这一测试授予主管当局极大的自由裁量权，不符合法律确定性的标准。因此，LOB 条款仍需要进一步修改以确保其准确性和有效性。

第二，LOB 条款设计过于复杂，可能导致其在防止协定滥用方面的有效性被削弱。LOB 条款通过各种测试来防止协定滥用，为判断滥用安排提供了确定性和可预测性，能够准确反映税收协定滥用的性质。但是 LOB 条款的措辞极为复杂，规则过于具体和技术性，且存在严重缺陷，可能会削弱其可行性和有效性。例如专业术语的解释问题、复杂测试的操作问题等，都要求税务工作人员具备较强的专业能力和实践能力。这使得 LOB 条款在缔约国的适用存在一定的困难，尤其是对发展中国家而言。在《多边公约》中，简化版 LOB 条款不符合最低标准的要求，缔约方若单独适用 LOB 条款需要与美国 2016 年税收协定范本中所使用的 LOB 条款相同或类似的版本。本书认为，各国可以在双边税收协定谈判的基础上改良 LOB 条款，使之简短有效地应对协定滥用，而非直接选择《多边公约》中的版本。

（三）有关国家适用 BEPS 第六项行动计划反滥用规则的法律实践

1. BEPS 第六项行动计划对美国税收协定滥用规制的影响

除了已经签署《多边公约》的国家（地区）外，目前仍有许多国家对公约持观望态度。而美国即是一个典型的例子，其是国际税收协定政策的重要参与者，却并未签署《多边公约》，本部分将重点分析 BEPS 第六项行动计划对美国税收协定滥用规制的影响。

(1) BEPS 第六项行动计划与美国税收协定范本的相互影响

2015 年 5 月 20 日，美国公布了针对其 2006 年税收协定范本的修订草案，该草案意图影响 OECD 关于 BEPS 第六项行动计划的讨论结果，随后，2015 年 10 月，OECD 在 BEPS 第六项行动计划最终版中指出，"由于美国预计对其新协定范本的修订需要到 2015 年年底才能完成，本报告中的条款需要在此之后进一步被审阅"。各方同意在美国对 LOB 条款定稿后，再次对该条款进行审核。

2016 年 2 月，美国完成了其 2016 年税收协定范本的修订，该版本引入了 BEPS 第六项行动计划中关于税收协定滥用规制的相关建议，并对随后发布的《多边公约》产生了影响。第一，2016 年美国税收协定范本采纳了 BEPS 第六项行动计划的建议，修改了税收协定的序言，阐明税收协定的宗旨在于消除双重征税，同时防止逃避税行为所造成的不征税或少征税。第二，2016 年美国税收协定范本对 LOB 条款作出了进一步修订，包括强化"适格的居民测试"和"积极营业测试"，新增"衍生利益测试"和"总部公司测试"（第 22 条）。它试图向 OECD 证明 LOB 条款是具有可行性的客观反协定滥用条款，虽然 BEPS 第六项行动计划在其 2015 年最终版中纳入了 LOB 条款，并将其作为最低标准之一供各国选择，倡导各国同时适用 LOB 条款和 PPT 规则，但 2016 年 12 月发布的《多边公约》考虑到 LOB 条款的复杂性和操作难度，在平衡各方利益的情况下，一改 BEPS 第六项行动计划报告中对 LOB 条款的态度，仅将 PPT 规则作为满足最低标准的唯一选择方案，允许各国根据实际情况决定是否适用简化版 LOB 条款，或者适用详细版 LOB 条款以满足最低标准。

(2)《多边公约》对美国税收协定的影响

在过去的一个世纪里，美国一直是国际税收协定政策的领导者，并致力于保护其税收协定免于滥用，此外，其在条约政策制定方面也发挥了突出作用——协助 OECD 起草税收协定范本和 BEPS 行动计划。但美国未签署《多边公约》，这是美国方面的反常举动。究其原因，主要在于公约对美国税收协定的完善作用甚微，且公约获得美国参议院批准的可行性不大。

数十年来，美国税收协定政策的目标之一是保护本国税基、强调居民税收管辖权，这反映了美国作为资本输出国的传统立场。为了保护本国税基,美国税收协定中的反滥用条款发挥了重要作用,可以说这是增加美国居民税收的另一种手段,目的是确保减少美国税源收入的美国税率将仅限于提供给相应税率减免的管辖区居民。

通过限制条约利益的授予来防止择协避税是美国税收协定政策长达五十多年的选择,第一个引入反协定滥用条款的美国税收协定是1962年美国与卢森堡的双边税收协定。在随后的几年中,美国税收协定中的反滥用条款在客观测试(将所得接收者的所有权和其他因素作为评估协定滥用的标准)与主观测试(探寻纳税人获得条约利益的意图)之间反复,其早期 LOB 条款的重点在于禁止将条约利益授予以获得税收协定利益为主要目的而设立的实体,但随后美国摒弃了这种基于纳税人意图的主观测试。从1981年美国税收协定范本开始,美国所有新签订的税收协定都纳入了旨在防止税收协定滥用的条款,而最新的 LOB 条款以各项客观测试为基础来判断纳税人是否享有税收协定利益。因此,美国在防止税收协定滥用上一直走在国际社会前列,而《多边公约》关于 LOB 条款并未有创新发展,其对美国防止税收协定滥用政策的完善作用甚微。

BEPS 关于反协定滥用的最低标准有两项要求:一是在税收协定的序言中明确协定的目的之一是防止逃避税行为所造成的不征税或少征税;二是要求缔约方在税收协定中采纳 PPT 规则或者 LOB 条款以应对税收协定滥用。美国税收协定在这两项上均有所规定。

第一,序言。2016年美国发布了修订后的《美国税收协定范本》,该范本相对于2006年范本而言,在序言部分增加了"防止逃避税行为所造成的不征税或少征税"的表述。尽管2016年美国税收协定范本在序言部分引入了如上表述,但目前关于防止择协避税的措辞在美国缔结的税收协定中并未出现,而美国也尚未表示其打算重新修订税收协定以遵守 BEPS 要求。

第二,LOB 条款。目前美国几乎所有对外签署的税收协定基本上都包括了 LOB 条款。如前所述,2016年美国税收协定范本对 LOB 条款作出了进一步修订,包括强化"适格的居民测试"和"积极营业测试",新增"衍生利益测试"和"总部公司测试"(第22条)。2016年版本的 LOB 条款明显长于以前的版本,它与 BEPS 第六项行动计划最终版本中的 LOB 条款也不尽一致。从技术层面讲,这种不一致意味着美国的税收协定政策可能无法完全满足 BEPS 关于防止协定滥用的最低标准。《多边公约》允许缔约方对 PPT 规则进行保留,只要其采取符合最低标准的详细版 LOB 条款及其他测试即可。也就是说,美国税收协定中 LOB 条款的规定仍有可能满足 BEPS 的最低标准,这需要美国对其 LOB 条款进一步调整,使之与公约体系相协调。而《多边公约》并未列明详细的 LOB 条款,这也是美国拒绝签署公约的原因之一。

第三,主观测试与客观测试偏好。如前所述,《多边公约》将 PPT 规则视为唯一能够满足最低标准的方法,并将其作为各方缔结条约时的默认选项,除非缔约方对此明确提出保留并采用详细的 LOB 条款以满足最低标准。而各缔约方在签署公约时所做出的初步立场中,绝大部分国家选择适用 PPT 规则,基于主观目的性判断来拒绝授予税收协定利益。而美国税收协定政策则倾向于采用更加客观详细的测试标准来判断税收协定滥用,反对基于主观意图的测试标准。1999 年美国国会税收联合委员会认为美国与意大利拟议定的税收协定中加入"主要目的"测试可能会增加条约的不确定性,而这些条款的不确定性又将导致"合法商业交易困难,并可能阻碍纳税人依赖税收协定的能力"。正是因为主观测试为税务管理人员提供了较大的自由裁量权以及主观测试自身解释和适用的模糊性,美国的税收协定政策已经摈弃主观测试,而美国拒绝签署公约也是基于此种考量。

(3)《多边公约》与美国税收改革

2017 年美国开始了全面的税收改革,进行了广泛的、大幅度的减税,并高度重视刺激投资和吸引资金回流。特朗普的税改法案以减税为主要内容进行税制结构性改革,意图通过降低税负来实现经济增长、就业和居民收入增加。总体上看,美国税改能否实现其经济复兴与繁荣仍不确定,但其大幅减税措施将加剧世界范围内的有害税收竞争行为,甚至削弱各国加强国际税收合作的努力。

随着经济全球化的发展和各国对国际逃避税活动的重视,加强国际税收合作、共同打击国际逃避税已经成为国际社会的共识和国际税收的发展趋势。而《多边公约》作为近期最主要的国际税收合作方案,在美国税改的影响下也有所式微。美国近年来奉行保守主义、单边主义,相继退出了跨太平洋伙伴关系协定、联合国教科文组织等,在国际税收合作领域也采取旁观态度,至今尚未签署《多边公约》,这违背了世界税改的大趋势、大潮流，将对国际税收合作产生消极影响，大大削弱国际社会加强国际税收合作的努力，不利于建立公平合理的国际税收新秩序。

2. BEPS 第六项行动计划反滥用规则在欧盟的法律实践

在欧盟的法律实践中，BEPS 第六项行动计划中的反滥用规则基本体现在 PPT 规则的适用上。欧盟大部分国家都是 OECD 成员国，在 BEPS 项目的实施上可以说是齐头并进。2016 年 1 月 28 日，欧盟委员会发布了反避税一揽子协议（Anti Tax Avoidance Package）。为与欧盟法律框架保持一致，欧盟委员会建议在其中加入"真实经济活动"（genuine economic activities）的内容，即虽有本协定中其他条款的规定，如果在考虑了所有相关的事实与情况后，可以合理地认为获取某项协定优惠是直接或间接产生该优惠的任何安排或交易的主要目的之一，则不能授予本协定中关于所得或财产的优惠，除非能够证明它反映了真实的经济活动，或者在此种情况下授予该优惠符合本协定相关条款的宗旨和目的。① 欧盟 2015 年修订的《母子公司指令》通过了一项反滥用条款：在综合考虑了所有相关的事实后，任何以取得指令优惠为主要目的或主要目的之一，或者违反指令宗旨和目的的非真实安排，不得适用指令优惠（第 1 条第 2 款）。不是为反映经济实质的合理商业目的实施的安排或一系列安排应视为第 2 款中的非真实安排（第 3 款）。因此，欧盟法律中的一般反滥用规则包含 3 项内容：（1）主要目的测试（main purpose test）；（2）宗旨和目的测试；（3）经济实质测试［not genuine（artificiality）/economic reality test］。

由此，有学者提出，PPT 规则出现了与欧盟法律不兼容的问题。首先，对欧盟而言，PPT 规则限制了欧盟体系内跨境交易，从而影响了设立自由（the Freedom of Establishment）和资本的自由流动，违背了欧盟的基本自由原则。在欧盟法律下，不能因为纳税人通过设立中间公司（intermediate company）来避税，就剥夺其享有的设立自由之权利。② 纳税人通过位于欧盟内外的独立实体进行间接的投资以实现资本的自由流动，并通过中间实体（intermediary entity）（如有权接收股息的独立金融机构）获得

---

① European Commission, *Commission Recommendation of 28 January 2016 on the Implementation of Measures against Tax Treaty Abuse*, C（2016）271, p. 3.

② Oleksandr Koriak, "The Principal Purpose Test under BEPS Action 6: Is the OECD Proposal Compliant with EU Law?" *EuropeanTaxation*, No. 56, p. 552, p. 553, 2016.

投资回报,实现择协避税。这种情况虽然违反了 PPT 规则,却符合欧盟资本流动自由的原则。因而欧盟认为有意利用税收优惠并不直接意味着滥用。重要的是,利用税收优势的交易是否是人为设计的,即能否通过经济实质测试。仅从 PPT 规则的文字内容来看,PPT 规则不包含真实经济活动的内容,其是否会降低认定滥用的标准有待考察。但是,从《报告》和 2017 年《经合范本》的注释可以发现,真实的商业活动符合税收协定鼓励双边跨境投资的宗旨,会排除 PPT 规则的适用。因此,如果注释的约束作用能够实现,那么 PPT 规则实际上包含真实经济活动的内容。[1]

其次,与 PPT 规则中"主要目的之一"(one of the principal purposes)不同,欧盟反滥用规则的表述为"主要目的或主要目的之一"(the main purpose or one of the main purposes)。[2] 部分观点认为,根据欧洲法院的判例法,针对"主要目的或主要目的之一"进行限制性解释,即只有以取得税收优惠为唯一目的或基本目的(the sole or predominant purpose)才能适用该反滥用规则。[3] 在"科弗德案"中,欧洲法院指出,"主要目的或主要目的之一"这一措辞是指,交易不是在正常的商业运作范围内进行,而仅仅(solely)是为了不正当地获得法律提供的利益。[4] 在"福贾案"中,欧洲法院表示:基于包括税收考虑在内的几个目的进行的交易,可以认定存在有效的商业理由,但是,其中的税收考量不能占据主导地位(predominant)。如果交易的唯一目的(sole aim)是获取税收优惠,而不是进行有效的商业活动,可能会推定逃税或避税是该交易的主要目的之一。[5]

---

[1] Dennis Weber, "The New Common Minimum Anti-Abuse Rule in the EU Parent-Subsidiary Directive: Background, Impact, Applicability, Purpose and Effect", *Intertax*, No. 44, p. 98, p. 108, 2016.

[2] 有些国家法律实践中的主要目的的测试规则的表述为"main purpose"而非"principal purpose",并无实质意义的区别,仅为表述方式的不同。方便起见,均以"PPT 规则"为简称。

[3] Filip Debelva and Joris Luts, "The General Anti-Abuse Rule of the Parent-Subsidiary Directive", (2015) 55 *European Taxation*, No. 55, p. 223, p. 225, 2015.

[4] *Hans Markus Kofoed v. Skatteministeriet*, Judgement of the Court (First Chamber), ECJ Case C-321/05, 5 July 2007, para. 38.

[5] *Foggia-SociedadeGestora de ParticipaçõesSociais SA v. Secretário de Estado dos AssuntosFiscais*, Judgement of the Court (Fifth Chamber), ECJ Case C-126/10, 10 November 2011, para. 35, 36.

最后，根据欧盟的比例原则，如果发现存在滥用行为，纳税人有权在没有不当行政限制的情况下证明交易存在商业上的正当理由。① 而PPT规则对举证责任的分配有推定协定滥用成立之嫌，可能有悖于比例原则。在2017年的"埃乔姆案"中，欧洲法院认为，税务机关无须提供欺诈和滥用的初步证据，就自动地将某些类别的纳税人排除在税收优惠的范围外，超过了防止欺诈和滥用的必要限度。②

虽然PPT规则与欧盟法律之间存在前述冲突，但是欧盟大多数国家都选择了PPT规则。截至2018年6月5日，包括英国在内的28个欧盟国家中，爱沙尼亚表达了加入《多边公约》的意愿，但尚未签署。保加利亚、斯洛伐克选择了简化版LOB条款，其余25个国家选择单独适用PPT规则，其中波兰将PPT规则作为临时措施单独适用，在可能的情况下将通过双边谈判采用LOB条款以补充或替代PPT规则。

3. PPT规则与LOB条款在印度的法律实践

1982年的印度与毛里求斯间的双边税收协定，为毛里求斯居民提供了转让印度证券所获资本利得免税的优惠。该协定迅速成为众多非缔约国居民的逃税工具。协定签署后，毛里求斯成为印度外国投资者的首选目的地。外国投资者通过在毛里求斯设立空壳公司，滥用该税收协定，获取税收优惠，给印度政府造成了巨大的税收损失。但是，在2003年"阿萨迪·巴乔·安道兰案"中，印度最高法院认为境外机构投资者在毛里求斯注册空壳公司，利用两国税收协定择协避税的过程是合法的，纳税人的意图并不重要。③ 印度通过毛里求斯导管（Mauritius conduit）将发达国家的资金和技术吸引到本国，贸易和投资通过择协避税增长，税收损失被经济收益抵消。④ 即使择协避税是不合理的，但它吸引了大量的离岸资金进入本国，这使印度容忍甚至鼓励择协避税。

---

① *European Commission v United Kingdom of Great Britain and Northern Ireland*, Judgment of the Court (Eighth Chamber), ECJ Case C-112/14, 13 November 2014, para. 27.

② *Eqiom SAS, formerly Holcim France SAS and Enka SA v Ministre des Finances et des Comptes publics*, Judgment of the Court (Sixth Chamber), ECJ Case C-6/16, 7 September 2017, para. 30.

③ *Union of India and another vs Azadi Bachao Andolan and another*, Decision of the Supreme Court, 2003- (263) -ITR-0706-SC, 7 October 2003.

④ Debadatta Bose, "From Lax to Tax: India's Changing Policy on Overseas Taxation", (2017) 45 *Intertax*, No. 45, pp. 341, 347, 2017.

在这种税收制度和政策下，印度的许多资产留在避税天堂国家。由此，印度对海外投资者的政策开始慢慢发生变化，由宽松逐渐转向严格。在政府开支日益增加的情况下，印度发现打击通过择协避税将资产留在避税天堂的行为日益重要。因此，印度加强了与各国的谈判，修订双边协定。2016年8月11日，印度公布了修订了的与毛里求斯双边税收协定的议定书，标志着印度遏制避税天堂危害新时代的到来。此次修订纳入了主要目的测试（main purpose test）、善意商业测试（bona fide business test）和特别针对空壳公司的LOB条款。协定中的PPT规则即指，如果取得协定利益是一居民或该居民从事交易的主要目的或主要目的之一，则该居民不得享受协定所提供的税收减免优惠。真实商业测试即指，不具备真实商业活动的法律个体不得享受协定优惠。同时新协定也包含了一个公认条款（deeming provision），即将前12个月内运营支出低于270万卢比（约为41800美元），收入却上涨的公司认定为空壳公司。除印度与毛里求斯协定外，印度还在与科威特、英国、印度尼西亚、以色列、马其顿的税收协定中纳入了与BEPS行动计划大致相当的PPT规则，在与卢森堡和阿联酋的税收协定中规定了善意商业测试。此外，印度在与美国、日本、墨西哥、冰岛和亚美尼亚等国间的税收协定纳入了LOB条款，提供有限的税收优惠以排除滥用税收协定的可能性。[①]

在对BEPS项目的推进和打击避税天堂的迫切需求下，印度逐步引入反滥用规则。在《多边公约》中，印度选择了简化版LOB条款。根据最低标准的要求，印度将适用简化版LOB条款与PPT规则结合的方案。

4. BEPS第六项行动计划反滥用规则在加拿大的法律实践

根据加拿大在2014年2月发布的联邦财政预算草案征集意见稿，加拿大有意在其国内法中纳入PPT规则。但在2014年8月底，加拿大政府在进一步磋商后，决定暂停其打击择协避税的相关计划，等待BEPS项目的最终成果。OECD发布BEPS项目最终报告后，加拿大财政部在2016年3月公布的2016—2017年度财政预算确认，加拿大政府将按照BEPS项目最终成果的最低标准兑现打击择协避税的承诺。加拿大签署《多边公约》

[①] 印度对外签订的避免双重征税协定见印度所得税部门网站，https://www.incometaxindia.gov.in/Pages/international-taxation/dtaa.aspx。

后，暂时选择 PPT 规则作为实质性的反滥用技术规则，[①] 同时考虑在未来较长时间内，寻找合适的时机通过双边协商采用 LOB 条款进行补充，或者取代 PPT 规则。

加拿大与新西兰（2012 年）、波兰（2012 年）及中国香港地区（2012 年）、台湾地区（2012 年）的税收协定均在第 10 条（股息）、第 11 条（利息）和第 12 条（特许权使用费）中分别规定了主要目的测试规则（main purpose test）。加拿大与以色列于 2016 年 9 月 21 日新签署的双边税收协定中第 10 条（房地产投资基金的股息分配）、第 11 条（利息）、第 12 条（特许权使用费）、第 13 条（资本利得）中分别规定了 PPT 规则。其中加新税收协定规定缔约国有意适用 PPT 规则时，该缔约国主管当局应与缔约国另一方主管当局协商。与 OECD 的 PPT 规则内容相比，加拿大签署的税收协定规定的 PPT 规则仅含有主观测试，而不包含客观测试关于协定宗旨和目的的内容。此外，加拿大仅在与美国的税收协定中规定了 LOB 条款。[②]

总体而言，PPT 规则从 2012 年开始进入加拿大对外签署的税收协定中。就目前来说，相较于 LOB 条款，加拿大更加倾向于使用 PPT 规则。

5. 澳大利亚反滥用规则的法律实践

澳大利亚国内反避税法律较为完善，包括资本弱化制度、受控外国公司、转让定价规则和一般反避税条款。澳大利亚 2016—2017 年财政预算案公布要进一步修订一般反避税条款，引入转移利润税（Diverted profits tax），授予税务局权力，处理以获得税收优惠为主要目的而将利润转移给离岸公司的纳税人。其目标是打击设法获取税收优惠的人为安排，主要适用于以避免澳大利亚税收为唯一或基本目的（a sole or dominant purpose）的计划。然而，对许多跨国公司而言，澳大利亚通常是其全球商业结构中相对较小的一部分。跨国公司可能会辩解，其计划是为了在其他国家而不是在澳大利亚实现税收利益，从而使澳大利亚一般反避税条款

[①] Backgrounder: Impact of Multilateral Convention to Implement Tax Treaty Related Measures to Prevent Base Erosion and Profit Shifting, https://www.canada.ca/en/department-finance/news/2017/06/backgrounder_ impact of multilateralconventiontoimplementtaxtreatyr.html.

[②] 加拿大对外签订的避免双重征税协定见加拿大财政部网站，https://www.fin.gc.ca/treaties-conventions/treaty status_ -eng.asp。

中"唯一或主要目的"的规定无法适用。为此，澳大利亚从 2016 年 1 月 1 日着手修改《跨国公司反避税法》(Multinational Anti-Avoidance Law)，将前述"唯一或基本目的"的规定改为"主要目的或主要目的之一"(principal purpose or one of the principal purposes)，以应对跨国公司同时在多国避税的情形。一般而言，唯一或基本目的的测试是澳大利亚一般反避税条款的支柱，PPT 规则更多地适用于高度整合的大型跨国公司。

澳大利亚签署的双边税收协定中也有较多 PPT 规则的实践。澳大利亚与瑞士间的税收协定（2013 年）在第 1 条即规定了 PPT 规则。澳大利亚与智利（2010 年）、新西兰（2009 年）、日本（2008 年）、南非（2008 年）和挪威（2006 年）间的税收协定均在第 10 条（股息）、第 11 条（利息）、第 12 条（特许权使用费）中规定了 PPT 规则。其中澳大利亚与新西兰间的税收协定第 13 条（劳务所得）在定义"派遣到缔约国另一方"时，将以获得该条下税收优惠为主要目的之一的安排排除在外。澳大利亚与芬兰间的税收协定仅在第 10 条（股息）规定了 PPT 规则，并加入了对双方税收主管当局协商程序的要求。另外，澳大利亚与智利、日本间的税收协定还纳入了 LOB 条款。[①]

2015 年 11 月 12 日，澳大利亚与德国签署了新的双重征税协定，取代了两国间于 1972 年签署的税收协定。新协定于 2016 年 12 月 7 日生效，是 BEPS 项目发布最终成果以来全球缔结的首批双重征税协定之一。新协定在第 23 条中加入了简易版的 LOB 条款和 PPT 规则。而澳大利亚与美国间的税收协定规定了详细版的 LOB 规则。可能产生决定性影响的一个原因是澳大利亚和德国国内都有完善的一般反避税条款，而美国没有。

澳大利亚是 2014 年的 OECD 主席国，对 BEPS 项目的推进力度十分大。从澳大利亚在国际合作和打击离岸逃避税问题上的积极态度也可以看出，未来澳大利亚将在更多的税收协定中引入 BEPS 提出的反滥用规则。同时，澳大利亚国内完善的反避税立法和税收协定中反滥用措施的规定表明，相较于 LOB 条款，澳大利亚税收主管当局更倾向于采用 PPT 规则。在《多边公约》的最低标准中，澳大利亚也选择了 PPT 规则这一方案。

[①] 澳大利亚对外签订的避免双重征税协定见澳大利亚财政部网站，https://treasury.gov.au/tax-treaties/income-tax-treaties/。

后 BEPS 时代,《多边公约》的签署将反协定滥用这一迫切需求提入各国议程。各国根据法律实践经验和需求选择了不同的反滥用方案。尽管 OECD 对 LOB 条款的前景充满期待,但大多数《多边公约》签署国的选择结果对 LOB 条款而言却不容乐观。虽然有一些影响力较大的国家采用了 LOB 条款,但鉴于 LOB 条款复杂的内容和匹配条款,它在《多边公约》下的影响力究竟有多大还有待观察,PPT 规则仍是主流选择。

四 后 BEPS 时代税收协定滥用规制对中国的影响及其应对

后 BEPS 时代税收协定滥用规制的发展对中国相关法律和国际投资产生了深远影响。一方面中国应顺应国际反避税形势发展,修订和协调中国税收协定滥用规制法律体系;另一方面,税收协定滥用规制将对中国对外直接投资和外商直接投资产生影响,尤其是在"一带一路"建设、国际避税地的治理以及吸引外资等引进来和走出去项目中发生作用,因此,在规制税收协定滥用上,中国不应盲目执行 BEPS 行动计划和《多边公约》,而应在符合国情的基础上,合理制定税收政策,以促进国际投资和经济发展。

（一）后 BEPS 时代税收协定滥用规制对中国的影响

2017 年 6 月 7 日,中国正式签署了《多边公约》并表明其初步立场。针对公约在第 6 条和第 7 条提出的防止税收协定滥用的最低标准,中国均作出了相应通知。第一,中国同意修改被涵盖税收协定的序言,纳入关于"防止逃避税行为所造成的不征税或少征税"的表述,同时也加入了"希望进一步发展其经济关系并加强税收合作"的内容。第二,中国同意采用 PPT 规则,并将对于 17 个被涵盖税收协定的相关条款进行修改,这些修订条款以股息、利息和特许权使用费条款为主。以下将详细分析后 BEPS 时代,税收协定滥用规制的发展对中国相关法律和国际投资的影响。

1. BEPS 中税收协定滥用规制对中国相关法律的影响

中国法律在规制税收协定滥用上主要分为国内法层面和税收协定层面。

（1）国内法层面

中国反避税立法起步较晚,目前主要适用反避税的一般法律规则来规制税收协定滥用。2008年《企业所得税法》规定了"特别纳税调整"的反避税专章，借鉴国际成熟经验，首次引入成本分摊协议、资本弱化、受控外国企业及一般反避税条款等规定，初步搭建了中国反避税条款的基本框架的体系。其中第47条规定，"企业实施其他不具有合理商业目的的安排而减少其应纳税收入或者所得额的，税务机关有权按照合理方法调整"。随后，为配合特别纳税调整反避税规则的实施，国务院和国税总局颁布了一系列实施细则、管理方法，如《企业所得税法实施条例》对上述反避税条款作了细化规定，提出了"合理商业目的"，对于以减少、免除或者推迟缴纳税款为主要目的的安排，税务机关有权按照合理方法调整。2009年《特别纳税调整实施办法（试行）》明确了针对滥用税收协定启动一般反避税调查，同时提出来实质重于形式、经济实质等一般法律原则。但这些规定仍然十分简单，缺乏可操作性。近年来，国家税务总局发布了《一般反避税管理办法（试行）》《特别纳税调整实施办法（征求意见稿）》等强化反避税管理的规章和规范性文件。

（2）税收协定层面

中国目前签订的避免双重征税协定有103个，而这些税收协定中几乎全部引入了受益所有人规则，此外，有部分税收协定纳入了LOB条款和PPT规则。

第一，关于"受益所有人"的规定。在BEPS计划出台之前，"受益所有人"是普遍适用的反滥用规则。为规范"受益所有人"概念的应用，国税总局曾先后下发《国家税务总局关于如何理解和认定税收协定中"受益所有人"的通知》（601号文件）、《国家税务总局关于认定税收协定中"受益所有人"的公告》（30号公告）等文件，明确"受益所有人"的条件和判定标准，在防范协定滥用中发挥了重要作用。但是，受益所有人规则的适用也遇到了一些问题，如"从事实质性经营活动"的认定、安全港的范围问题等。

为进一步完善"受益所有人"规则，加强税收协定执行工作，2018年2月3日，国税总局发布了《国家税务总局关于税收协定中"受益所有人"有关问题的公告》。该公告对601号文件和30号公告部分规定进行了修订和沿袭，一方面旨在提高规则适用的确定性，减少征纳双方成本；另一方面吸取BEPS第六项行动计划的建议，提高"受益所有人"判

第二章　后BEPS时代中国国际税收法律问题研究

　　第二，关于LOB条款和PPT规则的规定。在中国签署《多边公约》之前，中国与部分国家谈签的双边税收协定中已经引入了LOB条款和PPT规则。截至2018年5月，中国已签署106个避免双重征税协定和安排（包括港澳台），其中与21个国家（地区）的协定（安排）中规定了PPT规则，规定形式、适用范围各有不同。而这21个国家（地区）是否加入《多边公约》、在多边公约中选择的反滥用规则以及与中国的匹配情况也不完全相同。具体情况如表2-3。

表2-3　《多边公约》生效后中国签署的税收协定（安排）中的PPT规则

序号	国家或地区	签署时间	适用范围	MLI立场①	与中国匹配②
1	澳大利亚	1988.11.17	股息、利息、特许权使用费	PPT	PPT
2	巴布亚新几内亚	1994.7.14	利息	未加入MLI	
3	澳门	2003.12.27	分别适用于股息、利息、特许权使用费和财产收益	未加入MLI	
4	香港	2006.8.21		PPT	未被涵盖（均未选择）
5	新加坡	2007.7.11	分别适用于股息、利息、特许权使用费	PPT	PPT
6	捷克③	2009.8.28	适用于本协定	PPT	PPT
7	比利时	2009.10.7	分别适用于股息、利息、特许权使用费	PPT	PPT
8	芬兰	2010.5.25		PPT	PPT

---

　　① 该国家或地区是否加入《多边公约》以及在《多边公约》中选择反滥用规则的立场。MLI为《多边公约》，SLOB为简化版LOB条款，SLOB/PPT为简化版LOB条款与PPT规则结合的方案。

　　② 各国（地区）与中国在《多边公约》反滥用条款选择中的具体匹配情况。PPT表示就《多边公约》第7条第1款达成一致，即原有双边协定（安排）中关于PPT规则的条款将被《多边公约》中第7条第1款的PPT规则替代。"未被涵盖"是指双边税收协定（安排）中的一方或双方未将该协定纳入《多边公约》的涵盖范围。"未选择反滥用规则"是指虽将双边协定（安排）纳入《多边公约》的涵盖范围，未在《多边公约》语境下就反滥用规则做出选择。因为原有双边协定（安排）中已有的反滥用规则已达《多边公约》的最低标准，所以仍适用原双边协定（安排）中的反滥用规则。

　　③ 中国与捷克签署的双边税收协定中并未使用"主要目的"一语，具体规定为："虽有本协定其他条款的规定，本协定规定的利益不得给予本不应获得但意在获得协定利益的任何缔约国一方公司。"但依该规定的主观目的性质，仍将其列入统计范围内。

续表

序号	国家或地区	签署时间	适用范围	MLI 立场	与中国匹配
9	马耳他	2010.10.18	分别适用于股息、利息、特许权使用费和其他所得	PPT	PPT
10	英国	2011.6.27		PPT	PPT
11	博茨瓦纳	2012.4.11		未加入 MLI	
12	丹麦	2012.6.16		PPT	PPT
13	荷兰	2013.5.31	分别适用于股息、利息、特许权使用费	PPT	PPT
14	瑞士	2013.9.25	分别适用于股息、利息、特许权使用费和其他所得	PPT	未被涵盖（瑞士未选择）
15	法国	2013.11.26	适用于本协定，并分别规定了适用于股息、利息、特许权使用费和其他所得的 PPT 规则	PPT	PPT
16	德国	2014.3.28	适用于本协定	PPT	未选择反滥用规则
17	俄罗斯	2014.10.13	分别适用于股息、利息、特许权使用费和其他所得	SLOB	PPT
18	智利	2015.5.25	适用于本协定	SLOB/PPT	未被涵盖（中国未选择）
19	台湾	2015.8.25	适用于本协议	未加入 MLI	
20	津巴布韦	2015.12.1	分别适用于股息、利息、特许权使用费	未加入 MLI	
21	罗马尼亚	2016.7.4	分别规定了适用于股息、利息、特许权使用费和其他所得	PPT	PPT
22	肯尼亚	2017.9.21	适用于本协定	未加入 MLI	

可以发现，自 1988 年将 PPT 规则纳入中国税收协定（安排）体系，从 2007 年开始许多发达国家在与中国签署或修订税收协定时，都纳入了 PPT 规则，适用范围至少包括股息、利息和特许权使用费。但这些协定中的 PPT 规则并不都与 BEPS 项目中的一致。除与法国、德国、智利和肯尼亚的税收协定规定了完整的 PPT 规则外，其他的税收协定（安排）中都只包括主观测试，并未提及客观测试的内容，且"主要目的""主要目的之一"和"主要目的或主要目的之一"的用语似乎也是随机选择，无原因和规律可循。

《多边公约》整体建立在成员国独立缔约权的基础上，并不会完全替代已有的税收协定，而是以多边的方式修改和更新双边税收协定。因此，《多边公约》中的反滥用规则仍然是在双边关系下发生效力，其缔约国间反滥用规则究竟如何适用，取决于双方在《多边公约》下的选择匹配后，两国双边税收协定的具体内容。通过《多边公约》的调整，表2-3中共有11个国家与中国间的双边税收协定将被修改为《多边公约》中完整的PPT规则。

截至2018年6月5日，除中国外，签署《多边公约》的国家或地区共有77个。其中19个国家未与中国签订双边税收协定，没有且暂时无法在《多边公约》下调整和协商税收协定事项。其中6个国家或地区与中国签订了双边税收协定（安排），但因一方或双方未将双边协定（安排）指定为被涵盖协议，故《多边公约》不会影响双边税收协定（安排）的内容。其余52个国家，均与中国签订了双边税收协定，除中国与德国间的双边税收协定不依《多边公约》调整反滥用规则外，其他51个国家与中国间双边税收协定均将加入《多边公约》第7条第1款规定的PPT规则，或将原有的PPT规则修改为《多边公约》第7条第1款的PPT规则。

相较而言，中国对外签署的税收协定纳入LOB条款的情况非常少，仅有与美国（1984年）、墨西哥（2005年）、厄瓜多尔（2013年）、俄罗斯（2014年）和智利（2015年）签署的这5个税收协定规定了LOB条款。这5个税收协定中的LOB条款并不完全与《报告》中简易版或详细版的LOB条款相同。其中，中美税收协定LOB条款的具体内容规定在1985年签署的《中华人民共和国和美利坚合众国政府对1984年4月30日签订的关于对所得避免双重征税和防止偷漏税的协定的议定书第七款解释的议定书》中，虽然只包括简单的所有权和税基侵蚀测试、上市公司测试与酌情宽免条款，但仍然是一个较为完整的LOB条款，适用于股息（第9条）、利息（第10条）和特许权使用费（第11条）。中墨税收协定LOB条款规定在《中华人民共和国政府和墨西哥合众国政府关于对所得避免双重征税和防止偷漏税的协定的议定书》中，与中美税收协定中的LOB条款基本相同。中厄税收协定和中俄税收协定的LOB条款采用了2010年经合范本注释中的LOB条款。中智税收协定LOB条款包括所有权和税基侵蚀测试、上市公司测试与酌情宽免条款，适用于整个税收协定，与PPT规则一同规定在第26条"享受协定优惠的资格判定"项下。另外，虽然墨西哥、俄罗斯与中国的双边税收协定中均规定了LOB条款，但根据这两个国家在《多边公约》中的选择，《多边公约》生效后，与中国间将仅适用 PPT 规则，双边税收协定中的 LOB 条款不会适用。

2. BEPS 中税收协定滥用规制对中国国际投资的影响

税收作为国家经济政策的一部分，在资本的国际分配和国际投资和贸易收入的分配等方面影响征税国家的经济情势，对国际经济的运转发生作用。针对世界经济缓慢复苏的新形势，中国不断推进高水平对外开放。一方面不断完善法治化、国际化、便利化的营商环境；另一方面针对中国产业发展的阶段性特点和企业发展的内在需求，创造性地提出"一带一路"倡议，积极推动"一带一路"建设。这些工作带来了中国开放发展的全新格局。而后 BEPS 时代中国关于税收协定滥用规制的发展势必会对中国的国际投资产生影响，影响中国"走出去"和"引进来"的开放格局。

（1）BEPS 中税收协定滥用规制对中国对外直接投资的影响

企业进行对外直接投资依据其逐利方式和途径的不同，可以分为两种类型：（1）正常途径下的对外直接投资。对此，税收政策通过完善税收制度，消除重复征税，建立突出产业导向和地区导向的对外直接投资税收激励制度。（2）非正常途径下的对外直接投资。主要是指对外投资离岸避税，即企业从事离岸经济活动，以达到少缴或不缴母国国内税收的目的。对此，国家应通过加强税收管理，打击税基侵蚀和利润转移行为，维护本国税收利益。

第一，对"一带一路"的影响。近年来，"一带一路"建设蓬勃发展，为中国对外投资带来了许多机遇和挑战，然而各国之间日益繁盛的贸易投资活动不仅暴露出对跨国纳税人所得重复征税的问题，还滋生了部分跨国纳税人通过跨国贸易投资进行国际逃税、避税的现象。目前，中国与"一带一路"沿线国家的双边税收协定网络已基本成型，除缅甸、伊拉克、黎巴嫩、巴勒斯坦、也门、马尔代夫、不丹、吉尔吉斯斯坦和波黑这九个国家外，中国均与其订立了双边税收协定，此次多边公约的签署也全部将其纳入协定涵盖国。然而在《多边公约》关于防止税收协定滥用的初步立场中选择的被涵盖税收协定不多，仅与新加坡、俄罗斯和捷克的税收协定被涵盖，但可以预料到随着多边公约的进一步发展，中国将逐步与"一带一路"沿线国家协调税收协定滥用规制法律，打击国际避税行为，防止税基侵蚀，维护中国税收利益。此外，由于沿线国家对待《多边公约》的不同态度,以及已签署多边公约国家在被涵盖税收协定的不同选择,势必会形成各国针对税收协定滥用规制政策上的差异局面。但是,如前文所述,纵观传统税收协定滥用规制措施和《多边公约》的新发展,各国在打击税收协定滥用方面的主要措施包括受益所有人、PPT 规则和 LOB 条款,而中国则以受益所有人和 PPT 规则为主。后 BEPS 时代,中国应当对反协定滥用措施进一步解释和细化,以更好地协调国际反避税工作,规范"一带一路"建设中的国际投资行为。

第二,对国际避税地的影响。国际避税地,或称为税收天堂、避税港、离岸金融中心,通常是指那些向跨国纳税人提供极具吸引力的税收政策以便其转移财产或进行避税活动的国家或地区。这些地方通常对外国投资者的个人所得税以及(或)企业所得税采取低税率甚至零税率。这种行为逃避了纳税义务,减少了我国的财政收入,严重损害了我国的税收利益。

表 2-4　2016 年年末中国对外直接投资存量前二十位的国家(地区)

序号	国家(地区)	存量(亿美元)	比重(%)
1	中国香港	7807.45	57.5
2	开曼群岛	1042.09	7.7
3	英属维尔京群岛	887.66	6.5
4	美国	605.80	4.4
5	新加坡	334.46	2.5
6	澳大利亚	333.51	2.5
7	荷兰	205.88	1.5
8	英国	176.12	1.3
9	俄罗斯联邦	129.80	1.0
10	加拿大	127.26	0.9
11	印度尼西亚	95.46	0.7
12	卢森堡	87.77	0.6
13	德国	78.42	0.6
14	中国澳门	67.83	0.5
15	南非	60.01	0.4
16	老挝	55.00	0.4
17	哈萨克斯坦	50.95	0.4

续表

序号	国家（地区）	存量（亿美元）	比重（%）
18	法国	51.16	0.4
19	越南	49.84	0.4
20	阿拉伯联合酋长国	48.88	0.3
	合计	12288.77	90.5

从 2016 年年末中国对外直接投资存量的国家（地区）分布表看，中国对外直接投资存量地区排行中位列前三的地区香港、开曼群岛和英属维尔京群岛均为传统的国际避税地，通常不征收或征收极低的所得税。尽管中国在对外投资中因国际避税导致的税收流失规模尚无准确数据，但是从中国对外投资存量来看，税收流失量必然十分严重，极大地损害了中国的税收权益。

这一问题可以通过税收协定进行规制。跨国纳税人通常在国际避税地设立基地公司来进行避税。所谓基地公司，是指在基地国设立，但在第三国从事实际营业活动的公司或其他有限责任公司。第一，中国可以选择运用受益所有人规则进行规制。如前所述，在股息、利息和特许权使用费的课税问题上，只有当作为跨国投资所得的收款人是缔约国另一方居民且是真正的受益所有人时，纳税人才享有减免预提所得税的优惠待遇。第二，中国可以选择运用 PPT 规则进行规制。PPT 规则适用的要义在于"主要目的之一"的判断，这一判断具有极强的主观性，授予了税收当局较大的自由裁量权。同时，由于 PPT 规则作为一般反滥用规则，其可以从根源上规制离岸避税。但是该规则在实践中缺乏一定的可操作性和确定性。第三，中国可以选择运用 LOB 条款进行规制。LOB 条款针对性强，其要求纳税人通过各项测试才能获得协定优惠，这些测试客观且具体，如要求纳税人为"合格的人"、从事积极的营业活动或者为同等受益人，它们反映了税收协定滥用的性质。但是中国尚无 LOB 条款的实践，其在具体适用过程中仍存在一些问题。第四，中国可以选择运用国内一般反避税条款进行规制。国内一般反避税条款与 PPT 规则类似，通过"合理商业目的"、实质重于形式等一般法律原则（规则）来限制纳税人享有税收协定优惠。但是国内一般反避税条款的适用可能存在与税收协定反滥用条款的关系问题。

(2) BEPS 中税收协定滥用规制对外国直接投资的影响

外国直接投资（FDI）是发展中国家经济的基本因素，它提供了外国资本，增加就业，推动了技术进步，为发展中国家的经济发展作出了很大贡献。而不断扩大税收协定形成网络，为跨国纳税人进行税收筹划提供了机会。

目前最普遍的税收协定滥用的方式是择协避税，OECD 认为择协避税是对税收协定的不当适用。因此，从发达国家的视角来看，应当采取措施来打击这些避税实践，防止通过滥用实践而导致的财税损失，并且当前国际税收趋势也是加强和增加一般和特别反避税规则的适用。但是发展中国家对这些规则的采用应当慎重考虑。对发展中国家而言，采用这些规则从技术和政策层面来讲具有很大争议性。从技术层面讲，发展中国家的税务当局缺乏适用这些复杂的反避税条款所必需的资源和专业知识，适用这些规则会导致一定的不确定性，这为纳税人带来了额外的法律遵从成本，也给税务当局带来了行政成本。因此，采用这些规则势必会对 FDI 产生负面影响。从政策层面讲，税收协定滥用的事实构成吸引 FDI 的必要自愿或成本，也就是说发展中国家可能愿意通过接受避税安排来吸引 FDI。因此，在某些情况下，税收协定滥用为发展中国家吸引 FDI 提供了可能性。此外，发展中国家缔结税收协定的目的更多地关注促进 FDI 而非防止税收协定滥用这一事实也可以证明这一观点。因此，采用反避税规则可能阻碍投资，对吸引 FDI 造成负面影响。但不可忽视的是，税收协定滥用是一个终需解决的事实问题。

中国作为发展中国家在打击税收协定滥用时同样面临技术层面和政策层面的问题，因而采用反协定滥用规则的一个标准就是相关条款要尽可能小地引起不确定性，从而不对 FDI 造成负面影响。税收协定中现存的受益所有人定义不明确且适用范围有限，无法应对所有形式的协定滥用安排，因此存在两种解决办法，一是适用更加宽泛的一般反避税规则，二是采用特别的反避税条款，但两者均存在一定的局限性。第一，作为一般反滥用规则的 PPT 规则依赖于主观意图，容易导致纳税人与税务机关的争议，增加了税法适用的不确定性，从而影响纳税人对税法稳定性的预期。总之，这种不确定性的风险会阻碍投资和影响 FDI。第二，作为特别反避税规则的 LOB 条款设计复杂并且要求大量的专门知识。然而，如果进行适当措辞和起草,那么它们相较于模糊的、未定义的 PPT 规则是一个更加可行的替代方案,并提供了更多的确定性,从而允许税务当局和纳税人更好地考虑发展中国家在国际投资中的特殊性以及避免对 FDI 的损害。

(二) 中国的应对之策

BEPS 行动计划和《多边公约》的落地对中国税收协定规制法律以及中国的国际投资均带来了一系列影响,跟随国际社会的反避税趋势,中国势必在税收协定滥用的规制问题上有所作为,一方面通过制定符合实际国情的防止税收协定滥用政策来促进经济发展;另一方面积极参与国际税收规则的制定和协调,进一步提高国际话语权和国际影响力。

1. 完善中国税收协定滥用规制的法律体系

中国在后 BEPS 时代面临税收协定滥用问题的应对之策,应从国内法层面与税收协定层面入手。

(1) 国内法层面

目前中国在国内法层面上规制税收协定滥用主要依赖于反避税的一般法律规则,如合理商业目的、实质重于形式等,中国一般反避税条款规定于《企业所得税法》第 47 条:企业实施其他不具有合理商业目的的安排而减少其应纳税收入或者所得额的,税务机关有权按照合理方法调整。这是中国目前关于一般反避税条款的唯一立法规定,这一条款十分概括和抽象,难以为反避税提供明确的操作标准和思路,同时它也赋予税务机关极大的裁量空间,导致反避税适用的不一致和不确定问题。尽管《企业所得税法实施条例》第 120 条、《特别纳税调整实施办法》"一般反避税管理"专章以及《一般反避税管理办法(试行)》对这一条款适用作了较为具体的规定,但这些并非全国人大及常委会的立法,并不足以构成一般反避税条款的立法规则。有鉴于此,未来中国应完善一般反避税条款,以兼顾一般反避税条款确定性和有效性,最终协调避税与反避税平衡、征纳双方利益平衡。

(2) 税收协定层面

在税收协定层面,随着中国签署《多边公约》并表明初步立场,待公约生效后,中国有义务通过多边公约来修改被涵盖双边税收协定中的反滥用条款,而对于未被公约涵盖的双边税收协定中的反滥用条款,亦可借鉴 BEPS 第六项行动计划中提出的相关建议措施,完善中国税收协定滥用规制法律体系。

第一，在未来对外签署或修订税收协定时，中国应坚持适用 PPT 规则。如前所述，中国有 5 个税收协定中规定了 LOB 条款，且其中与厄瓜多尔、俄罗斯和智利间的税收协定都是在近几年签订，但这并不意味着中国以后在反滥用规则的选择上会偏向 LOB 条款。中美税收协定采用 LOB 条款是美国持一贯立场和中美双边磋商的结果。中墨税收协定中的 LOB 条款将经由两国在《多边公约》下的选择，被 PPT 规则取代。中国与厄瓜多尔、俄罗斯和智利三国签订的税收协定确为中国当时尝试借鉴 BEPS 成果的表现。但其中中俄税收协定中的 LOB 条款也将因双方在《多边公约》下的选择，被 PPT 规则替代。中智税收协定并没有被中国纳入《多边公约》适用范围，这一考虑主要是因为中智税收协定在许多方面已经采纳了 BEPS 项目的建议。除 LOB 条款外，该协定同时也规定了 PPT 规则。中智税收协定体现了中国反协定滥用的坚定态度，但并没有表明中国在两种反滥用规则上的偏好。如此，中国近年签订的税收协定中仅有 2 个适用 LOB 条款，且仅有中厄税收协定单独适用 LOB 条款，实在无法体现中国选择适用 LOB 条款的趋势。

虽然 BEPS 第六项行动计划提出的最低标准给各国提供了不同选择，但其中详细版 LOB 条款过于复杂，对税务人员的执行能力和纳税人的遵从成本都要求过高。即便采用简易版 LOB 条款，不管是中国税收主管当局还是纳税人都需要长时间的调整，以适应对中国而言较为陌生的反滥用规则。且 LOB 条款中诸多以数据、比例为衡量标准的客观测试的弊端，可能会随着未来交易结构和模式的变化而凸显。若为达到 BEPS 项目的最低标准而贸然全面引入 LOB 条款，可能不仅不会在打击滥用税收协定的问题上取得好成效，反而会使中国的外国投资迅速流失。

相较而言，PPT 规则比 LOB 条款的适用范围更广，能全面应对各种协定滥用的情形。且中国在国内一般反避税立法上所做努力和已经引入 PPT 规则的诸多税收协定（安排），都为 PPT 规则在中国的继续使用提供了良好的条件。PPT 规则是唯一仅凭其单独适用就能满足《多边公约》最低标准要求的反滥用规则，是《多边公约》签署国的主流选择。如表 2-5 所示，在 2016 年年末中国对外直接投资存量排名前 20 的国家（地区）中，有 12 个国家（地区）加入了《多边公约》。同时，也有 12 个国家或地区在双边税收协定和《多边公约》的作用下,将单独适用 PPT 规则作为双方之间的反滥用方案,而中国在这些国家或地区的直接投资存量占中国对外直接投资存量总额的 69.4%。与这些国家或地区在反滥用措施上达成一致,有利于为中国"走出去"的投资者提供更加稳定可预期的税收环境。故在打击滥用税收协定方面,PPT 规则是中国较好的选择。

表 2-5　2016 年年末中国对外直接投资存量排名前 20 位的国家/地区及其与中国间(将)适用的反滥用规则①

序号	国家(地区)	存量(亿美元)	比重(%)	反滥用规则②	规则来源③
1	中国香港	7807.45	57.5	PPT	BTA
2	开曼群岛	1042.09	7.7	无	无 BTA;未加入 MLI
3	英属维尔京群岛	887.66	6.5	无	无 BTA;未加入 MLI
4	美国	605.80	4.4	LOB	BTA;未加入 MLI
5	新加坡	334.46	2.5	PPT	BTA→MLI
6	澳大利亚	333.51	2.5	PPT	BTA→MLI
7	荷兰	205.88	1.5	PPT	BTA→MLI
8	英国	176.12	1.3	PPT	BTA→MLI
9	俄罗斯联邦	129.80	1.0	SLOB+PPT	BTA→MLI
10	加拿大	127.26	0.9	PPT	MLI
11	印度尼西亚	95.46	0.7	PPT	MLI

---

①　中国对外直接投资存量的数据来源于商务部、国家统计局和国家外汇管理局联合发布的《2016 年度中国对外直接投资统计公报》。表中 MLI 为《多边公约》,SLOB 为简化版 LOB 条款,PPT(LOB)表示虽然该公约缔约方接受单独适用第一款作为临时措施,但在可能的情况下其将通过双边谈判采用 LOB 条款以补充或者替代第一款,SLOB/PPT 表示简化版 LOB 条款与 PPT 规则结合的方案。

②　该国家(地区)与中国间税收协定适用的反滥用规则,SLOB 为简易版 LOB 条款,SLOB+PPT 为简易版 LOB 条款与 PPT 规则的结合方案,"无"表示既没有适用 PPT 试规则,也没有适用 LOB 条款。

③　该国家(地区)与中国间税收协定适用的反滥用规则来源,BTA 表示来源于双边税收协定(安排),无 BTA 表示该国(地区)与中国尚未签署双边税收协定,MLI 表示来源于《多边公约》下的一致选择,未加入 MLI 表示该国(地区)未加入《多边公约》,BTA→MLI 表示原双边税收协定中就有规定,后又经《多边公约》调整。

续表

序号	国家（地区）	存量（亿美元）	比重（%）	反滥用规则	规则来源
12	卢森堡	87.77	0.6	PPT	MLI
13	德国	78.42	0.6	PPT	BTA
14	中国澳门	67.83	0.5	PPT	BTA；未加入 MLI
15	南非	60.01	0.4	PPT	MLI
16	老挝	55.00	0.4	无	未加入 MLI
17	哈萨克斯坦	50.95	0.4	无	未加入 MLI
18	法国	51.16	0.4	PPT	BTA→MLI
19	越南	49.84	0.4	无	未加入 MLI
20	阿拉伯联合酋长国	48.88	0.3	无	未加入 MLI

第二，将经济实质测试引入税收协定。虽然《多边公约》未规定经济实质测试，但缔约国可以通过谈判对经《多边公约》修订后的税收协定进行进一步修改。《报告》和 2017 年《经合范本》通过对税收协定鼓励跨境投资的宗旨的说明，以注释的形式体现了经济实质测试的内容。但注释的作用毕竟有限，PPT 规则仍有可能将真实的交易纳入适用范围。而在"一带一路"发展战略的大背景下，中国企业对外投资热情高涨。为鼓励中国即将"走出去"的企业从事真实交易的信心，促进中国企业在境外实体投资和发展，本书建议借鉴欧盟的做法，在将 PPT 规则纳入税收协定中的同时，引入经济实质测试，即在 PPT 规则下，被拒绝授予协定优惠的交易或安排必须是不真实的，不具有合理商业目的的。经济实质测试符合中国已有反避税立法和实践经验与要求。中国最早自 2007 年修改《企业所得税法》时开始引入一般反避税条款，与随后的《企业所得税法实施条例》《一般反避税管理办法（试行）》《特别纳税调整实施办法（试行）》共同构建起中国以"合理商业目的""实质重于形式"和"经济实质"原则为核心的一般反避税体系。中国在反滥用规则受益所有人的适用中也非常重视经济实质。2018 年 2 月 3 日，国税总局发布的《国家税务总局关于税收协定中"受益所有人"有关问题的公告》（国家税务总局公告 2018 年第 9 号，以下简称"9 号公告"）强调了公司应该具有实质性经营活动，"申请人从事的经营活动不构成实质性经营活动"

构成申请人"受益所有人"身份判定的一项不利因素。同时，引入经济实质测试能更好地体现税收协定"为真实的商品和服务交易以及资本和人员流通提供优惠"与"鼓励双边跨境投资"的一般宗旨，与 BEPS 项目税收与经济相匹配的整体目的和要求一致。如此，既打击了逃避税，也不至于矫枉过正。

2. 完善反协定滥用条款的适用规则

在长期的反避税制度及实践中，中国行政机关在反避税中占据主导地位，形成了行政主导型反避税模式。在法律制定上，国务院、国家税务总局等发布了一系列反避税行政法规、部门规章及其他规范性文件，这些行政立法或是对法律予以补充拓展，或是为法律实施制定一系列细则和操作程序，但事实上构成中国反避税的主要法律依据。如前所述，中国反避税法律仅包括《企业所得税法》《税收征收管理法》，且其中的规定非常抽象、概括，而主要的反避税立法则由国务院及国家税务总局制定发布。在具体执行上，行政机关是反避税个案的具体实施主体，在反避税征管中首先介入，并且税务机关承担法律解释以及补充税收漏洞以规制避税的作用。此外，由于中国税务司法不发达，反避税行政案件基本不进入司法程序，税务机关的反避税漏洞补充并不接受司法的最终裁决，税务机关的反避税裁定具有准终局性，这增强了行政机关反避税的主导性，行政机关在反避税中事实上占据绝对支配的地位。这与英美法系司法主导型反避税模式，以及大陆法系立法主导型反避税模式截然不同。因此，在完善中国反滥用条款的解释和适用规则时，一定要考虑中国行政主导反避税模式这一特殊国情。

（1）通过规范性文件对反滥用条款进行具体规定

发布反避税实施细则和操作程序是税务机关反避税的方案之一，也是适用反滥用条款所必要的重要管理措施。对于在税收协定中普遍引入的"受益所有人"概念，协定本身以及 OECD 范本等均未对其做出明确定义，国家税务总局曾先后发布"601号文件"和"30号公告"（已废止）来明确受益所有人的条件和判断标准。随后为了进一步完善"受益所有人"规则，2018年2月6日，国税总局又发布了《国家税务总局关于税收协定中"受益所有人"有关问题的公告》，在借鉴 BEPS 成果的基础上，提高受益所有人判定标准的刚性，对滥用协定安排进行了更加有效的防范。

而对于税收协定中新近引入的 BEPS 反滥用规则尚无相关规定。从前文可知，LOB 条款设计复杂，技术性规范较强，而 PPT 规则较为抽象和原则性，这些都将导致适用的不确定性及自由裁量问题。因此，从建议中国税收协定坚持适用 PPT 规则的角度而言，除了修改税收协定完善反滥用条款外，税务机关可以通过发布相关实施细则和操作程序等规范性文件，细化 PPT 规则的判定标准和实施程序，为 PPT 规则适用提供明确具体的规范。一方面丰富反滥用规则体系，有助于这一规则有效适用；另一方面这些规范性文件实际上也是行政机关内部的控制机制，通过这些规范性文件有助于反滥用规则适用的确定性和一致性，以解决 PPT 规则措辞模糊和举证责任分配不当等问题，提高规则应用标准的刚性，减少征纳双方的争议，在防范协定滥用的同时保护纳税人的合法权利。在这一方面，9 号公告大量采用案例的方式，有助于各级税务机关和纳税人理解，大大增强了实务操作性，是一次非常值得推崇的示范。

（2）发布指导性案例对反滥用条款的适用进行引导

英美法系依托其判例制度的优势，形成了大量有关税收协定滥用的判例，使得反滥用条款的适用更加准确和方便。有鉴于此，中国可以通过建立反协定滥用案件类型化和案例指导制度，保障反滥用案件的确定性和统一性。

首先，建立反滥用案例的类型化制度。税收协定滥用案件具有特殊性，每类案件的交易形式和事实不同，难以有一个统一的判断标准，给税务机关自由裁量权提供了很大空间。通过引入类型化观察方法，根据交易类型不同，分别规定每种类型的交易形式和实质，明确其适用情形及具体适用标准和法律效果，以对该行为有针对性的反滥用规制及调整提供指引。其次，在类型化基础上建立反滥用案例指导制度。与类型化思路相一致，典型案例公布与指导制度更具有限制自由裁量权的效果，也保障反滥用规则的统一适用。对于典型的协定滥用案件，由国家税务总局向全国税务机关公布，为税务机关处理类型案例提供参考，实现相同案件相同处理。

随着国际经济交往日益频繁，税基侵蚀与利润转移问题也逐渐凸显。

税收协定滥用,尤其是择协避税作为税基侵蚀和利润转移问题最重要原因之一受到了国际社会的普遍关注。BEPS 行动计划和《多边公约》的出台得到了大部分国家的反响,截至 2020 年 2 月 28 日,包括中国在内 94 个国家或地区签署了《BEPS 多边公约》,《多边公约》提出了防止税收协定滥用的最低标准,并为缔约方提供了就各项反滥用条款进行选择和保留的权利,以满足各方在税收政策上的偏好,这将对国际双边税收协定产生深远影响。

目前,中国国内法中主要基于"合理商业目的"等一般反避税规则以及双边税收协定中的"受益所有人"规则、LOB 条款和 PPT 条款等反滥用条款对滥用税收协定行为进行规制。研究后 BEPS 时代滥用税收协定法律规制问题,对于中国提升规则制定的话语权、维护税收权益具有重要意义。基于后 BEPS 时代的大背景,积极落实 BEPS 行动计划和《多边公约》在中国的落地,既是中国面对经济全球化带来的税收挑战的应对之策,也是保护中国税基和财政收入的必然选择。但是中国不能盲目地执行 BEPS 行动计划和《多边公约》,阻碍对外开放新格局的发展,而应从实际国情出发,制定合理的税收政策,为对外投资和引进外资创造良好的投资环境,以促进中国经济协调发展。

第三节 后 BEPS 时代受控外国公司税制的完善

在资本流动日益自由的背景下,跨国公司利用各国税制差异进行恶意税收筹划的行为日益猖獗,利用受控外国公司(Controlled Foreign Company,以下简称 CFC)囤积海外收入、延迟纳税就是避税手段之一。CFC 是相对于其股东的居住国而言的,指的是由该国居民直接或间接控制的设立于其他国家或地区的公司。[①] CFC 本身属于其股东居住国的非居民公司,是独立于股东的纳税实体,因此,CFC 的收入在作为股息分配给股东之前就不需要在股东居住国纳税。如果居民股东利用其控制地位决定不立即将 CFC 的利润作为股息分配给自己,则可以使其在居住国延迟纳税。这种长期推延会达到事实上的免税效果,尤其是当

[①] 廖益新主编:《国际税法学》,高等教育出版社 2008 年,第 267 页。

CFC 设立在低税率甚至无税的国家和地区时，居民股东将获得明显的避税利益。所以，许多跨国公司通过在海外低税区设立 CFC 的方式囤积海外所得、延迟缴纳国内税收，甚至通过转让定价将其全球范围内的利润囤积在海外低税区，这种做法严重侵蚀了母公司居住国的税基。为了应对和解决通过设立 CFC 规避在居民国税收的问题、保护国内税基，自 1962 年美国制定首个 CFC 规则以来，德国（1972 年）、日本（1978 年）、法国（1980 年）、澳大利亚（1990 年）等国相继制定了 CFC 规则。[①] 各国 CFC 规则虽然在具体内容方面存在差别，但通常包括 CFC 的认定、可归属所得的判定和计算、豁免条件、防止双重征税这几个构成要素。中国也在 2008 年修订的《企业所得税法》中首次引入了受控外国公司规则。随着中国企业对外投资规模的扩大，税收征管实践中已经出现了利用海外设立的 CFC 规避中国的税收管辖权、进行国际逃避税的行为，这不仅侵蚀中国的税基、造成了税源流失，还严重损害了国家税收主权的完整性。为此，中国需要根据本国 CFC 规则所存在的问题和面临的挑战，充分参考和借鉴 BEPS 行动计划的规制建议以及其他国家 CFC 规则的立法与实践，进一步修改完善中国的 CFC 规则。这不仅涉及打击跨国逃避税的有效性，而且对于提升中国 CFC 的国际竞争力意义重大。因此，探讨中国现行 CFC 规则中存在的问题和完善建议，对推进中国国际税法的研究与立法完善有重大的理论价值和实践意义。本节将从中国现行 CFC 规则出发，分析其存在的问题，并结合 BEPS 行动计划和国际经验，对中国 CFC 规则的完善提出建议。

一　中国现行 CFC 规则及存在的主要问题

（一）中国关于 CFC 规则的现行规定

目前，《企业所得税法》及其实施条例、《特别纳税调整实施办法（试行）》和《关于居民企业报告境外投资和所得信息有关问题的公告》构成了中国 CFC 规则的法律规范体系。

[①] 参见［美］罗伊·罗哈吉《国际税收基础》，林海宁、范文祥译，北京大学出版社 2006 年版，第 407 页。

1. 《企业所得税法》及其实施条例的规定

中国在 2008 年《企业所得税法》第 45 条中首次引入 CFC 规则。该条规定，由居民企业，或者由居民企业和中国居民控制的、设立在实际税负明显低于 25% 的国家（地区）的企业，非因合理的经营需要对利润不作分配或者减少分配的，其利润中应归属于该居民企业的部分应当计入该居民企业的当期收入。根据上述规定，居民股东包括居民企业和居民个人，受控外国公司的组织形式仅包括企业，低税率国家（地区）是指企业实际税负明显低于 25% 的国家或地区。

《企业所得税法》第 45 条未对可归属所得的性质加以区分，即不论 CFC 取得的利润是积极经营活动收入还是消极投资所得，只要是应归属于居民企业的部分，均计入该居民企业的当期收入。总体而言，该条规定非常简单，对"控制""实际税负""明显低于""合理的经营需要"等关键概念均未予以明确，缺乏可操作性。《企业所得税法实施条例》第 117 条和第 118 条分别对"控制"和"明显低于"作出解释。其中，"控制"包括股权控制和实质控制。"明显低于"是指低于中国企业所得税税率（25%）的 50%，即低于 12.5%。但是，《实施条例》仍未明确"实际税负""合理的经营需要"的判定标准。

2. 《特别纳税调整实施办法（试行）》的规定

2009 年制定的《特别纳税调整实施办法（试行）》（国税发〔2009〕2 号，以下简称"2 号文"）第 76 条至第 84 条对 CFC 规则作出了更为具体的规定。其中，第 77 条规定，"股份控制"的判断时点是"纳税年度任何一天"。第 80 条规定了可归属所得的计算公式，即中国居民企业股东当期所得＝视同股息分配额×实际持股天数÷受控外国企业纳税年度天数×股东持股比例。第 82 条规定，已在境外缴纳的企业所得税税款，可进行抵免。第 84 条规定了免于适用 CFC 规则的三种情形，包括设立在国家税务总局指定的非低税率国家（地区）、主要取得的为积极经营活动所得、年度利润总额低于 500 万元人民币。

由于 2 号文未对可归属所得的判定进行规定，本书认为，中国在认定可归属所得时使用的仍是实体法，即如果外国公司被认定为 CFC，则其全部收入被视为可归属收入，即使其小部分收入属于积极营业活动所得。与实体法相对应的认定方法是交易法，即评估每笔收入的属性以确定该收入是否属于可归属收入。2 号文规定了积极营业所得豁免，CFC 规则可以适用的所得范围似乎限定在消极所得。那么，可否认为中国的 CFC 规则在可归属所得的认定上实际趋同于交易法？2 号文第 84 条规定，外国企业主要取得积极经营活动所得的，可免于将其不作分配或减少分配的利润视同股息分配额，计入居民企业股东当期收入。根据该规定，主要取得积极经营活动所得的外国企业可以免于适用 CFC 规则，反之，在不考虑其他条件的前提下，主要收入并非积极经营活动所得的外国企业不能免于 CFC 规则的适用，其全部收入将被视为可归属收入，即使其中存在小部分的积极营业收入。概言之，实体法是根据外国企业的大部分收入是否符合 CFC 收入的定义来确定收入的归属，要么全部，要么没有收入会被视为可归属收入，而交易法则是具体分析每笔交易所得的性质来确定收入的归属。因此，中国在认定可归属所得时使用的仍是实体法。

3. 关于 CFC 信息申报义务的规定

2014 年 9 月 1 日起施行的国家税务总局《关于居民企业报告境外投资和所得信息有关问题的公告》（国家税务总局公告 2014 年第 38 号，以下简称"第 38 号公告"）规定，居民企业在办理企业所得税年度申报时，还应附报 CFC 的年度独立财务报表。如果居民企业未按照该公告规定报告境外投资和所得信息，且经主管税务机关责令限期改正后逾期仍不改正的，主管税务机关可按已有信息合理认定相关事实，并据以计算或调整应纳税款。

（二）中国现行 CFC 规则存在的主要问题

受控外国公司税制的立法反映了两大竞争性的基本政策。一方面，通过这一制度防止境外所得延迟纳税的避税策略；另一方面，通过受控外国公司税制的适用限制，避免对居民公司在国际市场上的竞争力造成过度的干预。[①] 然而，中国现行 CFC 规则中有些关键概念仍未予以明确，在税务实践中容易产生争议。

---

① 刘剑文：《国际税法学》，北京大学出版社 2013 年 11 月第 3 版，第 299 页。另可参见 [美] Brian J. Arnold，Michael J. McIntyre：《国际税收基础》，张志勇等译，中国税务出版社 2005 年版，第 145 页。

1. 利用 CFC 延迟汇回境外利润的典型案例

A 公司是中国内地一家居民企业，于 2006 年在香港地区设立全资子公司 B 公司。B 公司直至 2014 年才开始扭亏为盈，并在 2015 年年底实现净利润 3115.6 万元，但并未向 A 公司分配利润。根据香港地区税法的规定，企业应就来源于香港地区的收入缴纳 16.5% 的利得税，但 B 公司取得的投资收益属于来源于香港地区之外的股权转让所得，因此，B 公司无须在香港地区缴纳利得税。税务机关认为，B 公司符合中国税法规定的 CFC 的认定条件，即企业为设立于低税负国家（地区）的受控子公司，其不分配利润不是由于合理经营需要。因此，B 公司未分配的利润应视同股息分配额，计入 A 公司的年度应税所得额，由 A 公司补缴企业所得税。

这一案件的主要争议焦点包括两个问题：其一，B 公司不作利润分配是否是出于"合理的经营需要"；其二，B 公司取得收入是否属于"积极经营活动所得"，即是否可以适用《特别纳税调整实施办法（试行）》第 84 条规定的豁免情形。

首先，企业认为，B 公司未向其母公司分配利润是为了企业长远经营发展，属于"合理的经营需要"，不应适用 CFC 规则。税务机关基于以下两点原因反驳了企业的主张：其一，B 公司并未在当地纳税，在香港地区的实际税负为零；其二，B 公司取得的未分配利润仅做挂账处理，没有用于拓展业务或再投资。本案中税务机关将"合理的经营需要"理解为"拓展业务或再投资"，具有一定的合理性，并得到了 A 公司的认可，由此也可以看出掌握 CFC 的公司财务资料等相关数据对适用 CFC 规则的重要性。税务机关如果不了解 CFC 的经营活动情况，将难以判断其不分配利润是否是出于"合理的经营需要"。

其次，《特别纳税调整实施办法（试行）》第 84 条规定，居民企业股东如果能证明其控制的外国企业主要取得积极经营活动所得的，可免于将外国企业未作分配的利润视同股息分配，计入居民企业股东的当期所得。本案中，企业认为，B 公司的收入完全来源于积极投资活动所得，应当适用《特别纳税调整实施办法（试行）》第 84 条的规定，B 公司可以免于适用 CFC 规则。对此，税务机关认为，B 公司的收入来源于股息分配和股权转让，而这些收入属于国际公认的消极所得，而非积极经营活动所得。此外，税务机关调取 A 公司的对外投资备案数据发现，B 公司登记注册时的主营业务为企业管理咨询，但其 2014 年和 2015 年取得的大部分收入来源于投资收益和股权转让，与主营业务无关。因此，B 公司不应享受第 84 条规定的豁免待遇。

最终，A 公司同意调增年度应纳税所得额 3115.6 万元，补缴企业所得税 778.8 万多元。值得注意的是，检查初期，由于 A 公司迟迟不提供 B 公司财务资料及数据，税务机关启动了外部调查程序，从与招商局共同搭建的数据共享平台中，调取了 A 公司的对外投资备案数据，由此发现 B 公司的大部分收入与主营业务并无关联。

该案虽然最终适用 CFC 规则对境内居民企业征收了所得税，但是这并不意味着现有 CFC 规则的缺陷与问题已经得到解决。第一，税务机关对"合理的经营需要"的解释判定并不是定纷止争的权威界定。在规范的解释层面上，"合理的经营需要"所涵盖的情形并不仅限于税务机关所解释认定的情形，未分配利润虽然没有被 CFC 实际使用，但企业为近期或未来的发展规划而储备资金，以及为防范重大的投资经营风险而暂时留存利润也是正常合理的，完全可以落入"合理的经营需要"的范畴。企业如果能够形成和提供相应的材料依据，如具体的发展计划、某些拟进行的投资计划及风险评估等，依然可以主张"合理的经营需要"的抗辩理由。这势必导致认定处理上的分歧争议与困难。第二，就积极营业所得豁免适用 CFC 税制而言，税务机关对积极营业所得的分析认定方法并不具有充分的合理性与可靠性。在该案中，对于积极营业所得的认定，税务机关采用的是一种简单的形式主义分析方法，即根据 CFC 登记注册时的主营业务来确定所得的性质。这显然是在缺乏"积极营业所得"的具体认定标准时所采取的简化处理方法，缺乏合理性与可靠性。企业在其登记注册的主营业务之外开展其他的经营活动是市场经济的常见现象，企业根据市场情况调整其经营范围也是必要、合理的自主行为，仅仅依据登记注册的主营业务来判定经营活动及所得的性质、不综合考虑其他各种因素和情况的做法是不合理的。同时，对于 CFC 而言，它只要事先将登记注册的主营业务有意扩大化，就可以轻易通过这种简单的形式主义分析方法，使未分配利润可以被认定为积极营业所得，从而获得 CFC 税制的适用豁免。

总之，通过这一案例可以发现，中国税法对于"合理的经营需要"

"积极经营活动所得"这些关键概念并未予以明确，在适用 CFC 规则的过程中容易引发争议。这两个概念实际上赋予税务机关一定的自由裁量权，为防止 CFC 规则损害企业的真实经济活动，有必要对这一豁免情形进行更为明确的界定。同时，本案中税务机关将 B 公司 2014 年和 2015 年取得的利润视为应分配股息，似乎没有处理 B 公司前几年的亏损。中国现行 CFC 规则未规定应当如何处理 CFC 的亏损，是否能够结转或抵扣居民企业的利润都是不确定的，这也是需要解决的问题。此外，从该案可以看出，获取受控外国公司的财务资料、经营活动情况等相关信息对于 CFC 规则的适用十分重要，但是外国公司本身不属于中国的居民企业，这给税务机关带来一定的难度，因此部门间、国家（或地区）间的涉税信息交换对于打击利用 CFC 延迟纳税行为也有着重要意义。

2. 中国 CFC 规则中的争议问题

(1) 如何判定"合理的经营需要"

受控外国公司不分配利润可能是出于合理的商业目的或经营需要，对于此类情形，各国 CFC 规则通常会给予豁免以使企业获得发展所需资金，避免打击居民企业对外投资的积极性。因此，存在"合理经营需要"成为纳税人免于适用 CFC 规则的关键依据，这一概念的解释对于征纳双方均有着重要意义。前述案例中，征纳双方对"合理的经营需要"和"积极经营活动所得"这两个概念有着不同理解，由此引发争议，而中国现行 CFC 规则对于这些关键概念并未作出解释，使得这一豁免情形在适用中弹性极大。

(2) 如何在对 CFC 收入征税与保持竞争力之间取得平衡

一方面，太宽松的 CFC 规则将使国家的征税权削弱、造成税收收入损失甚至破坏税收公平。① 在海外设立 CFC 需要一定的资金基础和税收筹划成本，因此，能够利用 CFC 延迟纳税的往往是实力雄厚的大企业，中小企业则需即时按国内法定税率纳税，由此导致对税收公平原则的破坏。因此，这些问题需要通过制定和实施有力的 CFC 规则予以应对；另一方面，CFC 规则限制了境外所得延期纳税的机会，削弱了对外投资的吸引

---

① Yating Yang, Two Paths for Developing Controlled Foreign Corporation Rules in China, *Bulletin for international taxation*, Vol. 70, No. 11, pp. 669-677, 2016.

力，可能会增加"走出去"企业的税收负担，从而减少对外资本输出。① 更重要的是，严格的 CFC 规则将严重干扰企业正常合理的经营活动，因为税务机关在分析判断利润分配与否的正当合理性时，往往要介入和评判其并不熟悉的市场经营活动，从而可能不适当地干扰企业的经营活动及规划安排。同时，目前仅有 30 个国家制定了 CFC 规则，与那些没有制定 CFC 规则的国家的企业相比，CFC 规则约束下的企业在国际市场上的税负竞争力显然将处于劣势。如前所述，中国现行 CFC 规则中有些关键概念尚不明确，税务机关拥有较大的自由裁量权，如果税务机关在适用 CFC 规则时一味地作出不利于纳税人的解释，可能会打击企业对外投资的积极性，影响企业的国际竞争力。

（3）如何处理 CFC 的亏损

中国现行 CFC 规则并未规定应当如何处理 CFC 的亏损，CFC 的亏损能否结转或抵扣居民企业的利润仍不明确。前述案例中，税务机关将 CFC 在 2014 年和 2015 年取得的利润归属于其母公司，没有处理 CFC 前几年的亏损。CFC 属于其所在管辖区的税收居民，其亏损能否向以后纳税年度结转应当取决于所在管辖区国内税法的规定，但是居民企业所在管辖区可以规定 CFC 亏损能否抵扣居民企业的利润，或者能否用居民企业的亏损抵扣 CFC 利润。下文将结合 BEPS 第三项行动计划的建议和其他国家的规定对这一问题作具体分析。

（4）CFC 规则与税收信息交换之间的关系问题

CFC 本身属于其他国家的税收居民，因此股东居住国在对 CFC 可归属收入进行征税时所面临的一大难题是，如何获取居民纳税人在海外设立 CFC 的情况以及 CFC 的经营活动信息、收入情况等。通过前述案例可以发现，第 38 号公告虽然规定了居民企业有报告境外投资和所得信息的义务，但是，居民企业未必就会主动、全面、如实地履行这一义务。同时，税务机关往往还需要获取 CFC 的其他信息，如此方能准确适用 CFC 规则。因此，推动部门间、国家（或地区）间的税收信息交换对于 CFC 规则作用的发挥具有重要意义。

---

① 参见陈新宇《为了"走出去"：受控外国公司规则宜缓行》，《国际税收》2006 年第 12 期。

综上，前述案例暴露出中国现行 CFC 规则存在的一些问题。对于中国现行 CFC 规则中一些关键概念，如果税务机关一味地作出不利于纳税人的解释，可能会影响企业的正常经营活动、打击中国企业对外投资的积极性，因此，有必要厘清 CFC 规则与企业竞争力之间的关系，在对 CFC 征税与提高企业竞争力之间取得平衡。此外，鉴于 CFC 的财务信息、经营活动信息等涉税信息在打击逃避税行为方面的重要性，如何强化居民股东的信息申报义务，如何促进部门间、国家（或地区）间的税收信息交换也是亟待解决的问题。

二 BEPS 第三项行动计划对 CFC 规则的完善建议

近年来，跨国公司在低税区设立 CFC 以囤积收入的行为有增无减。根据 Citizen for Tax Justice 的报告，2015 年美国企业拥有 2.49 万亿美元的离岸收入，是 2009 年企业报告的离岸收入的两倍多。以辉瑞公司为例，作为世界上最大的制药商，其在避税港经营着 181 家子公司，并基于税收目的持有高达 1936 亿美元的离岸利润。[①] 究其原因，一方面，那些实施来源地税收管辖权并给予外国来源所得免税的国家没有必要设置 CFC 规则。[②] 在国内法中规定有 CFC 制度的国家或地区仍在少数，目前仅有 30 个参与 BEPS 计划的国家拥有 CFC 规则，香港地区、爱尔兰、荷兰等国家均没有 CFC 制度；另一方面，许多国家的现行 CFC 规则存在漏洞、不能适应国际商业环境的变化，因而难以有效应对恶意税收筹划。以美国为例，其 1996 年出台的"打钩规则"（Check-the-box Rules）极大地削弱了其 CFC 规则的效果，纳税人在许多情况下可以自己选择其在税收上是按法人公司、独资企业、分公司还是忽视实体来处理。[③] 微软、苹果等跨国公司通过将其国外子公司选择为忽视实体，使得其国外子公司从更低层级的关联子公司处收取的特许权使用费不构成 CFC 收入，从而达到在美

---

① Citizens for Tax Justice, Offshore Shell Games 2016, http://ctj.org/pdf/offshoreshellgames2016.pdf.

② Robert Danon and Christoph Schelling, *Switzerland in a Post-BEPS World*, 69 (4/5) *Bulletin for International Taxation*, Vol. 69, No. 4/5, pp. 197-208, 2015.

③ 参见［美］Brian J. Arnold, Michael J. McIntyre《国际税收基础》，张志勇等译，中国税务出版社 2005 年版，第 261 页。

国避免纳税的目的。

(一) BEPS 第三项行动计划的主要内容

利用 CFC 进行利润转移和延迟纳税是跨国纳税人常用的逃避税手段之一,而现行 CFC 规则难以有效应对这一逃避税行为。2015 年,OECD 发布了 BEPS 第三项行动计划"制定有效受控外国公司规则",该报告为 CFC 规则的设计提供了一些建议。BEPS 第三项行动计划通过厘清 CFC 的定义、CFC 的豁免及门槛要求、收入的定义、收入的计算、收入的归属、防止和消除双重征税这六个要素,为制定有效的 CFC 规则提供建议。同时,BEPS 第三项行动计划指出这些建议并非最低标准,各国可以根据本国的政策目标决定是否采纳报告的建议。BEPS 第三项行动计划的主要内容如表 2-6 所示:

表 2-6　　　　BEPS 第三项行动计划的主要内容

CFC 的定义	就股东对一家外国公司的影响力达到何种程度才能使该外国公司成为 CFC 给出建议,同时对如何将非公司实体(如合伙等)及其收入包含在 CFC 规则中提出建议
CFC 收入的定义	建议 CFC 规则应当包含对 CFC 收入的定义,并对定义 CFC 收入的方法进行了非穷尽式列举
CFC 收入的计算规则	建议适用股东所在管辖区的规定计算应归属于股东的 CFC 收入,同时建议 CFC 的亏损仅用于抵消其自身或同一管辖区的其他 CFC 的收入
CFC 收入的归属规则	建议可归属的收入应当按股东对 CFC 的所有权或控制的比例进行计算
CFC 规则的豁免及适用门槛	建议仅在外国公司的实际税率显著低于股东所在管辖区的税率时适用 CFC 规则
防止或消除双重征税的规则	建议适用 CFC 规则的管辖区应对实际缴纳的外国税收进行抵免,同时建议,如果在根据 CFC 规则对可归属的 CFC 收入征税后,CFC 又分配股息或处置股份,适用 CFC 规则的管辖区应当采取措施避免双重征税

(二) BEPS 第三项行动计划的局限与不足

值得注意的是,相较于 BEPS 其他领域而言,CFC 规则在国际层面的协调所面临的挑战更为严峻。其协调困难的主要原因在于各国在该领域的利益分歧巨大。这种分歧主要体现在:如何在保护国内税基(即规定更严格的 CFC 规则)和提高本国企业在域外经营活动中竞争力之间取得平衡。[①]

---

① Mitchell A. Kane, The Role of Controlled Foreign Company Legislation in the OECD Base Erosion and Profit Shifting Project, *Bulletin for International Taxation*, Vol. 68, No. 6/7, pp. 321-326, 2014.

BEPS 第三项行动计划第 14 段指出，CFC 规则主要涉及两类竞争力问题。首先，采用范围更广的 CFC 规则的国家与没有采用 CFC 规则（或采用适用范围更窄的 CFC 规则）的国家相比，可能处于竞争劣势，因为其居民企业所拥有的外国子公司较之位于外国的本地公司要承担更重的税负。例如，由于适用 CFC 规则，中国居民企业在百慕大设立的子公司的可归属收入（通常为股息、利息等消极所得）要计入居民企业的当期所得，并按照中国企业所得税法缴税，而百慕大当地的公司则可以享受不征收企业所得税的待遇。这就使得中国居民企业的百慕大子公司较之百慕大当地公司承担更重的税负。其次，严格实行 CFC 规则的国家的跨国公司可能会发现，自己相较于不实行 CFC 规则（或者虽有 CFC 规则但仅适用于极低税率或更窄税基）的国家的跨国公司而言处于竞争上的劣势地位，因为严格实行 CFC 规则的国家的跨国公司就其外国子公司的收入所承担的实际税负要高于后一类国家的跨国公司，即使它们的子公司位于同一个国家。举例而言，如果严格适用 CFC 规则，美国的跨国公司应当就其海外收入按高达 35% 的联邦税率向美国缴税，而不适用 CFC 规则的国家的跨国公司则可以享受延迟纳税，无须就其海外收入立即向其本国纳税。相比之下，美国跨国公司将承担更重的税负，在国际竞争中将处于不利地位，这也是美国跨国公司极力阻止其政府填补 CFC 规则漏洞的重要原因。可见，CFC 规则虽然有利于打击延期纳税的行为，但是过于严格地适用这一规则可能损及一国企业的海外竞争力。

同时，在第三项行动计划的讨论稿（Discussion Draft）中充斥着缺乏共识的规则，其为 CFC 规则的多数构成要素提供了多个构建模式，在 CFC 收入的定义方面，各国尤其难以达成共识。[①] 基于此，各国和地区在转化适用 BEPS 第三项行动计划时，纷纷采用了不同的方法和标准。有学者认为，尽管 BEPS 行动计划试图减少各国税制差异，但行动计划在各国国内转化适用将导致不同国内措施的颁行，从而再一次地导致差异，而差异将再次导致激进的税收筹划和法律不确定性。[②] 综上，BEPS 第三项行

[①] Pascal Janssens, et al., The End of Intra-Group Financing……or Not Just Yet?, *European Taxation*, Vol. 55, No. 7, pp. 343-351, 2015.

[②] Ana Paula Dourado, The EU Anti Tax Avoidance Package: Moving Ahead of BEPS?, *Intertax*, Vol. 44, No. 6&7, pp. 440-446, 2016.

动计划对 CFC 规则的协调作用有限,该报告只是提供了若干种设计方案,而各国是否制定 CFC 规则,以及如何制定 CFC 规则仍是各国税收主权范围内的事项。

(三) 中国对第三项 BEPS 行动计划的借鉴吸收情况

中国 CFC 规则的法律规范体系由《企业所得税法》及其实施条例、《特别纳税调整实施办法(试行)》和《关于居民企业报告境外投资和所得信息有关问题的公告》构成。在 BEPS 第三项行动计划出台后,中国在吸纳相关建议的基础上于 2015 年 9 月 17 日发布了《特别纳税调整实施办法(征求意见稿)》(以下简称"《征求意见稿》"),其中第十章对 CFC 规则作出更加具体的规定,其主要内容如表 2-7 所示。

表 2-7 《征求意见稿》主要内容

主要问题	相关规定
CFC 的定义	1. "控制"的类型:包括股份控制和实质控制 2. "实际税负"的判断:CFC 在其居住国实际缴纳的企业所得税性质税款与按照中国税法计算的应纳税所得额的比率 3. "控制"的计算时点:由"纳税年度任何一天"改为"纳税年度终止日" 4. 企业多层间接持有股份的情况:按各层持股比例相乘计算,中间层持有股份超过 50% 的,按 100% 计算
可归属所得的判定	1. 类别分析。通常以下情况应当视为可归属所得:不从事证券交易的 CFC 取得股息所得;不从事融资业务的 CFC 取得利息所得;不从事保险业务的 CFC 取得保险所得;CFC 从关联企业取得特许权使用费;CFC 自关联企业购入产品或者劳务后不增加或者较少增加价值,将产品或者劳务出售取得的所得 2. 实质性分析。是否为可归属所得可以按照以下方法判定:分析 CFC 的雇员是否对企业所得有实质性贡献;分析集团价值链及承担关键功能的集团企业等;分析 CFC 是否有具备相应技能和数量的雇员,以及必要的机构场所 3. 超额利润分析:CFC 取得源自无形资产或风险转移收入超过正常回报的所得
可归属所得的计算方法	改为"可归属所得×居民企业持股比例"
豁免情形	1. 当期留存收益低于 500 万元 2. 可归属所得占 CFC 当期所得比例低于 50% 3. 合理经营需要 4. 豁免税率,即 CFC 实际税负高于 12.5% 删去了"设立在国家税务总局指定的非低税国家(地区)"这一豁免情形
防止双重征税的方法	已在境外缴纳的企业所得税性质税收,应当抵免

《征求意见稿》对"实际税负"等关键概念作出了解释，并吸收了BEPS第三项行动计划中关于可归属所得的判定方法的建议，对2号文的相关内容作了修改和补充，可以为中国CFC规则的适用提供更为明确的指引。值得注意的是，《征求意见稿》在吸收BEPS第三项行动计划的建议时不乏大胆突破之处，例如《征求意见稿》第119条第3款第（六）项引入了超额利润分析法，该项规定，CFC取得源自无形资产或风险转移收入超过正常回报的所得通常应当视为可归属所得。而BEPS第三项行动计划中指出这种分析在现行的CFC规则中并不存在，而且对于正常回报的计算方法，《征求意见稿》没有作出具体规定，因此该规定相比《企业所得税法》仍然缺乏可操作性。

三 后BEPS时代中国CFC规则的完善建议

根据《2015年中国对外直接投资统计公报》，2015年中国对外直接投资流量为1456.7亿美元，首次位列全球第2位，实际使用外资金额1356亿美元，位列全球第3位，首次实现直接投资项下资本净输出。[1] 近年来，中国对外投资增长迅速，无疑也存在居民企业利用低税区囤积海外所得、逃避税收的风险。自2008年引入CFC规则以来，中国的规定一直比较抽象、缺乏可执行性，且至2015年才出现CFC规则的第一案。[2] 2015年出台的《征求意见稿》借鉴BEPS第三项行动计划的建议，对中国CFC规则中部分关键概念作出解释，但是仍存在不少问题。在完善中国现行CFC规则时，一方面，应当使CFC规则更加具体明确，更具可操作性，以保护国内税基；另一方面，鉴于CFC规则可能损及一国企业的海外竞争力，而跨国公司对税收的贡献是政府税收收入的重要来源，既需要打击侵蚀税基的逃避税行为，又需要促进投资。[3] 因此，要在保护税基与提高中国居民企业国际竞争力之间取得平衡，要认识到

---

[1] 商务部、国家统计局、国家外汇管理局：《2015年中国对外直接投资统计公报》，http://hzs.mofcom.gov.cn/article/date/201612/20161202103624.shtml。

[2] 北京市国税局，反避税措施运用的新突破，http://www.bjtax.gov.cn/bjsat/qxfj/zsefj/zcq/jdal/201505/t20150505_224848.html。

[3] United Nations Conference on Trade and Development, *World Investment Report* 2015, http://unctad.org/en/PublicationChapters/wir2015ch5_en.pdf.

BEPS 第三项行动计划的建议并非最低标准，考虑在规则制定时为企业留下合理的空间。

(一) 对"合理的经营需要"的界定

如前所述，中国现行 CFC 规则对于"合理的经营需要"这一概念并未进行明确定义，这就容易在税收实践中引发争议。《征求意见稿》第 120 条规定，对利润不作分配或少作分配如果是由于合理的经营需要，如将利润投资于实质性生产经营活动或者投资活动的计划和实际活动等，可免于适用 CFC 规定。但是，对于"实质性生产经营活动""投资活动"未作出具体列举。

根据《一般反避税管理办法（试行）》第 6 条，企业安排属于受控外国企业等特别纳税调整范围的，应当首先适用特别纳税调整相关规定。可见，对于利用 CFC 从事逃避税的行为，应当首先适用 CFC 规则，那么，在 CFC 规则未对"积极经营活动所得"或"合理的经营需要"作出具体规定时，是否可以借鉴一般反避税规则中对类似概念的解释？对于"合理的经营需要"这样的抽象概念，在现行立法中很难获得准确和一致的解释，中国也不是判例法国家，不能从具体的案件中归纳和总结一些可以参考的因素，这无疑给税法在实践中的适用造成了很大的困难。它减损了税收法定的效力，破坏了税收公平，无法为纳税人创造一个稳定的、一致的和可预期的税收环境。在这种情况下可以考虑借鉴反避税规则中相似和类似的概念定义，对抽象的概念进行更加具体明确的表述，以便纳税人了解立法者的立法动议和目的，从而减少企业的税收风险，化解税企的争议。如下表所示，中国的一般反避税规则中存在"合理的商业目的"等类似的概念，同样没有予以明确阐释，一些概念的解释甚至存在矛盾之处。例如，《企业所得税法》第 47 条规定的"不具有合理商业目的"仅包括"减少"应纳税额这一种情形，而《实施条例》第 120 条则将这一概念解释为包括"减少、免除或者推迟"此三种情形。尽管如此，本书认为，一般反避税规则中关于"合理商业目的"的界定对于《企业所得税法》做了详细补充和定性，因为它通过"主要"一词初步划清了避税目的与商业目的之间的界限。例如，《实施条例》第 120 条规定"不具有合理商业目的"是以减少、免除或者推迟纳税为主要目的。由此可以认为，企业在从事商业活动时，即使带有避税动机，但只要不是以避税为主要目的，仍可以免于适用反避税规则。在对 CFC 规则中"合理的经营需要"一词进行界定时，可以借鉴前述做法，明确规定企业的商业目的或经营需要占据多大比重才可免于适用 CFC 规则。

表 2-8　　　　　　"合理的经营需要"相关规定内容

受控外国公司规则	《企业所得税法》	第 45 条："合理的经营需要"是免于适用 CFC 规则的情形
	2 号文	第 84 条："主要取得积极经营活动所得"是免于适用 CFC 规则的情形之一
	《征求意见稿》	第 120 条："由于合理的经营需要，如将利润投资于实质性生产经营活动或者投资活动的计划和实际活动等"是豁免情形之一
一般反避税规则	《企业所得税法》	第 47 条：企业实施其他不具有合理商业目的的安排而减少其应纳税收入或者所得额的，税务机关有权按照合理方法调整
	《实施条例》	第 120 条：企业所得税法第 47 条规定的"不具有合理商业目的"，是指以减少、免除或者推迟缴纳税款为主要目的
	《一般反避税管理办法（试行）》	第 4 条：避税安排的一项特征是以获取税收利益为唯一目的或者主要目的 第 3 条：税收利益是指减少、免除或者推迟缴纳企业所得税应纳税额

税收的高低将影响企业税后利润的多少。因此，出于利润最大化的考虑，企业在开展经营活动时必然会考虑到税收因素的影响。如何判断对利润不作分配是否是出于"合理的经营需要"？除了可以参照一般反避税规则中的"合理商业目的"标准予以适当解释之外，"合理的经营需要"的内涵界定需要充分考虑中国对外直接投资的实际情况等具体因素，进一步明确"合理的经营需要"在税收征管实践中的判断标准，在保护国内税基和提高中国企业国际竞争力之间寻求平衡。

首先，大多数国家均对 CFC 规则的适用范围进行了限制，以防止其损害企业的积极经营活动和竞争力。自 2006 年欧洲法院对 Cadbury 案判决后，英国、德国等欧盟国家对 CFC 规则适用范围限制趋于严格，即使企业存在避税动机，但只要不是唯一目的，CFC 规则就不能适用。[①] 例如，法国的 CFC 规则（2006 年 1 月 1 日起实行）在下列情形中不适用：

---

① 钱莹等：《BEPS 背景下完善中国受控外国公司税制的几点思考》，《国际税收》2015 年第 9 期。

第一，在欧盟范围内，除非（交易）结构是完全人为的，且其唯一目的是避税；第二，在欧盟范围外，如果外国实体或常设机构主要从事商业或工业活动，纳税人只要证明 CFC 运营的主要目的和效果不是税收驱动的，就可以获得 CFC 规则的豁免。德国在 1972 年的《国外交易税法》第 8 条第（2）款规定了 CFC 规则的一项豁免：对于设立在欧盟或欧洲经济区之内的 CFC，其股东可以向税务机关证明该 CFC 实施了真实经济活动。在证明成立的范围内，CFC 收入不被归属于德国股东。① 美国的 CFC 规则中一项重要例外是制造活动例外。如果 CFC 本身是一个制造商并为商品增添了实质价值，CFC 留存的收入无须纳税。2008 年，"制造活动例外"的要求被放开，如果 CFC 对产品作出了"实质性贡献"，即使其本身并非制造商，也可以符合例外规定。② 上述国家均对 CFC 规则的适用范围进行了限制，即使企业存在避税动机，只要实施了制造活动等真实经济活动即可获得豁免。从表面上看这些国家的立法规定似乎与进一步明确"合理的经营需要"的判断标准没有关系，然而实质上是将"合理经营需要"的内涵进一步扩大，在适用外延上进行了限制。

其次，应当考虑中国企业在境外注册离岸公司的动因。目前，中国企业在海外设立 CFC 的主要原因包括：其一，可达到境外间接（曲线）上市的目的。中国民营企业在国内很难上市，因而通过在离岸中心造壳或买壳，再去美国、香港、新加坡等地上市。③ 其二，避税港型离岸金融中心在中国企业的对外直接投资中通常只是起到"中转站"的作用，中国对这些地区投入的资金主要是根据企业海外投资需要调往第三国或者以对外直接投资或其他形式再返回国内，即"返程投资"。④ 其三，利用 CFC 进行再投资并购。例如，2015 年，中国内地对香港地区的投资流量为 897.9 亿美元，占流量总额的 61.6%，中国企业通过其在香港设立的平台公司

---

① Martin Weiss, Recent developments in the German tax treatment of CFCs, *European Taxation*, Vol. 55, No. 9, pp. 439-444, 2015.

② ［澳大利亚］丁家辉：《iTax—苹果公司的国际避税结构和双重不征税问题（中）》，陈新译，《国际税收》2015 年第 3 期。

③ 孙青：《中国企业在离岸金融中心注册问题》，《中国金融年鉴》2005 年（总第 20 卷），第 597 页。

④ 刘晨阳、田华：《避税港型离岸金融中心对中国跨境资本流动的影响及监管建议》，《财政研究》2011 年第 9 期。

进行再投资并购活跃,如中国化工橡胶有限公司 52.9 亿美元收购意大利倍耐力集团公司近 60% 股份、上海复兴国际集团 25.2 亿美元收购美国 Ironshore 保险公司 100% 股份、中石化集团 13.4 亿美元收购俄罗斯西布尔控股有限公司 20% 股份、中国交通建设股份有限公司 10 亿美元全资收购澳大利亚 John Holland Group PtyLtd 等项目均是通过再投资完成。① 因此,在对"合理经营需要"进行解释时,应当考虑中国企业在境外注册公司主要是出于上市、投资等目的,适当地评估避税风险,避免不当适用 CFC 规则造成对中国企业竞争力的损害。在境外注册离岸公司如果具有正当合理的动机与理由,则境外公司不分配利润应当可以被认定为出于"合理经营需要"。

再次,应当考虑中国企业对外直接投资的现状,以评估其避税风险。2015 年年末,中国对外直接投资覆盖了国民经济所有行业类别,其中租赁和商务服务业以 4095.7 亿美元高居榜首,占中国对外直接投资存量的 37.3%。其次为金融业 1596.6 亿美元,占 14.5%;采矿业 1423.8 亿美元位列第三,占 13%;批发和零售业 1219.4 亿美元,占 11.1%,以上行业累计存量为 8335.5 亿美元,占中国对外直接投资存量的 75.9%。② 可见,中国对外直接投资主要流向租赁和商业服务业、金融业、采矿业和批发零售业这四大行业,其中金融业虽然位列第二,但是根据 BEPS 第三项行动计划的建议和《征求意见稿》的规定,专门从事证券、融资、保险等业务的 CFC 获得的与业务有关的股息、利息和保险收入不会引起税基侵蚀和利润转移问题,不应当被认定为 CFC 收入。前述案例中,香港地区 CFC 登记注册时的主营业务为企业管理咨询,但其 2014 年和 2015 年取得的大部分收入来源于投资收益和股权转让,与其主营业务无关,因此税务机关将其收入认定为消极所得。假设该 CFC 登记的主营业务为证券交易,则其取得的股息收入不应当被认定为可归属收入,因为股息收入是证券交易公司的积极营业所得。因此,股息、利息、保险收入并不必然引发利润转移问题,而应考虑 CFC 所处的行业和从事的业务。总之,在界定"积极经营活动所得"或"实质性生产经营活

---

① 商务部、国家统计局、国家外汇管理局:《2015 年中国对外直接投资统计公报》,第 26 页,http://hzs.mofcom.gov.cn/article/date/201612/20161202103624.shtml。

② 同上书,第 20 页。

动"的内涵时,应当充分考虑中国对外直接投资的行业情况,防止 CFC 规则损害中国企业的真实经营活动。

最后,由于法律并未对"合理的经营需要"这一关键概念进行明确定义,税务机关在适用 CFC 规则时拥有较大的自由裁量权,因此,需要从立法层面对这一概念作出更为具体明确的规定,为税务机关和纳税人的征纳活动提供更多指引,提高规则的可预见性和确定性。

(二) 在对 CFC 征税与维持企业竞争力之间取得平衡

CFC 规则的宽严程度实际上会影响一国企业的竞争力。中国在适用和完善 CFC 规则时应当注意在保护国内税基和促进企业对外投资之间取得平衡,而不能一味追求规则的严格。其主要原因在于:其一,中国对外直接投资近年来增长迅速,但相较于发达国家仍处于起步阶段。根据联合国贸易与发展会议数据中心的资料,中国 2015 年的对外直接投资存量为 1010202.42 百万美元,仅相当于美国 1993 年(1061299 百万美元)、英国 2000 年(923366.52 百万美元)、德国 2006 年(986324.26 百万美元)、法国 2007 年(1010033.82 百万美元)的水平。[1] 各国处于不同经济发展阶段,而且税收制度不同、税收征管水平不一,不能以统一的国际标准来要求各国采取同样措施,否则不符合实质公平。[2] 其二,美国等国家的 CFC 规则有许多适用例外和漏洞,从理论上看,美国税法存在的打钩规则等漏洞很容易堵住,但由于企业的游说和竞争力考虑,美国政府似乎放任其 CFC 制度漏洞继续存在。[3] 其三,目前世界上规定了 CFC 规则的国

---

[1] United Nations Conference on Trade and Development Data Center, http://unctadstat.unctad.org/wds/TableViewer/tableView.aspx?ReportId=96740.

[2] 参见李本贵《利润转移背后:不公平的价值创造论》,《中国税务报》2016 年 5 月 18 日,第 B02 版。

[3] 美国财政部在 1996 年出台了"打钩规则",根据该规则,许多情况下纳税人可以自己选择其在税收上是按法人公司、独资企业、分公司还是忽视实体来处理。"打钩规则"允许跨国公司创立混合实体,这是苹果、微软等公司用以规避 CFC 规则的税收筹划的核心所在。克林顿政府的财政部门在 1998 年初提议撤销"打钩规则",但是可口可乐、IBM、菲莫等跨国公司发起全面攻势,说服国会保留该规则。奥巴马称打钩规则使美国每年失去 100 亿美元的税收,但是他提出的改革打钩规则的提议未得到国会的认真考虑。参见 Reuters, *Corporations "Check the Box" to Save Billions in Taxes*, http://www.thefiscaltimes.com/Articles/2013/05/31/Corporations-Check-the-Box-to-Save-Billions-in-Taxes。

家仍是少数，[1] 因此，中国在适用和完善 CFC 规则时需要考虑这一规则与企业竞争力之间的关系，不能盲目地借鉴发达国家的做法，而应结合中国对外直接投资的现状，制定符合中国利益的规则，不能损害中国企业的国际竞争力。

BEPS 报告所建议的保持竞争力的方法之一是补充税（top-up tax）。现行 CFC 规则通常规定，对于归属后的 CFC 收入，应当适用母公司所在管辖区的法定税率计算应纳税额。例如，对于归属于中国居民企业的 CFC 收入，应当适用中国 25% 的企业所得税税率计算居民企业应补缴的应纳税额。对于何为"补充税"，BEPS 报告并未进行明确定义，而是以假设的形式加以阐释。本书为便于理解，以中国为例进行说明：中国现行企业所得税税率是 25%，CFC 规则适用于实际税负低于 12.5%（豁免税率）的 CFC，按照中国现行规定，中国居民企业就归属后的 CFC 收入应按照 25% 的法定税率纳税。如果采取补充税，则归属后的 CFC 收入应按单独的补充税税率纳税，而非按照正常税率 25% 纳税。单独的补充税税率可以等同于豁免税率（中国则为 12.5%），也可以另行规定。对此，BEPS 报告并没有具体建议，只是指出，如果补充税税率水平与豁免税率相等，可以使 CFC 规则更具有内在一致性。本书认为，为保持一国企业的国际竞争力、吸引海外利润汇回，补充税税率可以等于或高于豁免税率，但应当低于正常税率，具体税率水平的确定应当考虑主要投资目的国的税率，下文将进行详细分析。

如果单独规定"补充税"，中国居民企业在低税区设立的 CFC 与低税区的本地公司相比不会处于竞争劣势。同时，与具有 CFC 规则且税率高于中国补充税税率的管辖区内跨国公司相比，中国居民企业仍有竞争优势。然而，与具有 CFC 规则且税率低于中国补充税税率的管辖区或在没有 CFC 规则的管辖区内跨国公司相比，中国的跨国公司依然存在竞争劣势。此外，补充税不能必然消除将利润从高税率管辖区转移的动机，中国的居民企业仍可能将收入转移至低税区，因为可归属的 CFC 收入所适用的税率可能低于 25%。

---

[1] 根据 OECD 发布的数据，截至 2020 年 7 月，在其统计的 129 个国家和地区中，只有 50 个国家或地区规定了 CFC 规则。[OECD, Action 3 Controlled Foreign Company, https://www.oecd.org/tax/beps/beps-actions/action3/.]

如果采取"补充税",需要考虑的问题包括:其一,如何确定合适的补充税税率。本书认为,在确定补充税税率时应当考虑到中国对外直接投资主要目的地国的当地税率,从而使得中国企业的 CFC 较之其所在管辖区的本地公司不处于竞争劣势。根据下表,2015 年中国对外直接投资的目的国主要包括香港地区、英属维尔京群岛、开曼群岛、美国、新加坡、澳大利亚、英国、俄罗斯、加拿大、印度尼西亚、卢森堡、德国、澳门地区和法国。这些国家或地区中,企业所得税税率高于 25% 的仅有美国、澳大利亚和法国。除去税率高于 25% 的 3 个国家,其他 12 个国家或地区的平均税率约等于 15.5%。在确定中国补充税税率水平时,可以这一平均税率为基础,使得中国企业的 CFC 较之投资目的国的本地公司不至于承受更重的税负;其二,对国内子公司和国外子公司适用不同税率是否会破坏税收公平和税收中性。如果中国单独设定一个低于 25% 的补充税税率,一方面有利于维持中国企业的海外竞争力,但另一方面可能破坏中国企业所得税法的统一性。其三,税收法定问题。根据 2015 年修正的《立法法》第 8 条,税率的确定只能制定法律,因此,如果中国要单独设定补充税税率,应当对《企业所得税法》进行修订,以符合税收法定原则。

表 2-9　　2015 年年末中国对外直接投资存量排名前 15 位的国家/地区及其企业所得税税率

国家(地区)	存量(亿美元)	企业所得税税率
中国香港	6568.55	16.50%
开曼群岛	624.04	0
英属维尔京群岛	516.72	0
美国	408.02	35%
新加坡	319.85	17%
澳大利亚	283.74	30%
荷兰	200.67	25%
英国	166.32	20%
俄罗斯联邦	140.2	20%
加拿大	85.16	15%
印度尼西亚	81.25	25%

(续表)

国家（地区）	存量（亿美元）	企业所得税税率
卢森堡	77.4	21%
德国	58.82	15%
中国澳门	57.39	12%
法国	57.24	33%

（三）对 CFC 亏损的处理

中国现行 CFC 规则并未对如何处理 CFC 的亏损作出具体规定，CFC 的亏损能否抵扣居民企业的利润以及 CFC 的亏损能否结转仍不明确。BEPS 第三项行动计划指出，管辖区可以允许母公司以其损失抵扣 CFC 利润，这一方法不太可能引发 BEPS 问题，因为这会使得母公司损失更少且 CFC 利润更少。[①] 根据德国税法《国外交易税法》第 10 条第 3 款第 5 句，CFC 存在亏损的情况下，没有收入可归属于股东，亏损可以抵消 CFC 的未来收入。根据法国税法，法国母公司的亏损可以冲抵 CFC 利润，CFC 的亏损不能冲抵法国母公司的利润，但在特定条件下可以结转。根据欧盟《反避税指令》，CFC 的亏损不应该包含在纳税人当期纳税年度的税基内，但是可以根据国内法在今后的纳税年度内结转。本书认为，中国应当借鉴上述国家的规定，对如何处理 CFC 亏损作出更为具体的规定，可以吸收 BEPS 第三项行动计划的内容，允许居民股东的亏损抵扣 CFC 的利润，以增强 CFC 在海外的竞争力。

（四）CFC 规则与税收信息交换

推动部门间、国家（或地区）间税收信息交换，获取居民纳税人在海外设立 CFC 的情况以及 CFC 的收入情况等信息对于 CFC 规则作用的发挥具有重要意义。目前，在信息申报义务方面，2 号文第 78 条和 2014 年第 38 号公告均规定了居民企业股东应在年度纳税申报时提供对外投资信息。在国际税收信息交换方面，截至 2020 年 4 月，中国已对外正式签署 107 个避免双重征税协定（其中 101 个协定已生效），和香港、澳门两个

[①] 如果用母公司亏损抵扣 CFC 利润，母公司损失更少，在纳税时可扣除的也就越少，母公司的应税收入相对增多；而 CFC 利润越少也就意味着企业在海外留存的收入越少，这与 CFC 立法宗旨相一致，因此允许母公司亏损抵扣 CFC 利润不易引发税基侵蚀和利润转移问题。

特别行政区签署了税收安排，与台湾地区签署了税收协议，这些协定均含有信息交换条款。此外，中国与英属维尔京等10个国家或地区签订了税收情报交换协定。同时，中国于2013年8月27日签署的《多边税收征管互助公约》第6条规定了自动信息交换。在部门间涉税信息交换方面，国家税务总局和国家外汇管理局于2016年11月14日共同签署了《关于推进信息共享实施联合监管合作备忘录》，税务总局与外管局共同建立日常信息交换机制，共享税收征管和外汇监管相关数据，通过部门间信息共享，税务部门能够更加全面地了解企业的相关业务数据及信息。①

其他国家也十分注重与CFC所在管辖区进行税收信息交换。2016年8月22日，意大利颁布了法令，在CFC规则内引入白名单，开曼群岛、百慕大等传统避税地都被列入白名单，但是如果主管机关违反信息交换义务，其所在国家或地区将被从白名单除名。② 意大利将传统避税地列入白名单的前提是，这些国家或地区履行信息交换义务，可见，意大利十分注重CFC所在管辖区的税收透明度。俄罗斯于2015年10月23日颁布了CFC规则的报告指南（Letter No. 03-08-05/57386），指南声明居民企业必须向税收当局报告CFC的相关信息。只有当CFC位于与俄罗斯签订双边税收协定或者税收信息交换协议的管辖区时，该CFC才可以免于缴纳俄罗斯的利润税（profit tax），此种情形下居民企业仍然负有向税收当局报告CFC相关信息的义务。③ 可见，俄罗斯同样十分重视对CFC相关信息的掌握，不仅规定了居民企业的信息报告义务，还试图通过与CFC所在管辖区进行税收信息交换以了解CFC的情况。可见，意大利和俄罗斯都十分重视与CFC所在管辖区进行税收信息交换，以获取CFC的相关情况。

综上，中国在税收透明度方面已取得一系列进展，然而如何利用这些

---

① 国家税务总局，国家税务总局：《国家外汇管理局签署推进信息共享实施联合监管合作备忘录》，http://www.chinatax.gov.cn//n810219/n810724/n1275550/c2355296/content.html。

② Tax Planning International European Tax Service, *Italy Includes New Countries in its "White List"*, http://0-taxandaccounting.bna.com.gull.georgetown.edu/btac/T12112/split_display.adp?fedfid=98217131&vname=tpefbul&jd=a0k1r2m8z0&split=0.

③ International Tax News, *Russia Issues Guidance on Reporting CFCs*, http://0-taxandaccounting.bna.com.gull.georgetown.edu/btac/T8017/split_display.adp?fedfid=78136175&vname=tminnotallissues-&jd=a0h4r4q3j1&split=0.

海量信息进行筛选、比对和查定海外 CFC 企业的应纳税额，还需要继续探索。具体而言，中国税务机关需要掌握居民股东在海外设立子公司的情况、居民股东对该子公司的持股情况或者是否存在实质控制的情形、子公司在其所在管辖区的实际纳税数额、子公司是否取得股息等消极所得等情况，才能决定是否对某一海外子公司适用 CFC 规则。

第三章 国际税收透明度建设及中国的应对

在全球一体化的背景下,国与国之间的经济融合日益密切,在科学技术尤其是信息技术的推动下,数以万计的高净值人群,利用离岸金融机构进行投资和资产配置。这些人群可以更隐蔽地持有海外资产,并将收益藏匿在境外金融账户以逃避国内纳税义务。然而,由于各国税务部门对该类信息掌握不对称及银行保密制度的限制,各国税务机关很难对其纳税人在他国的资产及其收益行使税收征管权,各国税收利益得不到有力保障。为解决这种跨境税收征管的困境,提高国际税收透明度和打击跨国逃税行为,世界各国已经认识到在全球范围内建立起一种更为有效和更具针对性的国际税收透明度标准的必要性。

第一节 国际税收自动信息交换制度的发展变化

经济全球化为国际逃避税提供了可乘之机,纳税人利用离岸金融中心税制不透明的特点在海外藏匿大量资产,规避本国的金融监管和税收监管,导致在岸国大量的税源流失海外,严重破坏了公平合理的国际税收秩序。据统计,全球大约有 7.8 万亿美元的资产通过离岸账户持有和管理。[1] 国际金融危机爆发后,20 国集团财政部长和中央银行行长会议(以下简称 20 国集团)于 2009 年召开伦敦峰会,宣布"银行拥有保密权的时代已经结束",并且决定强化国际税收透明度与信息交换的标准(Inter-

---

[1] Boston Consulting Group, *Global Wealth* 2012: *The Battle to Regain Strength*, p.10, http://www.bcg.be/documents/file106998.pdf.

national Standards of Transparency and Exchange of Information for Tax Purposes，以下简称国际税收透明度标准）的执行。为了获取海外的税收信息，全面准确地掌握纳税人的应纳税额，应请求的信息交换（Exchange of Information upon Request）被确定为国际税收透明度标准。随着时间的推移，国际社会认识到应请求的信息交换不能满足日益增长的数字经济的发展，无法杜绝愈演愈烈的逃避税行为，为了有效预防和彻底打击逃避税行为，消除它赖以生存的税收信息盲区土壤，将它置于一个充分透明和公开的税收信息环境之下，2013年9月，20国集团圣彼得堡峰会再次发表声明，表示支持将自动信息交换（Automatic Exchange of Information）确定为新的国际税收透明度标准。在20国集团峰会的推动下，全球打击逃避税的合作迈入了一个新的纪元，以自动信息交换为主的国际税收行政合作开始谱写新的篇章。

一 国际税收自动信息交换的适用地位的变化发展

（一）国际税收自动信息交换的基本内涵

自动信息交换由来已久，经济合作与发展组织（OECD）颁布的《关于对财产和所得避免双重征税的协定范本》（以下简称《OECD范本》）第26条、联合国颁布的《关于发达国家和发展中国家避免双重征税的协定范本》第26条以及OECD和欧洲委员会制定的《多边税收征管互助公约》第5条等，都将自动信息交换作为最传统的交换方式之一，这些规定共同构成了自动信息交换制度的法律基础。

自动信息交换，也称例行信息交换（Routine Exchange of Information），是指缔约国主管当局依据事先达成的协议，由来源地国将有关纳税人各种类型所得或财产（如股息、利息、特许权使用费、工资、养老金等）的信息系统地、批量地、定期地提供给居民国。根据OECD于2012年7月23日发布的《自动信息交换：是什么，如何操作获益，还有哪些仍需努力》报告（Automatic Exchange of Information: What It Is, How It Works, Benefits, What Remains To Be Done），自动信息交换基本可分为以下步骤，即付款人或支付机构收集信息并向当地税务机关报告，税务机关整合信息并加密发送给居民国的税务机关，居民国税务机关接收、解密并录入信息，最后居民国税务机关分析结果并采取适当行动（参见图3-1）。①

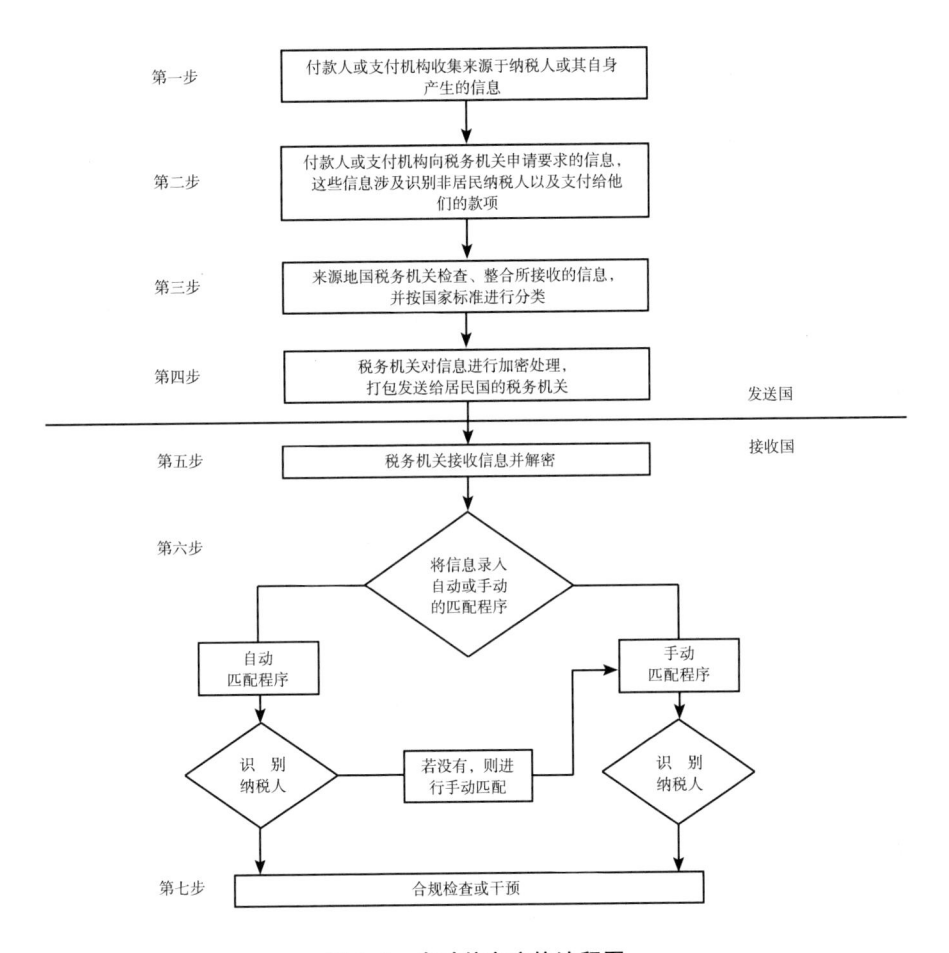

```
第一步    付款人或支付机构收集来源于纳税人或其自身
          产生的信息

第二步    付款人或支付机构向税务机关申请要求的信息，
          这些信息涉及识别非居民纳税人以及支付给他
          们的款项

第三步    来源地国税务机关检查、整合所接收的信息，
          并按国家标准进行分类

第四步    税务机关对信息进行加密处理，
          打包发送给居民国的税务机关                发送国
──────────────────────────────────────────────────────
                                                   接收国
第五步    税务机关接收信息并解密

第六步    将信息录入
          自动或手动
          的匹配程序

          自动              手动
          匹配程序          匹配程序

          识别    若没有，则进    识别
          纳税人  行手动匹配      纳税人

第七步    合规检查或干预
```

图3-1 自动信息交换流程图

与其他交换方式不同，自动信息交换针对同一类型的税收信息进行例行交换，因而具有批量性、例行性等特点，这些特点决定了其在加强税收监管、促进国际合作等方面大有可为。自动信息交换不仅能够对纳税人产生一定的威慑效果，敦促纳税人遵守税法，提高纳税人的税收遵从度，而且有助于各国税务机关将自动接收的信息与本国系统保留的信息进行整

---

① OECD, *Automatic Exchange of Information: What It Is, How It Works, Benefits, What Remains to be Done*, p.9, http://www.oecd.org/ctp/exchange-of-tax-information/AEOI_ FINAL_ with%20cover_ WEB.pdf.

合，从而节省信息收集的时间，降低信息收集的成本，提高信息交换的效率。更为重要的是，与其他可能威胁国家主权的合作方式相比，自动信息交换在充分尊重缔约国税收主权的前提下进行，坚定了各国参与国际税收行政合作的信心，并以此为突破口将全球税收治理推向新的平台。

金融危机之后，国际社会越来越强调改善税收透明度，提升国际税收行政合作的水平。鉴于其具有上述特点和优势，自动信息交换逐渐成为了遏制有害税收竞争、打击国际逃避税的重要手段之一，并引起了国际组织和各国政府的高度关注。2009年10月23日，联合国税务理事会采纳了联合国国际税务合作专家委员会起草的《合作打击国际逃税行为准则》，其中间接规定了"更高水平"的自动信息交换。[1] 与此同时，越来越多的政府和非政府间组织积极倡导自动信息交换，[2] 各国也加快了自动信息交换的实践进程。

据OECD财政事务委员会的调查显示，目前自动信息交换覆盖的国家越来越多，包含的税种日渐丰富，涉及的交易价值不断提高。[3] 在受调查的38个国家中，所有国家均从其条约伙伴国自动地接收信息，33个受调查国（占所有受调查国的85%）自动向其条约伙伴国发送信息（参见表3-1）。

表3-1　　　　　　　　　　自动交换关系　　　　　　　　　　（单位：个）

国家	接收国家数量	发送国家数量	国家	接收国家数量	发送国家数量
阿根廷	5	4	意大利	23	23
澳大利亚	20	41	日本	14	43
奥地利	20	0	韩国	12	32
比利时	23	29	卢森堡	40	33
加拿大	26	25	墨西哥	6	6
智利	9	9	荷兰	49	35

---

[1] David Spencer, The Code of Conduct on Cooperation in Combating International Tax Evasion, *International Enforcement Law Reporter*, Vol. 26, No. 2, p. 45, p. 46, 2010.

[2] Itai Grinberg, Beyond FATCA: An Evolutionary Moment for the International Tax System, *Georgetown Law Faculty Working Papers*, Paper, No.160, 2012, p.3, http://scholarship.law.georgetown.edu/cgi/viewcontent.cgi?article=1162&context=fwps_papers.

[3] OECD, *Automatic Exchange of Information: What It Is, How It Works, Benefits, What Remains to be Done*, p. 9, http://www.oecd.org/ctp/exchange-of-tax-information/AEOI_FINAL_with%20cover_WEB.pdf.

续表

国家	接收国家数量	发送国家数量	国家	接收国家数量	发送国家数量
中国	7	5	新西兰	17	34
捷克	19	46	挪威	22	32
丹麦	40	70	波兰	25	32
爱沙尼亚	15	38	葡萄牙	8	3
芬兰	16	45	俄罗斯	12	0
法国	20	29	斯洛伐克	21	20
德国	28	28	斯洛文尼亚	20	28
希腊	12	26	南非	9	0
匈牙利	14	67	西班牙	31	31
冰岛	13	36	瑞典	33	36
印度	9	8	土耳其	7	0
爱尔兰	26	26	英国	44	44
以色列	4	0	美国	25	25

(二) 美国《合规法案》对自动信息交换制度适用的新影响与推动

美国联邦所得税制度采用的是一种"自愿遵从"的模式，[①] 因此美国税法规定强制征收的税款总额与纳税人在既定税收年度内申报并实际及时缴纳的税款总额之间存在不对称。[②] 为了加强对国际逃避税的规制，美国做出了长久而持续的努力。近年来，美国国税局制定的某些方案取得了一定效果，[③] 但随着全球化的迅猛发展，逃避税者利用越来越复杂和隐蔽的工具从事投资活动，现行海外账户征管机制的弊端逐渐显露。2007年次贷危机爆发后，美国经济遭受重创，大量税源流失海外，政府债台高筑，

[①] 即确定并缴纳适当税款的义务最初取决于纳税人本身而非政府。税务机关原则上尊重纳税人的申报，并以此为基础接受债务的履行。

[②] Nina E. Olson, Minding the Gap: A Ten-Step Program for Better Tax Compliance, Stan. L. &Pol'y Rev., Vol. 20, No. 7, p. 36, 2009.

[③] 这些方案包括税收举报者（Tax Whistleblowers）、佚名传票（John Doe Summons）、离岸自愿申报计划（Offshore Voluntary Compliance Initiative）和离岸自愿披露项目（Offshore Voluntary Disclosure Program）、合格中介制度（Qualified Intermediary）等。上述方案对美国打击逃避税起到了积极的作用，例如在离岸自愿申报计划实施期间，美国国税局总共收到1299名纳税人的申报表，涉及几乎美国所有的州和48个海外国家，实际征收超过7500万美元的税款。

财政赤字严重，就业形势严峻。面对这种内忧外患的困境，为了缓解财政压力，美国在加强国内税收征管的同时，还对现行海外账户征管机制进行了大刀阔斧的改革。2010年3月18日，美国总统奥巴马正式签署了《海外账户税收合规法案》（Foreign Account Tax Compliance Act，以下简称《合规法案》），它的出台极大推动了自动信息交换适用地位的变化。在过去的4年间，为了便利《合规法案》在全球范围的执行，美国相继颁布了一系列的文件，① 为外国金融机构遵从执行《合规法案》提供了两套方案，即直接报告模式和政府间协议模式。

1.《合规法案》的第一阶段：直接报告模式

美国在"瑞银案"风波过后试图要求外国金融机构（FFI）协助美国政府确认美国人直接或间接持有的海外资产，以降低他们逃避美国税负的可能。为实现这一目标，《合规法案》鼓励外国金融机构与美国国税局订立协议，并向美国国税局报告美国人以及具有重要美国所有权的外国实体持有的金融账户信息。同时，《合规法案》对不合规的外国金融机构，就来源于美国的特定款项及处置特定美国投资的所得（即可缴纳预提税款项）和"可归因于可缴纳预提税款项"（即过手付款）规定了一种税率为30%的全新的惩罚性预提税。

诚然，《合规法案》建立的报告制度和预提税制度很大程度上弥补了美国现行税收机制的不足，但其也因运用"长臂管辖权"（long-arm jurisdiction）过度延伸其权责范围而受到来自相关行业和其他国家的猛烈批评与抨击。首先，美国通过国内立法的形式强制要求外国金融机构披露信息，单边性质的《合规法案》已然突破了属人管辖权和属地管辖权的限制，将其税收监管行为和税收征收行为的触角延伸至另一主权国家，对另一国的税收主权形成了巨大挑战。② 其次，美国要求外国金融机构耗费大量的时间、人力、财力对其所有客户群开展广泛、深入和详细的尽职调查，给外国金融机构施加了因技术开发和人员配备导致的高额的合规成本和巨大的行政负担。国际银行家协会预计，全球主要银行为遵守《合规

---

① IRS, FATCA-Regulationsand Other Guidance, http://www.irs.gov/Businesses/Corporations/FATCA-Regulations-and-Other-Guidance.

② 参见崔晓静《美国海外账户税收合规制度及我国的应对之策》，《法商研究》2013年第1期。

法案》可能要耗费逾 2.5 亿美元，而部分企业担心每年的成本会高达数十亿美元。① 换言之，最终外国金融机构将为追踪美国逃税者买单。鉴于上述原因，许多国家及外国金融机构都对是否签订外国金融机构协议、是否执行《合规法案》持观望态度。在此背景下，美国意识到继续采取这种要求外国金融机构与美国国税局直接签订协议的单边行动缺乏可行性，故在不断完善法规的同时也开始考虑其他方法。

2.《合规法案》的第二阶段：政府间协议模式

政府间协议（IGA）模式正是美国为了解决法律障碍和行政成本等上述焦点问题所提出的替代方案，即通过与其他国家的合作来实现《合规法案》的既定目标。

2012 年 2 月 7 日，美国与法国、德国、意大利、西班牙和英国共同发表了一份联合声明，计划采用金融机构向其所在地国的税务机关报告信息，随后在该国政府与美国政府间进行互惠的、对等的自动信息交换的方式来实施《合规法案》。联合声明确定的信息报告制度奠定了双边交换模式的基础，并催化了国际社会对于自动信息交换适用地位的讨论与立场转变。美国财政部分别于 2012 年 7 月 26 日和 2012 年 11 月 14 日颁布了两份《政府间协议范本》（*Model Intergovernmental Agreement*）（以下分别简称《范本一》和《范本二》）。②《范本一》进一步贯彻了联合声明的设想，允许位于签署了《范本一》政府间协议的司法管辖区的外国金融机构根据本国规定的尽职调查要求来识别美国账户，并向本国政府报告《合规法案》要求的美国账户信息，然后再由该国政府以自动方式与美国进行例行的信息交换；《范本二》则仍然遵循《合规法案》规定的合规模式，即签署了《范本二》政府间协议的司法管辖区同意指导其境内的金融机构向美国国税局注册，并且直接向美国国税局报告《合规法案》要求的美国账户的信息。自 2012 年 9 月 12 日美国与英国正式签署第一份政

---

① David Jolly & Brian Knowlton, Law to Find Tax Evaders Denounced, *New York Times*, February 27, 2011.

②《范本一》包括互惠型（reciprocal）和非互惠型（non-reciprocal）两个版本，如无特别说明，本书所称《范本一》均指互惠型《范本一》。美国财政部不定期地对上述两个范本及其附件进行更新，最近的一次更新是在 2013 年 11 月 4 日。参见 http://www.treasury.gov/resource-center/tax-policy/treaties/Pages/FATCA.aspx.

府间协议起,迄今为止已有英国、德国、法国、意大利、加拿大、开曼群岛、泽西岛、马恩岛、根西岛、卢森堡等超过28个国家根据《范本一》签署了政府间协议,① 另有近50个国家和地区正在积极地与美国就政府间协议展开谈判协商。②

相较于美国的单方行动,《范本一》采取了一种更为折衷的、平等的合作方式,更容易达到使各国全面遵守《合规法案》的目标,进而在一定程度上推动了自动信息交换制度在国际上适用地位的提升。2013年4月9日,英国、法国、德国、意大利和西班牙等国的财政部长通知欧盟税务专员表示,他们已经同意利用《范本一》在五国和美国之间进行自动信息交换的试点工作,后来又有比利时、丹麦、芬兰、爱尔兰、荷兰、斯洛文尼亚等其他12个成员国也相继表示希望加盟该试点项目。③ 至此,以政府间协议为代表的自动信息交换逐渐发展成为一种各国积极倡导、推动的信息交换方式。

(三) 从应请求的信息交换到自动信息交换

2002年《税收信息交换协议范本》(Agreement on Exchange of Information on Tax Matters) 以及2004年修订的《OECD范本》第26条将应请求的信息交换确定为国际税收透明度标准,即"被请求提供信息一方必须提供可预见性相关(foreseeably relevant)信息"的标准,随后2004年在柏林举行的20国集团会议上通过了该标准。④ 国际金融危机爆发后,为了加强国际税收行政合作,2009年20国集团伦敦峰会发布公告,宣称"银行拥有保密权的时代已经结束",并且强调它们"已经准备好对那些未达到国际税收透明度标准的国家采取一致行动"。⑤ 由于惧怕20国集团未来制裁措施的威胁,那些之前不愿意遵守国际税收透明度标准的国家和

---

① US Department of Treasury, *Foreign Account Tax Compliance Act (FATCA): Resource Center*, http://www.treasury.gov/resource-center/tax-policy/treaties/Pages/FATCA-Archive.aspx.

② US Department of Treasury, *U.S. Engaging with More than 50 Jurisdictions to Curtail Offshore Tax Evasion*, http://www.treasury.gov/press-center/press-releases/Pages/tg1759.aspx.

③ European Commission, *Automatic Exchange of Information: Frequently Asked Questions*, http://europa.eu/rapid/press-release_MEMO-13-533_en.htm.

④ 崔晓静:《国际税收透明度同行评议及中国的应对》,《法学研究》2012年第4期。

⑤ G20, *London Summit-Leaders' Statement*, April 2, 2009, para. 15, https://www.g20.org/sites/default/files/g20_resources/library/London_Declaration_0.pdf.

地区逐渐改变想法,同意遵守该国际标准,以应请求信息交换为基础的国际标准进一步得到强化。然而,为了接收应请求的信息,税务机关通常需要了解纳税人的姓名,确定纳税人在哪些国家和金融机构具有税收信息,并对避税进行可信赖的预测,但是这种要求请求国税务机关掌握如此详细信息的规定很大程度上限制了应请求信息交换的效力,[1] 致使其无法有效打击离岸逃避税。

过去的几年里全球形势发生了翻天覆地的变化,国际社会对自动信息交换的兴趣与日俱增,各国对自动信息交换的实践经验逐渐丰富,将自动信息交换取代应请求的信息交换以作为国际标准的呼声不断增强。在2011年举行的戛纳峰会上,20国集团同意考虑在自愿的基础上进行税收信息的自动交换。[2] 在2012年举行的沃斯卡沃斯峰会上,20国集团高度赞赏了OECD关于自动信息交换的报告,并鼓励各国参与到自动信息交换的实践中去。[3] 鉴于OECD以及国际税收透明度与信息交换全球税收论坛(以下简称"全球税收论坛")在自动信息交换方面所取得的成果与进展,将自动信息交换作为一个更高效、更严格的标准的时刻已经到来。2013年9月6日,20国集团圣彼得堡峰会领导人首次单独就税收问题发表声明,强调当前工作的重点在于税收信息透明度和自动信息交换,并且支持将自动信息交换确定为国际税收透明度的新标准。[4] 这一标准的确定标志着全球打击逃避税的合作迈入一个新纪元,俄罗斯总统普京称之为"百年来最大的一步"。为了促进该国际标准能够尽快为世界各国所认同和实施,20国集团鼎力支持OECD与20国集团成员国一道合作,确立自动信息交换国际标准的统一实施办法和技术细节,并且希望在2015年年

---

[1] John Christensen & David Spencer, Stop this Timidity in Ending Offshore Tax Haven Abuse, *Financial Times*, March 4, 2008, http://www.ft.com/cms/s/0/63cdb642 - ea03 - 11dc - b3c9 - 0000779fd2ac.html#axzz2neMu8fQx.

[2] G20, Cannes Summit Final Declaration: "Building Our Common Future: Renewed Collective Action for the Benefit of All", p. 8, para. 35, https://www.g20.org/sites/default/files/g20_resources/library/Declaration_eng_Cannes.pdf.

[3] G20, *G20 Leaders Declaration*, Los Cabos, Mexico, p. 8, para. 48, https://www.g20.org/sites/default/files/g20_resources/library/G20_Leaders_Declaration_Final_Los_Cabos_0.pdf.

[4] G20, *Tax Annex to the St. Petersburg G20 Leaders' Declaration*, p. 2, para. 3, http://www.g20.org/documents/#p3.

底之前实现成员国之间的税收信息自动交换。[1] 2013 年 11 月 21 日至 22 日,全球税收论坛在印尼雅加达召开第六次大会,为响应圣彼得堡峰会建立新的国际税收透明度标准的要求,本次大会将如何从双边合作过渡到多边合作,以及如何从应请求的信息交换迈向自动信息交换确定为讨论的主要议题。[2] 会议决定成立一个全新的自动信息交换工作组(AEOI Group),[3] 采取措施为实施国际税收信息自动交换做准备。

由此可见,国际社会对于全面开展自动信息交换已基本达成共识,当务之急在于推行一种怎样的自动信息交换标准,从而有效协调利益攸关方的诉求,突破银行保密制度的壁垒,提高税收信息的透明度,并且确保更多的发展中国家和新兴经济体可以从信息交换中获益。

二 自动信息交换标准的多样化发展及其协调统一要求

目前,国际上存在的自动信息交换标准主要有:美国《合规法案》政府间协议标准、欧盟指令标准和瑞士匿名预提协议标准。这些标准存在较大的差异,致使金融机构在实施这些标准时增加了很多的合规成本,面对多种标准所造成的混乱局面,各国税务当局都感到有些莫衷一是、无所适从,也逐渐意识到需要尽快确定自动信息交换统一的国际标准。

(一) 自动信息交换标准在国际实践中的多样性发展

1. 美国标准:《合规法案》政府间协议

随着越来越多的国家参与到政府间协议的谈判中,美国试图将《合规法案》打造成为一种普遍遵守的国际税收自动信息交换标准。然而,以《合规法案》为基础建立跨境报告制度的进程,却因为美国互惠主义

---

[1] G20, *G20 Leaders Declaration*, Los Cabos, Mexico, p. 2, para. 3, https://www.g20.org/sites/default/files/g20_resources/library/G20_Leaders_Declaration_Final_Los_Cabos_0.pdf.

[2] OECD, *A Boost to Transparency and International Tax Co-operation*, http://www.oecd.org/tax/a-boost-to-transparency-and-international-tax-cooperation.htm.

[3] Global Forum on Transparency and Exchange of Information for Tax Purposes, Jakarta, Indonesia, November 21 – 22, 2013, *Statement of Outcomes*, p. 3, para. 15, http://www.oecd.org/tax/transparency/ENG%20Jakarta%20Statement%20of%20Outcomes.pdf.

第三章　国际税收透明度建设及中国的应对　　189

潜在的局限性而变得异常艰难。①

　　首先，《合规法案》虽然采用了替代性的政府间协议方式，但此举并未改变美国单方强制推行其国内法的本质：（1）在《范本一》中，美国只向其伙伴国提供部分互惠。具体说来，《范本一》要求伙伴国收集的信息一般包括美国人持有的金融账户的所有所得、所得总额和账户余额。应报告的美国账户通常包括储蓄账户、证券账户、私募股权投资基金以及其他投资安排。但是美国的报告义务仅限于美国现行法律法规中规定的美国有权收集信息的账户类型，② 美国应提供的信息范围基本上限定于这些应报告账户接收的来源于美国的利息和股息的信息，而不包括账户余额。(2)《范本一》规定将签署了政府间协议的伙伴国的金融机构视为合规的外国金融机构，一旦该外国金融机构没有履行信息报告义务，则应当承担扣缴预提税的义务。但《范本一》对预提税只有一个原则性的说明，其具体操作规定在《实施细则》等文件中，因此签订政府间协议的国家不仅仅要遵守范本的规定，还需要遵守其他的美国国内的税收立法，这无疑对缔约国的国家主权造成了严重的侵害。

　　其次，美国国内政治因素可能会对美国与其他伙伴国实现完全互惠造成制约。③ 调查显示，美国佛罗里达州和得克萨斯州的一些银行以接收拉美的投资作为其主要业务之一，④ 并且帮助这些投资者逃避本国的纳税义务，因此《合规法案》所要求的自动信息交换可能受到它们的强烈抵制。另外，少数美国参议员曾提议将美国打造为保密管辖区以保持美国的竞争力，⑤ 他们的煽动很可能会限制美国财政部与伙伴国通过国际安排转向完全互惠化的能力。因此，将《合规法案》确定为全球推行的自动信息交

---

①　Itai Grinberg, Taxing Capital Income in Emerging Countries: Will FATCA Open the Door?, Georgetown Law Faculty Publications, *Public Law Research Paper*, No. 13-031, p. 12, http://ssrn.com/abstract=2256587.

②　Ibid.

③　Ibid.

④　Boston Consulting Group, *Global Wealth 2011: Shaping a New Tomorrow: How to Capitalize on the Momentum of Change*, pp. 4-5, https://www.bcgperspectives.com/Images/BCG_Shaping_a_New_Tomorrow_May_2011_tcm80-77766.pdf.

⑤　Letter from Rand Paul, Senator, Jim DeMint, Senator, Saxby Chambliss and Mike Lee to Timothy Geithner, http://freedomandprosperity.org/files/fatca/4SenFATCAltr%2007-25-2012.pdf.

换标准并不可行。

2. 欧盟标准：从《利息税指令》到《合作指令》

2003年6月3日，欧盟理事会颁布了《对存款所得采用支付利息形式的税收指令》(Council Directive 2003/48/EC of 3 June 2003 on Taxation of Savings Income in the Form of Interest Payments，以下简称《利息税指令》)。《利息税指令》规定当受益所有人是一成员国居民，而支付机构位于另一成员国境内时（不包括比利时、卢森堡和奥地利），支付机构应当向其所在国主管当局报告最低限度的信息。自2005年7月1日起，支付机构所在成员国的主管当局应当与其他任何成员国的主管当局就上一税收年度内所收集的信息进行自动交换。对于以金融业为支柱产业，并规定了严格的银行保密制度的三个成员国——比利时、卢森堡、奥地利，允许它们在过渡期内对利息所得征收预提税以代替自动信息报告。一旦过渡期宣告终结，三国必须同其他欧盟成员国一道开展自动信息交换。

《利息税指令》适用于大约40个国家，[①] 自动信息交换为成员国带来了大量税款，具有实质的经济利益。[②] 但是，以《利息税指令》作为国际税收信息自动交换的标准仍然存在一些问题。具体而言：(1)《利息税指令》规定了利息所得的报告制度，但是仅限于通过传统的储蓄或托管账户所获取的利息所得，并且仅限于个人以其本名直接持有或通过特定实体持有的账户，不包括非欧盟支付机构向欧盟个人支付的利息，也不涉及支付给大多数法律实体的款项。因此，分析者几乎一致认为目前《利息税指令》在适用范围、所涉税种等方面的规定都过于狭窄。[③] (2) 作为欧盟区域税收协调的重要举措，《利息税指令》是建立在欧盟各成员国高度一体

[①] 其中包括27个欧盟成员国及其领地，以及与欧盟缔结了同等效力的条约的5个国家。

[②] 据2008年《〈利息税指令〉的进展报告》(Report from the Commission to the Council in Accordance with Article 18 of Council Directive 2003/48/EC on Taxation of Savings Income in the Form of Interest Payments) 显示，自动信息交换涉及的数额最高。以英国为例，自2005年7月1日至2006年4月5日，仅英国就报告了91亿英镑的款项。在2005—2006年，预提税税所得的最大受益国是德国（1927亿欧元）和意大利（1129亿欧元）。

[③] Thomas Rixen & Peter Schwarz, How Effective is the European Union's Savings Tax Directive? Evidence from Four EU Member States, *Journal of Common Market Studies* (forthcoming), http://papers.ssrn.com/sol3/papers.cfm? abstract_id=1762546.

化基础上的。一方面，成员国间紧密联系的经济关系、相互融合的政治立场和日趋统一的法律基础加深了成员国间相互信任与相互依赖的程度，为《利息税指令》的实施提供了强有力的保障；另一方面，欧盟成员国大多为发达国家，它们之间具有共同的利益诉求，《利息税指令》的推广符合大多数国家的长远利益。但就世界范围而言，各国差异巨大，南北贫富悬殊，发达国家与发展中国家存在利益上的矛盾与冲突，若将《利息税指令》在全球范围推广，很可能会牺牲发展中国家的利益，其效力也会有所减损。

《利息税指令》后，自动信息交换开始崭露头角并受到越来越多的关注与应用。2011年2月15日，欧盟通过了《税收领域行政合作指令》(Council Directive 2011/16/EU of 15 February 2011 on Administrative Cooperation in the Field of Taxation，以下简称《合作指令》)，将《利息税指令》规定的自动信息交换范围扩大至适用于欧盟法律尚未涵盖的所有直接税和间接税。《合作指令》规定自2015年1月1日起，成员国的主管当局应当自动与另一成员国交换上一税收年度内的信息，其涉及的所得和资产包括劳动所得、董事费、尚未被其他有关信息交换的欧盟法律涵盖的人寿保险产品、退休金、不动产所有权和不动产收益等，日后还可扩大适用于股息、资本收益和特许权使用费。

《合作指令》还包含一个"最惠国待遇"条款，[1] 该条款被理解为要求与美国签订《合规法案》协议的欧盟国家也参与《利息税指令》的报告制度。[2] 在欧盟委员会将《合规法案》和最惠国待遇条款相结合施压的

---

[1] Art. 19 of the Council Directive 2011/16/EU provides that "Where a Member State provides a widercooperation to a third country than that provided for under this Directive, that Member State may not refuse to provide such wider cooperation to any other Member State wishing to enter into such mutual wider cooperation with that Member State." See European Union, Council Directive 2011/16/EU of 15 February 2011 on Administrative Cooperation in the Field of Taxationand Repealing Directive77/799/EEC, http://eur-lex.europa.eu/LexUriServ/LexUriServ.do? uri=OJ: L: 2011: 064: 0001: 0012: EN: PDF.

[2] Implications of the Foreign Account Tax Compliance Act Agreements with Austria and Luxembourg-Questions, Written Question to the Chief Minister by Deputy G. P. Southern of St. Helier, http://www.statesassembly.gov.je/AssemblyQuestions/2013/Deputy%20Southern%20to%20CM%20re%20FATCA%20agreements%20with%20Austria%20and%20Luxembourg.pdf; see also Summary Record of the 10th Meeting of the Expert Group onTaxation of Savings, http://ec.europa.eu/taxation_customs/resources/documents/taxation/personal_tax/savings_tax/consultation/summary_20120926.pdf.

情况下,抵制自动信息交换制度数十年的卢森堡宣布,决定放弃银行保密制度,并于 2015 年开始根据现有的《利息税指令》自动报告利息所得的信息。[1] 奥地利近日也表示,最终至少会接受利息所得领域的自动信息交换。[2] 奥地利和卢森堡的立场转变为在欧盟范围内有限的自动信息交换彰显了胜利的前景。"最惠国条款"也可以被解读为要求欧盟成员国就所有的税收信息交换义务为彼此提供最惠国待遇。根据"最惠国条款"的广义解释,如果一个国家签订《范本一》协议并向美国国税局报告,那么它也必须向其他欧盟成员国提供同一范围层面的自动信息报告。[3] 但是,这种广义解释颇具争议。根据广义解释,无论欧盟国家与美国就实施《合规法案》达成怎样的信息交换协议,它都可能转化为欧盟成员国内部的交换规则。[4] 这意味着在极端情形下,美国不仅能改变欧洲范围内应报告的信息类型,更能通过双边协议改变其识别程序、尽职调查义务和欧盟范围内跨境自动信息交换系统的验证过程,进而间接剥夺欧盟委员会在区域性自动信息交换框架中的决定作用。

3. 瑞士标准:匿名预提协议

瑞士倡导将匿名预提(Anonymous Withholding)协议作为自动信息交换制度的一种替代方式来适用。

由于宪法和法律确立了严格的银行保密制度,长期以来瑞士几乎排除了所有的税收信息交换义务。[5] 这一方面为瑞士的银行业带来了高额的商业利润,另一方面也使得瑞士在税收信息交换领域不断遭受来自美国

---

[1] Antoine de Thibault, FATCA or How A U. S. Initiative Will Transform the World, *Colum. J. Tax L.*, Vol. 4, No. 27, p. 30, 2013.

[2] Itai Grinberg, Taxing Capital Income in Emerging Countries: Will FATCA Open the Door?, Georgetown Law Faculty Publications, *Public Law Research Paper*, No. 13 - 031, p. 19, http://ssrn.com/abstract = 2256587.

[3] 同上。

[4] Itai Grinberg, Taxing Capital Income in Emerging Countries: Will FATCA Open the Door?, Georgetown Law Faculty Publications, *Public Law Research Paper*, No. 13 - 031, p. 20, http://ssrn.com/abstract = 2256587.

[5] 朱晓丹:《"魔方协定":瑞士在国际税收信息交换领域的又一里程碑》,《涉外税务》2013 年第 2 期。

和欧盟的经济和政治压力。① 2004 年 10 月,瑞士与欧盟签署了双边关系第二阶段谈判的一揽子协定,其中就包括《申根协定》。② 瑞士希望通过加入《申根协定》简化本国入境手续,融入一个更加统一、更具潜力的旅游大市场,促进作为支柱产业之一的旅游业的发展。因此,欧盟以《申根协定》为谈判筹码,要求瑞士加入自动信息交换。为了维护一贯坚持的银行保密制度,保持其金融市场的优势,瑞士提出了以匿名预提协议代替更高层次的自动信息交换制度的设想。根据瑞士与欧盟签订的协议,在瑞士支付机构持有相关资产的相关人员可以被征收匿名的预提税,随后由瑞士税务当局将这些税款移交给欧盟成员国的税务当局。一旦纳税人被扣缴这种匿名的预提税,他就无须再向本国的主管机关进行信息报告。在 2011 年 9 月至 2012 年 4 月间,瑞士又分别与德国、英国签订了类似的匿名预提协议,希腊和意大利等国也与瑞士就协议展开协商。③

匿名预提协议充分地平衡了瑞士银行保密制度与欧美各国打击国际逃避税之间的矛盾,被喻为瑞士在国际税收信息交换领域的第二座里程碑。④ 作为世界上最重要的离岸金融中心,瑞士掌握着大约 26%的全球离岸财富,⑤ 它有能力通过影响其他离岸金融中心采取类似做法,进而促进匿名预提协议在全球范围的推广。但是,匿名预提的缺陷在于,它要求金融机构密切关注世界上每个国家不同种类所得税的税率及其变化,并且适

---

① 朱晓丹:《"魔方协定":瑞士在国际税收信息交换领域的又一里程碑》,《涉外税务》2013 年第 2 期。

② 1985 年 6 月,德国、法国、荷兰、比利时、卢森堡五国在卢森堡边境小镇申根签署了《关于逐步取消共同边界检查》协定,又称《申根协定》。《申根协定》的核心内容是实现成员国之间人员的自由往来,加强警察合作与司法协助。

③ Giuseppe Fonte, Italy Senate Urges Swiss–Italy Tax Deal, http: //www. reuters. com/article/2011/09/16/italy – tax – idUSL5E7KG2VH20110916; Armando Mombelli, Segnalididisgelonellavertenza fiscal [Signs of Thaw in Tax Dispute], http: //www. swissinfo. ch/ita/politica/Segnali_ di_ disgelo_ nella_ vertenza_ fiscale_ . html? cid = 32616442.

④ 朱晓丹:《"魔方协定":瑞士在国际税收信息交换领域的又一里程碑》,《涉外税务》2013 年第 2 期。

⑤ Boston Consulting Group, Global Wealth 2013: Maintaining Momentum in a Complex World, https: //www. bcgperspectives. com/content/articles/financial_ institutions_ growth_ trends_ offshore_ wealth_ global_ wealth_ 2013/.

用相应的预提规则进行预提,在实际操作层面较之信息报告制度更为复杂。更为重要的是,这种预提协议只是用一种现代的手法向纳税人兜售"赎罪券",① 并且很可能导致那些未公开资产的非法纳税人比从事同样投资活动的守法纳税人获得更为有利的税收待遇,公平性与公正性成为了匿名预提的"软肋"。②

匿名预提协议是一种不完全、不透明的合作方式,它可能导致居民国无法真正获取纳税人在瑞士银行持有资产的真实信息,与目前国际社会所倡导的国际税收透明度标准背道而驰,所以它不太可能发展成为一种为全球普遍接受的制度。

(二) 自动信息交换标准统一发展的动因与新趋势

我们从美国、欧盟和瑞士对待自动信息交换的态度上可以看出这三种标准分别存在如下一些问题:(1)美国的标准仅限于两国之间的双边税收信息交换,但国际经贸交易经常涉及三方甚至多方,如果仅仅依赖于双边交换,很可能无法获取完整、全面和真实的税收信息,不利于提升国际税收征管水平。(2)欧盟达成的区域间自动税收信息交换的指令,仅仅限于欧盟的27个成员国之间,但实际上在欧盟金融机构的安排下,利用欧盟境外的银行之间的关系,同样可以达到隐匿财产、逃避税收的目的。因此,欧盟的《利息税指令》与《合作指令》在实践中的适用效果往往会大打折扣。(3)瑞士标准实际上回避了自动信息交换制度,转而用预提的税款换取了其长期赖以生存的银行保密制度。它既构成了欧盟自动信息交换制度的例外,同时也破坏了自动信息交换制度的完整性,给自动信息交换留下了空白和缺陷。

发达国家、新兴国家以及跨国金融机构在这个问题上的利益诉求不谋而合,即都支持确立一个广泛参与的、统一的自动信息交换标准。③ 一方

---

① Andreas Perdelwitz: Rubik Agreement between Switzerland and Germany-Milestone or Selling of Indulgences?, http://www.rdti.it/milano%5CPerderlwitz.pdf.

② 朱晓丹:《"魔方协定":瑞士在国际税收信息交换领域的又一里程碑》,《涉外税务》2013年第2期。

③ Itai Grinberg, Taxing Capital Income in Emerging Countries: Will FATCA Open the Door?, Georgetown Law Faculty Publications, *Public Law Research Paper*, No. 13-031, p. 40, http://ssrn.com/abstract=2256587.

面，当前"碎片化"的合规架构可能会导致跨国金融机构的重复成本。虽然《合规法案》政府间协议试图为跨国金融机构提供一个统一的实施模式，但就目前的情形看，从事跨境业务的金融机构仍然需要熟悉多个不同的合规制度——《范本一》《范本二》以及《合规法案》原有的监管机制。[1] 而且签署了《范本一》政府间协议国家的金融机构的合规属于当地法律问题，换言之，金融机构需要根据其所在的每个司法管辖区的规定分别制定不同合规流程。英国实施《合规法案》的指引（The U. K. Guidance Notes）[2] 就足以说明，在缺乏多边协调的情况下，每个国家可以发布不同的指引意见来解决《合规法案》有关认证、客户识别、尽职调查和验证合规等核心问题。从跨国金融机构角度而言，政府间协议模式的成本可能比统一的《合规法案》合规体系更加昂贵。另一方面，离岸逃避税问题对于发展中国家的威胁和打击最为严重，[3] 制约了这些国家经济的发展。就全球而言，大约有 7.8 万亿美元的资产（代表着超过 6%的家庭财富）是通过离岸账户管理的，[4] 其中超过 1/3 的中东和非洲财富（约为 1.5 万亿美元）以及超过 1/4 的拉丁美洲家庭的财富（约为 9000 亿美元）被离岸持有。[5] 解决发展中国家的离岸逃避税问题迫在眉睫。[6] 然而在现有环境下，发展中国家税收行政机制不健全、专业执行人

---

[1] Itai Grinberg, Taxing Capital Income in Emerging Countries: Will FATCA Open the Door?, Georgetown Law Faculty Publications, *Public Law Research Paper*, No. 13-031, p. 41, http://ssrn.com/abstract=2256587.

[2] HM Revenue & Customs, Implementation of International Tax Compliance (United States of America) Regulations 2013: Guidance Notes, http://www.hmrc.gov.uk/drafts/uk-us-fatca-guidance-notes.pdf.

[3] OECD, Inequality in Emerging Economies, p.31, http://www.oecd.org/els/soc/49170475.pdf.

[4] Boston Consulting Group, *Global Wealth 2012: The Battle to Regain Strength*, p. 10, http://www.bcg.be/documents/file106998.pdf.

[5] Boston Consulting Group, *Global Wealth 2012: The Battle to Regain Strength*, p. 11, http://www.bcg.be/documents/file106998.pdf.

[6] Itai Grinberg, Taxing Capital Income in Emerging Countries: Will FATCA Open the Door?, Georgetown Law Faculty Publications, *Public Law Research Paper*, No. 13-031, p. 26, http://ssrn.com/abstract=2256587.

员稀缺等因素严重限制了他们在打击离岸逃避税方面的决策能力和行动能力。①

综上所述,在后危机时代的大环境下,统一的自动信息交换标准提供了确定的信息报告及尽职调查规则,避免了金融机构在不同国家遵守不同的合规标准,有利于降低其合规成本,同时也可以协助发展中国家更好解决日益棘手的国际逃避税问题,最大限度地维护本国的国家利益。而且,发展中国家和新兴经济体可以利用来自金融机构的专业知识及其潜在的政治影响力,金融机构也可以借助国际社会对于发展中国家的担忧与同情获得更多的关注。从这个意义上说,发展中国家与跨国金融机构不仅具有利益的一致性,而且也具有合作的必要性。

(三) 自动信息交换标准的统一

2013年6月18日,OECD颁布了一份题为《逐步改善税收透明度》的报告(*A Step Change in Tax Transparency*:*Delivering a Standardised, Secureand Cost Effective Model of Bilateral Automatic Exchange for the Multilateral Context*,以下简称《报告》),探讨如何在多边背景下构建一个标准的、安全的、具有经济效益的自动交换模型。②《报告》在附件二部分集中论述了建立在《范本一》基础上的自动信息交换标准化模型的设想。如图3-2所示,线①和线②表示《范本一》所要求的信息转移,即客户或账户持有人向居住国金融机构提供信息,再由金融机构向居住国税务当局报告,A国和B国的税务当局分别与美国的税务当局自动交换信息。线③则是指借助《范本一》在其他伙伴国家之间交换类似信息的可能性。《报告》指出《范本一》具有以下主要特征:(1)包含了报告机制的详细规则。(2)含有大量可确保交换信息符合特定质量标准,并且可以被居民国有效利用的规则。(3)依赖业已存在并且行之有效的途径,即金融机构向国内税务当局报告,税务当局之间进行信息交换。因此,它被视为全球性标准化自动

---

① James Alm & Jorge Martinez-Vazquez, Institutions, Paradigms, and Tax Evasion in Developing and Transition Countries, Public Finance in Developing and Transitional Countries, Richard Miller Bird & Jorge Martinez-Vazquez & James Alm eds., Edward Elgar Publishing, 2003, p. 151.

② OECD, OECD Reports to G8 on Global System of Automatic Exchange of Tax Information, http://www.oecd.org/ctp/oecd-reports-to-g8-on-global-system-of-automatic-exchange-of-tax-information.htm.

交换制度的重大里程碑，而且可以在全球范围内推广适用。

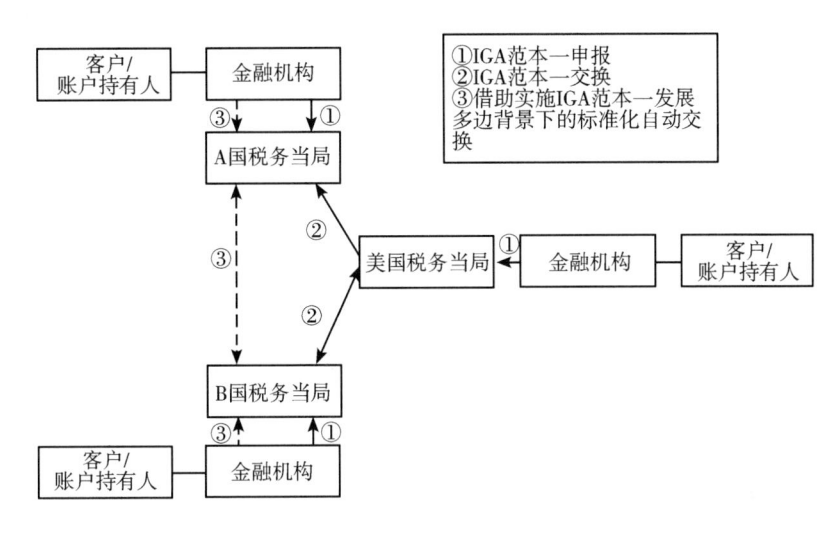

图 3-2 以《范本一》为基础的标准化自动信息交换

OECD 为了进一步确立自动信息交换的全球标准，在《报告》和《范本一》的制度设计基础之上，于 2014 年 2 月 13 日发布了《金融账户信息自动交换标准》的报告（Standard for Automatic Exchange of Financial Account Information：Common Reporting Standard，以下简称《自动交换标准》），[①] 对金融机构应当遵守的通用的报告和尽职调查标准（CRS）做出了详细的规定。该交换标准统一了需要报告的金融信息、需要报告的账户持有人以及需要履行报告义务的金融机构的范围，结束了之前自动信息交换标准不一、适用混乱的局面。除此之外，该标准还为各国主管当局签订协议提供了一份主管机关协议范本（CAA）。[②] OECD 秘书长安吉尔·古利亚先生表示："该项标准的确立预示着游戏规则的真正改变。这项自动信息交换的新标准将使国际税收合作推向新的平台，并且使各国政府回

[①] OECD, OECD Delivers New Single Global Standard on Automatic Exchange of Information, http://www.oecd.org/tax/oecd-delivers-new-single-global-standard-on-automatic-exchange-of-information.htm.

[②] OECD, Automatic Exchange of Financial Account Information, Background Information Brief, p. 3, http://www.oecd.org/ctp/exchange-of-tax-information/Automatic_ Exchange_ of_ Financial_ Account_ Information_ Brief.pdf.

归到一个更加一致的立场,即维护税制完整和打击逃避税行为。"① 目前已有超过 60 个国家承诺初步采纳该标准,全球税收论坛的其他成员也会陆续做出类似承诺。② 在 2014 年 5 月 6 日至 7 日召开的 OECD 部长级会议上,47 个国家共同发表宣言,承诺会尽快将该标准转化为国内法,并在对等基础上予以实施,其中包括所有的 OECD 成员、所有的 20 国集团成员,以及奥地利、卢森堡、瑞士等离岸金融中心。③

《自动交换标准》借鉴了 OECD 之前有关自动信息交换的成果,吸收了欧盟在自动信息交换方面取得的进展以及国际社会在强化全球反洗钱标准方面的努力,同时也认可了《合规法案》在自动信息交换方面的推动作用,④ 要求各国和各地区从其金融机构获取信息,并且每年自动与其他国家和地区交换信息。虽然该标准与《范本一》采取了相同的合规架构,但是二者存在实质性区别,即该标准是由一个完全互惠的自动交换机制组成,⑤ 这是美国《合规法案》所不具备的。例如,《合规法案》设定了存量个人账户的门槛,新的交换标准则取消了这一门槛标准,并借鉴了欧盟《利息税指令》中的居住地址测试;对于那些在尚未参与该标准的司法管辖区所设立的特定投资实体,该标准做出了特别规定等。此外,标准化的术语、概念和方式允许各国无须单独对附件进行谈判协商。⑥ 值得注意的是,尽管《自动交换标准》规定了交换金融账户信息具体要求,但是它

---

① OECD, OECD Reports to G8 on Global System of Automatic Exchange of Tax Information, http://www.oecd.org/ctp/oecd-reports-to-g8-on-global-system-of-automatic-exchange-of-tax-information.htm.

② OECD, Countries Commit to Automatic Exchange of Information in Tax Matters, http://www.oecd.org/newsroom/countries-commit-to-automatic-exchange-of-information-in-tax-matters.htm.

③ OECD, Declaration on Automatic Exchange of Information in Tax Matters, p. 2, http://www.oecd.org/mcm/MCM-2014-Declaration-Tax.pdf.

④ OECD, OECD Reports to G8 on Global System of Automatic Exchange of Tax Information, http://www.oecd.org/ctp/oecd-reports-to-g8-on-global-system-of-automatic-exchange-of-tax-information.htm.

⑤ OECD, Automatic Exchange of Financial Account Information, Background Information Brief, p. 7, http://www.oecd.org/ctp/exchange-of-tax-information/Automatic_Exchange_of_Financial_Account_Information_Brief.pdf.

⑥ Ibid.

并不限制各国根据不同的法律安排交换金融信息的能力,也不阻碍各国自动交换其他类型信息的进程。①

《自动交换标准》颁布之后,美国、欧盟等国家和地区都相继做出了积极的反应。2014 年 3 月 24 日,欧盟在借鉴 2008 年《利息税指令》修改议案的基础上对《利息税指令》进行了修改,以使其与新确定自动交换标准保持一致。一方面,修改后的《利息税指令》扩大了产品和利息所得的范围,将与固定回报的证券(fixed return security)、人寿保险系列产品(life insurance wrapper products)等债权请求具有类似特征、但又不属于上述债权请求的金融产品纳入其中,同时包括了通过《可转让证券集合投资协议》(undertakings for collective investment in transferable securities)获取的所得。② 另一方面,针对对非欧盟机构的支付利息缺乏监管的问题,修改后的《利息税指令》确立了以客户尽职调查为基础的穿透方法(look-through approach)以及法人和法律安排的报告规则,以防止个人通过使用位于非欧盟成员国的中介法人(如基金)或中介法律安排(如信托)规避《利息税指令》的适用。③ 修改后的《利息税指令》于 2014 年 4 月 15 日生效,并计划于 2017 年正式开始实施。④

三 国际自动信息交换多边机制的构建

随着各国的实践以及国际税收透明度新标准的确立,全球化背景下的多边自动信息交换制度呼之欲出,并成为未来税收信息交换发展的必由之路。

《报告》归纳了金融信息标准化多边自动交换模型应具备的三个核心要素:(1)就报告和交换的信息范围以及尽职调查程序达成通用协议。

---

① OECD, Declaration on Automatic Exchange of Information in Tax Matters, p. 3, http://www.oecd.org/mcm/MCM-2014-Declaration-Tax.pdf.

② European Commission, Revised Savings Taxation Directive, http://ec.europa.eu/taxation_customs/taxation/personal_tax/savings_tax/revised_directive/index_en.htm.

③ Ibid.

④ European Commission, Council Directive 2014/48/EU of 24 March 2014 amending Directive 2003/48/EC on taxation of savings income in the form of interest payments, Article 2, http://eur-lex.europa.eu/legal-content/EN/TXT/PDF/?uri=CELEX:32014L0048&from=EN.

(2) 国内报告和国际交换的法律依据。(3) 通用的技术解决方案。①

（一）多边自动信息交换的通用协议

一个有效的自动信息交换模型应该包括一个有关本国金融机构报告以及与居民管辖区交换信息范围的协议，从而确保金融机构的报告符合居民国的利益，同时增加信息交换的质量和可预测性。为了限制纳税人利用金融机构转移资产，一个全面的报告制度需要统一以下三方面内容：(1) 统一需要报告的金融信息的范围。报告制度会涵盖不同类型的投资所得，包括利息、股息和其他同类型的所得，以及账户余额的信息。(2) 统一需要报告的账户持有人的范围。报告制度不仅要求报告个人的信息，还要求金融机构彻底审查空壳公司、信托机构或类似安排，以尽量减少纳税人逃避报告的可能。(3) 统一需要履行报告义务的金融机构的范围。报告制度不仅包括银行，还有经纪公司、集体投资公司和保险公司等其他金融机构。尽职调查程序也非常重要，因为它能协助确保被报告和交换的信息的质量。因此，除了有关收集和交换信息范围的通用协议外，一个有效的金融信息自动交换模型还需要一份明确了金融机构应遵守的尽职调查程序的协议，从而识别可报告的账户，并且获得账户持有人需要报告的识别信息。

（二）《多边税收征管互助公约》——自动信息交换制度的理想法律依据

标准化的多边自动信息交换需要两个方面的法律基础，即国内报告义务的法律基础以及国际信息交换的法律基础。一般而言，各国的国内立法对国内信息报告做出了明确规定，以确保能够有效、高质量地收集信息，为国家间进行信息交换奠定了基础；《OECD 范本》第 26 条以及《多边税收征管互助公约》等国际条约为信息交换提供了国际法上的法律保障，使缔约国之间的自动信息交换得以贯彻落实。

《多边税收征管互助公约》（Convention on Mutual Administrative Assistance in Tax Matters，以下简称《公约》）是由 OECD 与欧洲委员会于

---

① OECD, A Step Change in Tax Transparency: Delivering a Standardised, Secure and Cost Effective Model of Bilateral Automatic Exchange for the Multilateral Context, http://www.oecd.org/ctp/exchange-of-tax-information/taxtransparency_G8report.pdf.

1988 年共同起草的，并向两组织的成员开放。2010 年 5 月 27 日，OECD 与欧委会为响应 20 国集团伦敦峰会的号召，决定对《公约》进行修订，并开放给全球所有国家签署加入。修订后的《公约》采用了国际社会普遍认可的国际税收透明度标准，逐渐排除了银行保密制度等多边税收合作障碍的影响，强调了税收信息获取方式的灵活性，扩大了在税收合作中的开放性和包容性，为世界各国税收信息交换提供了一个很好的交流平台。①

20 国集团在历次峰会上都一直鼓励、敦促各国尽快签署加入《公约》。迄今为止，已经有 64 个国家签署了《公约》，② 其中既涉及所有的 20 国集团成员国、大多数 OECD 成员国和大多数欧盟成员国，也包括了奥地利、比利时、哥斯达黎加、危地马拉、卢森堡、新加坡、瑞士、安道尔、列支敦士登、圣马力诺等离岸金融中心，还涉及马恩岛、安圭拉、百慕大、维尔京群岛、开曼群岛等 13 个英属皇家属地和海外领地。③ 随着越来越多不同种类国家的签署加入，《公约》逐渐成为开展多边合作的理想框架。④ 在这个多边框架下，所有缔约国的税务当局可以按照统一标准模式进行多边自动信息交换，以满足众多发展中国家的利益。OECD 随后的报告指出，为使自动交换信息有效运行，必须保证配有正确的法律和行政框架，因此 OECD 呼吁 20 国集团支持将《公约》框架内的税收信息自动交换作为全球税收信息交换的首选方案。⑤ 全球税收论坛第六次大会也认为，《公约》为自动信息交换的合作提供了一个全面的多边框架，是各国迅速执行自动交换标准的理想工具。

---

① 崔晓静：《〈多边税收行政互助公约〉修订及中国的应对》，《法学》2012 年第 7 期。

② OECD, Status of the Convention on Mutual Administrative Assistance in Tax Matters and Amending Protocol, http：//www.oecd.org/tax/exchange-of-tax-information/Status_of_convention.pdf.

③ OECD, Automatic Exchange of Information：The Next Step：Information Brief, p. 7, http：//www.oecd.org/tax/transparency/global_forum_background%20brief.pdf.

④ OECD, OECD Secretary - General Report to the G20 Finance Ministers, http：//www.oecd.org/tax/2013-OECD-SG-Report-to-G20-Heads-of-Government.pdf.

⑤ OECD, OECD Calls on G20 Finance Ministers to Support Next Steps in Clampdown on Tax Avoidance, http：//www.oecd.org/tax/exchange-of-tax-information/oecd-calls-on-g20-finance-ministers-to-support-next-steps-in-clampdown-on-tax-avoidance.htm.

另外,《公约》虽然为自动信息交换提供了理想的法律依据,但是基于《公约》的自动交换需要两个或两个以上成员国的主管部门就交换信息范围以及所采取的程序等事项事先达成一份单独协议,[①]《公约》将此要求认定为实施自动信息交换的先决条件。[②]《自动交换报告》规定的主管机关协议范本由七个条文组成,对于报告的账户、信息交换的时间与方式、保密和数据保护、协商与修订等做出了明确的规定,为成员国达成单独协议提供了具体的依据,加强了以《公约》为基础的多边自动信息交换的法律基础。因此,本书认为,《公约》必须结合《自动交换标准》才能发挥最大化的作用与功效。

(三) 多边自动信息交换的技术支持

信息交换的标准化格式对于多边自动信息交换模型的有效性与可执行性至关重要。OECD 对自动信息交换的格式给予了大量技术性支持,先后设计出纸本形式的自动信息交换表格、针对磁盘形式传送信息的标准格式(SMF)以及新一代的标准传输格式(Standard Transmission Format,以下简称 STF)。STF 格式使用了在当今信息技术领域广泛采用的可延伸加符语言(XML),能够对信息进行分离,具有非常强的兼容性和灵活性,同时可以有效保障现存数据的可靠性和安全性。目前 OECD 已经召集了其成员国、欧盟和商会的代表来协助开发以 STF 为基础的报告格式,旨在增强报告格式的灵活性,使之可以适用于多边交换的模型之中。对于兼容的传输方式和约定的加密标准,已经有若干司法管辖区在通过电子方式和约定的加密标准进行税收信息交换方面具有一定经验。为了准备实施《合规法案》,美国正致力于研发一个安全的数据交换程序,意欲允许各司法管辖区基于约定的加密协议和软件兼容解决方案来高效地收集信息,安全地交换数据。我们有理由相信,随着计算机信息处理技术的发展,自动信息交换将在信息的保密性、操作的简便性以及传递的快捷性上不断完善创新。

[①] OECD, Text of the Revised Explanatory Report to the Convention on Mutual Administrative Assistance in Tax Matters as Amended by Protocol, p. 11, para. 64, http://www.oecd.org/ctp/exchange-of-tax-information/Explanatory_ Report_ ENG_ %2015_ 04_ 2010.pdf.

[②] 同上书,第 11 页第 65 段。

第二节 金融账户涉税信息交换标准的新发展及中国的应对

一 金融账户涉税信息交换标准的法律渊源

金融账户涉税信息自动交换制度确立是将 AEOI 标准转化为国际条约和国内规范的过程。同时，它的具体执行又会参考 OECD 出台的相关指导文件。因此，金融账户涉税信息自动交换制度的法律渊源，既包括国际层面的条约、标准、规则实施指导，又包括国内层面的配套规范。

（一）国际协议

OECD 主导下的金融账户涉税信息自动交换属于全球范围涉税信息自动交换，一个国家想要加入这个全球信息透明网络，需要执行四项核心步骤：（1）将《共同报告标准》中的金融账户尽职调查和信息申报规则，以及确保 CRS 有效实施的政策和准则转化为本国的国内法；（2）具备信息自动交换的国际法律依据；（3）具备信息交换的系统支撑；（4）有相应的信息隐私和数据安全保护措施。信息自动交换的国际法依据是各国间已存在的税收情报交换的条约或相关条款，具体包括各国以《关于财产和所得避免双重征税的协定范本》（下称《OECD 协定范本》）或《关于发达国家与发展中国家避免双重征税的协定范本》（下称《联合国协定范本》）签订的双边税收协定之第 26 条中有关情报交换的条款；《公约》第六条内容；OECD《税收情报交换协议范本》，以及区域性的协定。

另外，各国通过签署《金融账户涉税信息自动交换主管当局协议》（*Competent Authority Agreement on Automatic Exchange of Financial Account Information*）（下称《CRS 主管当局协议》）确立相关国家间的权利与义务关系，主管当局协议范本构成金融账户涉税情报交换制度直接法律渊源。《CRS 主管当局协议》是金融账户涉税信息自动交换的双边协议范本，即当两国有意向进行金融账户涉税信息的自动交换时，由于其中一国或另两个国家都未加入《公约》，但它们之前签署双边税收协定或双边的税收情报交换协定，那么可以选择签署双边《CRS 主管当局协议》，进行双边的自动信息交换。为了避免分别与每一个国家单独签署主管当局间协议的烦琐程序，已经加入《多边税收征管互助公约》（下称《公约》）的国家通过签署多边《CRS 主管当局协议》。在核心内容（定义、需要报送的信息交换、信息交换的时间和方式、合规与行政合作、保密和数据安全）的规定上是一致的。截至 2018 年 4 月 7 日，全球已有 93 个国家和地区签署多边《CRS 主管当局协议》①。

需要注意的是，即便是两个国家都签署了多边《CRS 主管当局协议》，但这并不必然导致两个国家之间金融账户涉税信息自动交换关系的建立。只有同时满足以下四个条件后，两国间信息自动交换才算真正建立：两国均已加入《公约》；两国已经签署 CRS-MCAA；两国政府依据 CRS-MCAA 第七章之规定向经合组织提交"正式通知"（Notification）（通知内容包括：①确认本国的 CRS 立法已经完成，并告知 OECD 其选择采取双边信息交换模式还是单边信息交换模式；② ②有关金融账户涉税信息传输和信息加密方式的说明；③有关信息交换中符合数据保密要求的说明；④确认本国已经有符合要求的数据保密和数据安全保障；⑤列出在 CRS-MCCA 模式下愿意与其进行信息自动交换国家的名单。）由此可见，在多边《CRS 主管当局协议》模式下，两个国家想要达成最终的金融账户涉税信息自动交换伙伴关系，必须双方都加入《公约》并签署多边《CRS 主管当局协议》，同时在提交给 OECD 的通知名单中，分别将对方列为有意向与其交换信息的伙伴国。③

（二）国际软法

金融账户涉税信息自动交换制度的国际软法性规范可以从两个方面来概括：制度的确立和制度的实施。从制度的确立来看，金融账户涉税信息自动交换制度是建立在《AEOI 标准》之上，这些标准虽没有直接的国际法

---

① OECD, signatories of the multilateral competent authority agreement on automatic exchange of financial account information and intended first information exchange date, http://www.oecd.org/tax/automatic-exchange/international-framework-for-the-crs/MCAA-Signatories.pdf.

② 在一些无税或低税率的国家对其境外持有资产的居民信息并无要求，进而承担单方面的税收情报交换义务。

③ See: http://www.oecd.org/tax/automatic-exchange/international-framework-for-the-crs/exchange-relationships/Questions-and-answers-international-exchange-relationships-crs-information.pdf.

效力，但可以指导金融账户涉税信息自动交换的具体实施，当出现争议时可以作为参考的依据。从制度的实施来看，《AEOI 标准》规定的范本较为简单，在具体实施中面临诸多问题，同时，在金融账户涉税信息自动交换制度具体实施过程中不法纳税人利用 CRS 的漏洞，通过大量的规避手段，使得他们的信息逃离于共同报告标准（以下简称 CRS）规则之外。基于此，OECD 相继出台了《主管当局协议范本释义》（Commentaries on the Model Competent Authority Agreement）、《CRS 文本释义》（Commentaries on the Common Reporting Standard）、《避免 CRS 的安排和不透明离岸结构的强制披露规则范本》（Model Mandatory Disclosure Rules for CRS Avoidance Arrangements and Opaque Offshore Structures）等。

（三）国内法

金融账户涉税信息自动交换下金融机构的界定、应当履行的尽职调查职责等均由各国按照 CRS 制定国内规范，如我国 2017 年 7 月 1 日正式实施的由国家税务总局、财政部、中国人民银行、中国银行业监督管理委员会、中国证券监督管理委员会、中国保险监督管理委员会制定《非居民金融账户涉税信息尽职调查管理办法》。此外，金融账户涉税信息自动情报交换过程中，还会涉及有关纳税人所享有的权利、所交换信息的保密等问题，主管当局协议仅仅做了原则上规定，这些问题会依据国内相关法规进行调整。与之相关的国内法规均构成金融账户涉税信息自动交换的国内法律渊源。

二 金融账户涉税信息交换标准对中国税收征管的挑战

中国于 2013 年 8 月 27 日签署《多边税收征管互助公约》，2017 年 1 月 1 日正式执行该公约。公约第六条"自动情报交换"条款为包括 CRS 标准在内的情报交换提供了法律依据；中国也在经合组织出台 AEOI 标准后于 2017 年 6 月 7 日加入《CRS 多边主管当局间协议》，并于 2017 年 7 月 1 日起执行。国家税务总局、财政部等六部委局为了履行金融账户涉税信息自动交换国际义务，规范金融机构对非居民金融账户涉税信息的尽职调查行为，制定《非居民金融账户涉税信息尽职调查管理办法》（以下简称《管理办法》），并在其后出台关于《管理办法》的解读。《管理办法》主要规定了我国境内金融机构识别外国税收居民账户并收集相关信息的原则和程序，包括对基本定义的解释、个人账户与机构账户的尽职调查程序、无须开展尽职调查的金融账户、金融机构须收集和报送的信息范围，以及对违规金融机构和客户的处理措施等。为确保税务总局能够按时对外交换信息，《管理办法》还规定金融主管部门与税务总局之间应建立涉税信息共享机制，以便税务总局及时获取外国税收居民的金融账户涉税信息。

《管理办法》的出台，标志着我国已经启动金融账户涉税信息自动交换标准的国内法转化适用。通过开展以金融账户涉税信息自动交换为核心的国际税收合作，中国将进一步加强对跨国公司的利润水平监控以及对纳税人海外收入和资产的监管，有利于维护中国税收利益，促进社会公平，并以此为契机积极参与全球经济治理和国际政治对话，推动构建公平竞争的国际经济秩序和制度环境，实现各国互利共赢。

然而，CRS 标准在国内转化实施过程中，也给现行的中国国际税收征管制度带来如下挑战：

（一）税收法律制度有待完善

由于规则的制定者仍是以欧美发达国家为主，中国作为规则的接受者和执行者，在法律移植过程必然出现法律衔接和与现行税收法律制度冲突的问题。如《税收征管法》并没有赋予金融机构等第三方主动向税务机关报告涉税信息的义务，无法满足金融账户涉税信息自动交换的要求。此外，《税收征管法》对税收情报交换的证据效力的规定不够明确；对自然人纳税人的税务登记以及税收保全及强制措施的适用等规定也不能满足税收情报交换的需要。

在进行信息交换时，与现有银行保密制度的冲突、信息保护都将成为规则落实时中国需要解决的问题。我国关于银行保密义务的规定散见于《商业银行法》《银行业监督管理法》等法律法规中，目前我国法律对银行保密义务的例外规定相对较少且缺乏明确性，现行国内法规定的税务机关可获取的账户信息范围实际上小于 CRS 标准。

（二）税收信息交换效率有待提升

为了使信息交换工作跟上国际形势的发展，进一步提高国际税收信息交换工作的质量和效率，2006 年国家税务总局在整合现有法律文件及借鉴国际规则的基础上制定了《国际税收情报交换工作规程》（以下简称

《规程》)。《规程》就税收信息交换的各个环节做出了较为具体的规定，对我国开展税收信息交换工作具有重要的指导意义。《规程》颁布后，我国逐步形成了由税收协定、专项协议、国内规章三者构成的多层级税收信息交换的法律体系。[①]《规程》是目前国内唯一一个有关自动信息交换的实施制度。[②]《规程》第 7 条规定信息交换的类型包括自动信息交换，该条款为实施自动信息交换提供了国内法上的依据，但是《规程》还是不可避免地存在一些漏洞和缺陷：例如，《规程》只是简单规定了自动信息交换的方式，但对其具体操作方式缺乏有针对性的明确指导；对可交换的信息范围采取"必要性"标准，与国际社会倡导的"可预见性相关"标准不符；根据《规程》的规定，基层税务机关在实行反避税时，如需要和国外进行信息交换，需要逐级上报，经由市级、省级、国家级三级税务部门的层层审批和协调，程序烦琐，交换周期长，时效性差；而且作为一个规范性法律文件，《规程》的效力远低于法律、法规和规章，很可能因为其他高效力法律文件而导致其适用的困难。

(三) 纳税人权利保护力度不足

《CRS 文本释义》属于国际软法性规范，并不会在缔约国之间形成国际约束力，是否将纳税人被通知权转化为各国 CRS 法规的一部分取决于各国对纳税人参与权的立法态度。是否确立金融机构的通知义务，以及通知内容的详尽程度，都由缔约国国内 CRS 规则来确立。正是由于其不具有国际法上的强制力，有的国家或地区并没有确立金融机构的通知义务，例如泽西岛、马恩岛、英属维尔京群岛、开曼群岛。[③] 还有部分国家没有在 CRS 国内法规中规定金融机构的通知义务，仅赋予纳税人知情权。如加拿大，加拿大的 CRS 法规和实施指引中并没有规定有关金融机构告知账户持有人的义务内容，但是加拿大税务局在其官网公布的《CRS 问与答》上做了进一步说明，加拿大税务局并不要求加拿大的金融机构履行有关账户持有人信息申报的告知义务。但是如果账户持有人要求，金融机

[①] 梁若莲：《美国税收情报交换的经验与借鉴》，《涉外税务》2008 年第 11 期。

[②] 李堃、王秀文：《OECD〈税收透明度的阶跃提升〉报告介绍与借鉴》，《国际税收》2014 年第 3 期。

[③] 同上。

构应当告知账户持有人其个人信息是否已经被申报。① 从金融账户涉税信息自动交换的相关法律渊源来看，在纳税人通知权的确立上，仅规定了金融机构履行该义务，没有确立税务主管当局的通知义务。如前所述，《公约》的第四条 3 项提及的通知权，仅是针对缔约国的居民或国民，而金融账户涉税信息自动交换下涉及的非居民并不包括在内。此外，在纳税人磋商权和介入权上也无明确规定，都取决于缔约国国内的法律。

然而，OECD 关于税收情报交换及时性的要求（90 天）和同行评议监督压力又导致缔约国废除或减少纳税人在税收情报交换中的程序性权利。OECD 为了强化实施国际税收透明度和信息交换的标准和原则，在其下设的机构全球税收论坛确立同行评议程序，作为一个综合性的监督与促进机制，以促进对国际税收透明度原则的实际执行。② 对于论坛成员国遵守税收透明度标准的监督实际减损了纳税人在信息交换中的权利。依据同行评议参考标准，国家间税收情报信息的交换应该是及时和有效的。各国都期待在提出税收情报交换请求后 90 天以内可获得该情报或关于请求状态的报告。上述同行评议的结果直接导致了相关国家废除了纳税人在信息交换期间程序性的权利。2015 年 IFA 总报告指出，由于全球透明度和全球论坛关于为税收目的交换信息的同行评议，各国已改变其国内法，主要是废除或减少诉讼权、通知权及对信息交换的异议权。依据对奥地利、列支敦士登、荷兰、葡萄牙、瑞士和乌拉圭的报告，通知纳税人的程序（包括对情报交换所提出异议的可能性）在这些国家已被完全删除或减少。在所有情况下，取消通知和异议的权利都是来自经济合作与发展组织关于透明度和信息交流论坛的压力和降低同行评议不合规结果的风险。③ 总的来说，OECD 关于税收情报交换及时性的要求（90 天）和同行评议监督压力导致国家废除或减少纳税人在税收情报交换中的程序性权利。

---

① 参见加拿大税务局网站（htps：//www.canada.ca/en/revenue-agency/programs/about-Canada-revenue-agency-cra/federal-government-budgets/budget--middle-class/common-reporting-standard.html）。

② 崔晓静：《国际税收透明度同行评议及中国应对》，《法学研究》2014 年第 4 期。

③ Irma Johanna Mosquera Valderrama, The Rights of Multinationals in the Global Transparency Framework: McCarthyism?, *IBFT Journal* Articles.

从上述金融账户涉税信息自动交换相关法律渊源中纳税人信息保密权的具体规定可知，不论是主管当局协议、《公约》，还是双边的税收协定、税收情报交换协定，在税收情报信息的保密规定上都仅做了原则性的表述，即缔约方需按照国内法规同样给予接受到的税收信息予以保护。同时，可由情报提供国根据其国内法提出保护要求，但这里的表述是一种选择性的权利，并非强制性要求。对税收情报的具体保护要求仍然是取决于缔约国国内法，由于各国国内法对税收情报保护的标准并不一样，直接导致纳税人享受到的权利是不一样的。特别是低税或无税的国家。所得税的缺失不但牵涉实体税收义务问题，而且涉及税收征管问题。如果没有所得税，那么这些地区就没有必要维持一个复杂而繁重的信息报告制度[1]。在缺乏信息报告制度的情况下，直接导致配套的关于税收情报信息保密相关规定的缺失，或者是采取很低的标准。

信息保密被视为税收情报交换的"基石"。一方主管当局违反保密性要求或未能实施保护措施可构成另一方主管当局暂停实施情报交换的事由。保密性要求贯穿于金融账户情报交换的多个环节：在金融机构填报和申报信息时、在信息发送方税务机关取得信息后保存数据和传输数据时、在接收方税务机关取得数据并对信息加以利用时。[2] 然而，从金融账户涉税信息自动交换的相关国际立法中，仅将信息接收方作为信息保密权的义务主体。如在《OECD协定范本》第26条表述为"缔约国一方根据第一款收到的任何信息，都应和根据该国国内法所获得的信息一样作密件处理。"《OECD税收情报交换协议范本》第8条表述为"缔约国对按照本协议所获得的任何税收情报应当保密"，《公约》第22条和主管当局协议中的表述也与《OECD协定范本》《OECD税收情报交换协议范本》类似。那么非居民纳税人在信息发送方税务机关取得信息后保存数据和传输数据时是否得到保护，将完全取决于信息发送方的国内法规规定。

（四）海外华侨利益未获充分保障

据官方统计，中国有6000多万名海外华侨，而我国承诺的CRS将对

---

[1] Steven A. Dean: Philosopher Kings and International Tax: A New Approach to Tax Havens, Tax Flight, and International Tax Cooperation, *Hastings Law Journal*, 2006.

[2] 邱冬梅：《税收情报自动交换的最新发展及我国之应对》，《法学》2017年第6期刊。

海外华侨造成如此大的灾难,对我国数以万亿计的侨资造成被他国没收、冻结等不确定性风险;根据 OECD 建议,中国在选择信息伙伴交换国时,应慎重考虑交换国国内信息保密制度,避免信息泄露风险。中国在选择时也应慎重考量在境外持有绿卡、永久居民身份和双重国籍的华人和华侨的人身和财产安全,避免因为税收信息的交换而导致广大拥有高净值资产华侨的撤资和受到遣返,甚至面临牢狱之灾的负面影响。

三 中国执行金融账户涉税信息交换标准的完善建议

值得一提的是,金融账户信息自动交换虽源自国际税改的要求,但客观上提供了增加金融机构披露义务、助推国内税收征管的有利机会。在国际社会不断倡导提升税收透明度、加强多边税收信息交换的背景下,我国应当努力完善相关国内立法,同时号召发展中国家更加积极参与多边税收合作,争取更多的话语权,共同推进国际税收规则的变革,构建一个更加公平高效的国际税收新秩序。

(一) 谨慎选择并适时调整信息交换伙伴国

《CRS 多边主管当局协议》作为框架性协议,确保了每一个缔约国对其所涉及的交换关系拥有最终的控制权。根据《CRS 多边主管当局协议》第七条规定,主管当局必须在签署协议或本国执行 CRS 的国内法已经准备就绪后,立即向 OECD 发出通知,并明确载明愿意与之进行信息交换的《CRS 多边主管当局协议》签署国名单。只有《公约》对两个国家均已生效,且 OECD 发现两个国家递交的通知中均将对方列入信息交换伙伴国名单时,达成"合意""配对"成功的两个国家才会以《CRS 多边主管当局协议》为基础开展涉税信息自动交换。换言之,虽然目前《CRS 多边主管当局协议》已经拥有数量庞大的签署国,但是签署这一多边协议并不意味着签署国即有义务向所有其他签署国自动交换涉税信息。《CRS 多边主管当局协议》为各国开展自动信息交换提供必要的法律框架和平台支持,与谁交换、何时交换仍然取决于各国自主决策以及双方的共同意愿,即便匹配成功后,各国也有权经通知 OECD 随时修改伙伴国名单并进而解除"匹配"关系。《公约》和《CRS 多边主管当局协议》项下的自动信息交换是一种较为松散的合作模式,利益是否契合一直是各国选择合作伙伴的关键。

截至 2018 年 4 月，承诺执行 CRS 的国家之间已经建立起超过 2700 组交换关系，[①] 承诺交换国别报告的国家之间也已经搭建了超过 1400 组交换关系，[②] 其中既包括《CRS 多边主管当局协议》签署国之间的交换关系，也包括欧盟成员国在欧盟委员会指令第 2016/881/EU 号（EU Council Directive 2016/881/EU）[③] 框架下确立的交换关系，以及美国、香港等国家或地区依据双边税收协定或专项信息交换协定进行的交换。

本书认为，我国应综合考虑国际长期发展战略以及对外投资现实需求，审慎选择开展信息交换的合作国家以及具体合作模式。

首先，我国可以充分利用现有双边税收协定及税收信息交换协定，选择最有利于我国的处理方式开展自动交换。我国已签署的 105 个避免双重征税协定（安排/协议）中均包含有关税收信息交换的条款，此外还与 10 个国家（地区）签署了专项税收信息交换协定。[④] 在两国都是《公约》缔约方且已签署双边税收条约的情况下，《公约》允许两国可以选择最有效、最适当的条约执行。英国和香港地区作为 CRS 的承诺方，就是通过两国自愿签署双边协议来执行 CRS。香港目前已经通过了本地的 CRS 立法，按照香港政府的说法就是，"香港将开始从其 42 个已签订全面性避免双重课税协定或税务资料交换协定的经济体中，物色进行自动交换资料的伙伴"。[⑤] 借助现有双边协定选择自动信息交换伙伴国可以有效降低合作过程中的阻力和障碍，提高信息交换的效率。

其次，我国在选择交换伙伴国时，应当充分考虑各方的利益及其协调

[①] OECD, Activated Exchange Relationships for CRS Information, http://www.oecd.org/tax/automatic-exchange/international-framework-for-the-crs/exchange-relationships/.

[②] OECD, BEPS Action 13: Jurisdictions Implement Final Regulations for First Filings of CbC Reports, With Over 1400 Bilateral Relationships Now in Place for the Automatic Exchange of CbC Information, http://www.oecd.org/ctp/beps/beps-action13-jurisdictions-implement-final-regulations-for-first-filings-of-cbc-reports.htm.

[③] EU, Council Directive (EU) 2016/881of 25 May 2016 Amending Directive 2011/16/EU as Regards Mandatory Automatic Exchange of Information in the Field of Taxation, http://eur-lex.europa.eu/legal-content/EN/TXT/PDF/?uri=CELEX:32016L0881&from=EN.

[④] 参见国家税务总局：税收条约，http://www.chinatax.gov.cn/n810341/n810770/index.html。

[⑤] 参见香港税务局《2016 年税务（修订）（第 3 号）条例》生效，https://www.ird.gov.hk/chs/ppr/archives/16063001.htm。

平衡。我国在拟与某个国家成为交换伙伴国时,必须对信息交换所带来的税收实际利益进行仔细评估,只有当双方的税收实际利益大致平衡时,方可考虑建立交换伙伴国关系。此外,由于各国在认定税收居民身份时采取的标准不一,许多长期在海外工作的中国居民很可能被认定为当地税收居民,从而被当地税务机关要求就其全部所得在当地缴税。我国在选择交换伙伴国时,应当充分考虑、平衡那些可能构成外国税收居民的中国公民的合法权益。其中,长期在海外打拼旅居国外勤勉经商、具有外国税收居民身份,同时在中国境内有大量存款和消极投资的海外华侨的利益,以及长期活跃在国际影坛和体坛的具有双重税收居民身份、同时具有中国国籍的演员和运动员的利益,都是我们在选择伙伴国时所要考虑的重要因素。

(二) 完善信息交换的国内法律体系

本书认为,在这种国际环境和国内背景下,我国税收信息交换体系的完善势在必行。为应对信息交换对现行税收征管制度的挑战,首先我国应尽快启动对《税收征管法》及其实施条例的修改程序,设立"税收征管国际合作"专章;修改《商业银行法》《银行监督管理法》及《储蓄管理条例》等中关于银行保密义务的规定,以消除法律障碍;在《管理办法》中加入信息保护条款,并设置相应配套责任体系。

其次,明确金融机构和各级税务机关的分工,逐步建立健全支付机构收集、报告信息,基层税务机关检查、整合信息,省级以上税务机关分类管理、加密处理信息的收集程序,以及信息解密、录入、匹配、识别纳税人等信息的接收处理程序,从而简化信息交换的管理,缩短信息交换的周期,提高信息交换的效率。另外,由于自动信息的收集和制作需要投入大量人力和物力,手工挑选、录入的方式已经难以满足信息数量日益增长和国际上对自动化程度和格式规范化的要求。因此,为了提高国内信息收集和国际信息交换两方面的工作效率,我国必须借鉴国际经验,以 OECD 确立的 STF 格式为基础,加快建立专门的信息交换处理系统,将信息化技术运用于交换数据的分类、录入、查询、筛选、传输等管理环节中,以满足与其他国家间进行信息交换的需要。

再次,我国还应该考虑建立完善信息交换实施完毕后的反馈机制,以方便我国准确掌握交换信息的利用状况,同时加强与他国税务当局之间的联系,密切双方税务部门的协调合作,进而提高国际税收信息交换机制的针对性和有效性。

最后，从我国目前税收信息交换工作的现状来看，履行税收信息交换义务的能力正在不断提高，但利用他国所提供的税收信息的能力仍有待加强，这使得我国在税收信息交换的实践中几乎沦为较单一的信息提供国。因此，我国应当切实贯彻互惠原则，在向他国提供税收信息的同时，还应意识到自己所具备的信息请求国身份，积极向其他缔约国提出信息请求，并提高对税收信息的使用效率。①

（三）构建与东盟国家的区域性税收信息交换平台

近年来，我国积极参与 OECD、联合国和 G20 国际税收规则制定，在全球税收治理中扮演着越来越重要的角色，中国已经从税收政策的追随者（norm-taker）逐渐发展成为税收政策的影响者（norm-shaker），未来还可能成为税收政策的制定者（norm-maker）之一。按照党中央、国务院的决策部署，我国应当抓住"一带一路"倡议的契机，创新跨区域合作机制，积极参与构建合作共赢的新型国际税收关系，为世界提供更多国际公共产品的供给。本书认为，现阶段在整个沿线构建多边或区域税收信息交换平台难度较大，我国可以以中国—东盟的现有框架为依托，并在此基础上构建中国—东盟税收信息交换的法律机制，并以此为起点将信息交换的经验和实践进行总结归纳后，进一步在"一带一路"国家之间拓展，并影响和覆盖重点投资目的地国家，从而扩大区域税收信息交换的范围，形成更具参与度、包容性和影响力的区域间税收信息交换的法律机制。

以东盟国家为切入点建立区域税收信息交换具有合理性。首先，东盟国家在"一带一路"倡议中具有重要地位，进一步加强中国与东盟的税收信息交换具有必要性。如图 3-3 所示，中国对沿线国家投资存量前 15 位的国家中，有 7 个是东盟国家；截至 2016 年年底，沿线国家对中国外商直接投资前 15 位国家中，有 6 个是东盟国家。② 因此，东盟国家在"一带一路"战略中具有重要地位，中国与东盟国家相互投资关系密切，产生的涉税信息众多，推动中国—东盟的税收信息交换对双方准确了解纳

---

① 付慧姝：《税收情报交换制度法律问题研究》，群言出版社 2011 年版。
② 参见中国统计局《2017 年中国统计年鉴》（http://www.stats.gov.cn/tjsj/ndsj/2017/indexch.htm）。

税人投资情况、巩固税基具有重要作用。其次，开展区域性税收信息交换符合东盟各国的切实需求。目前，东盟成员内部个别国家双边税收协定签订数量较少，① 中国—东盟整体税收协定的覆盖率仍然较低，② 开展双边信息交换存在制度障碍。从中国与东盟长远的合作发展来看，应继续完善目前的税收信息交换网络，而构建区域性税收信息交换平台不失为弥补目

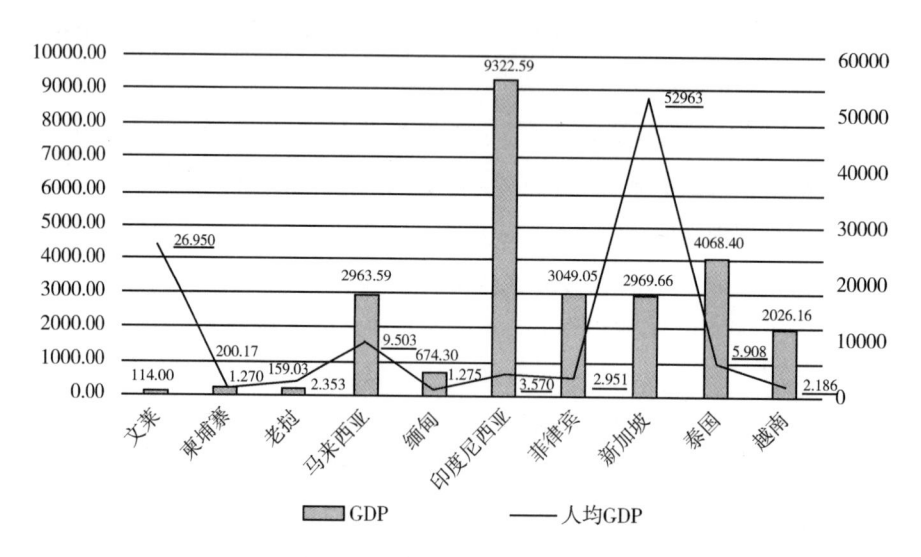

图 3-3 东盟国家 2016 年度 GDP 及人均 GDP 对比③

单位：亿美元（GDP）/美元（人均 GDP）

前区域内部双边税收协定覆盖率较低的策略。最后，东盟国家经济发展水平、所得税税制差异较大，在沿线国家中具有代表性。如上图所示，东盟成员国中 2016 年度 GDP 最高的印度尼西亚与最低的文莱相差近 82 倍，人均 GDP 最高的新加坡与最低的柬埔寨相差近 42 倍。另外，就东盟成员国企业所得税标准税率而言，5 个成员国税率处于 17%—20%，4 个成员国处于 24%—25%，1 国处于 30%，企业所得税税率差异较大。推进中

---

① 本书根据 IBFD 税收协定数据库等网站检索，柬埔寨目前仅与中国、新加坡签订了税收协定，文莱未与泰国、菲律宾、缅甸订立协定，缅甸未与菲律宾，菲律宾未与老挝订立协定。

② "中国—东盟税收问题研究"课题组：《中国—东盟税收协调问题研究》，《涉外税务》2008 年第 4 期。

③ 具体数据请参见世界银行：GDP（现价美元）（https://data.worldbank.org.cn/indicator/NY.GDP.MKTP.CD?view=chart）。

国—东盟的区域税收信息交换，对于"一带一路"整体的税收信息交换及税收协调与合作，具有重要的借鉴意义与实践价值。

（四）金融账户涉税信息自动交换下纳税人权利平衡与协调

根据《中华人民共和国税收征收管理法》（以下简称《税收征管法》）第五十四条之规定，① 从该规定可以看出，在 CRS 实施之前，中国税务机关并不能从银行等金融机构自动获得纳税人的包括存款账户在内的金融账户信息。对于个人储蓄账户（存款账户），只有在税务机关调查税收违法案件时履行一定的行政手续后才可以进行调查。尽管《管理办法》属于行政规章，其立法层级低于《税收征管法》，但其规定内容是依据中国对外签署的《多边税收征管互助公约》和《主管当局间协议》等国际公约和协议而制定。依据中国《税收征管法》第九十一条规定，中华人民共和国同外国缔结的有关税收的条约、协定同本法有不同规定的，依照条约、协定的规定办理。其内容应当优先适用于作为国内法的《税收征管法》。但是，对于非居民和居民的金融账户分别适用《管理办法》和《税收征管法》第五十四条，显然会造成新的税收不公平。这种不公平体现在两点：第一，在国外金融机构未持有账户的居民纳税人与在我国境内金融机构持有账户的非居民纳税人，前者在中国的金融机构持有的账户信息，不管该账户价值或者余额多大，税收机关也无权自动从金融机构获取，但后者哪怕该账户的余额是零，甚至是负数，也要被中国税务机关获取；第二，在国外金融机构未持有账户的居民纳税人与在国外金融机构持有账户的居民纳税人。前者不管该账户价值或者余额多大，税务机关也无权自动从金融机构获取，但后者哪怕该账户的余额是零，甚至是负数，也要被中国税务机关从第三国交换获取。

进一步分析，《管理办法》和《税收征管法》就纳税人信息披露在行政权力扩张下实质性地造成在国外未持有金融账户的纳税人与在国外金融机构持有金融账户的纳税人和在我国境内金融机构持有账户的非居民纳税人权利义务的不平衡，后两者承担更多的信息披露义务，前者享受到了额

---

① 《税收征管法》第 54 条 "税务机关在经过县以上税务局（分局）局长批准，凭全国统一格式的检查存款账户许可证明，可以查询从事生产、经营的纳税人、扣缴义务人在银行或者其他金融机构的存款账户。税务机关在调查税收违法案件时，经设区的市、自治州以上税务局（分局）局长批准，可以查询案件涉嫌人员的储蓄存款。税务机关查询所获得的资料，不得用于税收以外的用途"。

外的特权。如前文所述，公民之间享有的权利与义务是等量等值，超过权利分配的适当限额强加的权利，或者超出义务范围对义务人提出过分的要求，都是不公平的。值得关注的是，2015年1月国务院法制办公室发布的《中华人民共和国税收管理法修订草案（征求意见稿）》（以下简称《征管法意见稿》）在第四章之"信息披露"中对于税务机关与银行等金融机构之间信息互动共享的问题做了新的更为完整的规定。根据《征管法意见稿》第三十二条规定，① 要求银行和其他金融机构需要向税务机关报送账户持有人的账户及收益等情况。没有区分账户持有人是否是非居民。该修订意见平衡了在海外金融机构持有账户的纳税人和未在海外持有账户的纳税人在信息披露上的权利与义务不平衡问题。同时，也使得《管理办法》与《税收征管法》对税务机关获取金融账户持有人账户信息内在的一致性。这应当在以后对《税收征管法》的修改中得以体现。

第三节 国别报告制度的新发展及中国的应对

国别报告制度是在2014年9月经济合作与发展（OECD）组织发布的7项税基侵蚀和利润转移（BEPS）行动计划产出成果中正式引入的转让定价文档交换制度。该制度要求跨国企业集团提供其所在的所有税收管辖地范围内与全球收入分配、纳税情况以及相关税收管辖地经济活动指标相关的信息。

我国作为G20成员国之一，对BEPS行动计划承诺实施，并为落实国别报告制度出台《关于完善关联申报和同期资料管理有关事项的公告》，然而这是我国第一次实施大规模的自动信息交换，同时我国作为发展中国家，有自身特殊的税收利益和主权诉求，本节首先介绍国别报告制度，进而通过域外研究对比得出中国对国别报告制度应采取的态度，同时学习域外经验进一步完善我国国别报告制度。

---

① 《征管法意见稿》第32条"银行和其他金融机构应当按照规定的内容、格式、时限等要求向税务机关提供本单位掌握的账户持有人的账户、账号、投资收益以及账户的利息总额、期末余额等信息。对账户持有人单笔资金往来达到5万元或者一日内提取现金5万元以上的，银行和其他金融机构应当按照规定向税务机关提相关信息。税务机关从银行其他金融机构获取的纳税人信息只能用于税收目的，不得向第三方披露"。

一 国别报告制度产生背景及其实践发展

（一）自动信息交换的产生与发展

国别报告制度的实质属于传统税收情报交换方式中的自动信息交换方式。自动信息交换作为国际税收透明度的最新标准，是不断发展的。① 2008年国际金融危机之后，自动信息交换因其自动性、批量性等特点，受到国际组织和各国政府高度关注，其作为打击逃避税的重要手段之一，逐渐被确立为国际税收透明度的新标准。国际社会对于将自动信息交换作为信息交换方式新的标准已经达成共识，并已将其立法工作提上日程。目前，国际税收自动信息交换的形式有金融账户涉税信息自动交换制度和国别报告制度，对比如表3-2所示。②

表3-2　　　　　　　　　　CbC与CRS对比表

软法	多边协议	法律基础	我国落实
BEPS第十三项行动计划	转让定价国别报告多边主管当局间协议	多边税收征管互助公约	国家税务总局关于完善关联申报和同期资料管理有关事项的公告（国税2016年42号文）
OECD《金融账户信息自动交换标准》	金融账户涉税信息自动交换多边主管当局间协议	多边税收征管互助公约	非居民金融账户社会信息尽职调查管理办法

---

① 自动信息交换作为国际税收情报交换的一种方式，最早出现在1963年OECD颁布的《关于财产和所得避免双重征税的协议范本》中，该范本第26条规定正式将自动信息交换确立为情报交换方式之一；随后1979年联合国颁布的《关于发达国家和发展中国家避免双重征税的协定范本》第26条同样规定其为信息交换方式之一。除在两大最具影响力协议范本中规定之外，税收征管领域最具影响力的《多边税收征管互助公约》也专门对自动信息交换做出了规定。

② 前者由2014年2月13日OECD发布的《金融账户信息自动交换标准》（Standard for Automatic Exchange of Financial Account Information in tax matters，以下简称自动交换标准）正式确立，《金融账户信息自动交换标准》由两部分构成，一部分是确定金融机构尽职调查和报告义务的统一报告标准（Common Reporting Standard，CRS），另一部分是为各国主管当局签订协议提供的范本——主管机关协议范本（Competent Authority Agreement，CAA），其法律依据是《多边税收征管互助公约》的"自动信息交换条款"；后者则是本章节介绍的重点，由OECD组织2014年9月最早发布的7项产出成果中的"转让定价文档和国别报告"项目计划成果正式确立，与前者一样，国别报告的落实方式也分为多边主管当局间协议、双边税收协定和税收情报交换协定三种具体方式，其法律依据也是《多边税收征管互助公约》的"自动信息交换"条款，不同的是前者交换的信息是金融账户涉税信息，而后者是公司的同期资料。

(二) 世界整体落实情况

2015年10月5日，OECD正式发布BEPS行动计划全部成果，并在同年11月5日的安塔利亚峰会上得到G20领导人背书，世界反避税工作进入后BEPS时代，各国政府工作重点转移到BEPS行动计划成果的转化和落实上。关于第十三项行动计划国别报告制度，截至2017年1月26日，签署《国别报告多边主管当局间协议》的国家数量已经达到57个，包括中国、德国、法国、日本等国家，但美国尚未签署该协议。

表3-3　　　　　　　　　　　国别报告制度落实表

已落实国家或地区
阿根廷、澳大利亚、澳地利、比利时、巴西、保加利亚、加拿大、智利、克罗地亚、捷克、丹麦、法国、加蓬、德国、根西岛、中国香港、印度、印度尼西亚、爱尔兰、马恩岛、以色列、意大利、日本、泽西岛、韩国、拉脱维亚、列支敦士登、立陶宛、卢森堡、马来西亚、马耳他、墨西哥、挪威、荷兰、新西兰、尼日利亚、中国、波兰、葡萄牙、俄罗斯、新加坡、斯洛伐克、斯洛文尼亚、南非、西班牙、瑞典、瑞士、土耳其、英国、美国、乌拉圭

BEPS行动计划是国际反避税领域的软法，本身不具有强制执行力，国别报告制度虽是其中最低标准之一，但执行力有限。目前仅G20国家领导人对BEPS行动计划进行承诺，具有软性约束；欧盟则对2011年出台的《行政合作指令》进行修订，增加国别报告和自动交换的内容，并要求所有成员于2017年6月4日前采纳建议，公布法律，具有硬性约束。欧盟国家中仅塞浦路斯、爱沙尼亚、芬兰、希腊、匈牙利、拉脱维亚、罗马尼亚七个国家尚未落实，G20成员国中仅沙特阿拉伯未落实，参见图3-4。

(三) 国别报告制度的影响

BEPS行动计划将对跨国企业、税务机关和国家税制产生重大影响，而国别报告制度是其中第一批出台且最早在各国落实的行动计划。[①] 下面分别从跨国企业、税务机关、国家税制三个方面分析其影响。

1. 跨国企业

根据汤森路透2016年全球BEPS准备情况调查报告，"大多数受访公

---

① 根据BEPS第十三项行动计划，全球收入超过7.5亿欧元（或等值本国货币）的企业需自2016年1月1日起的财年开始编制国别报告，并自2017年1月1日起提交至税务机关。

```
G20国家:                G20欧盟国家:     欧盟国家:
阿根廷                    法国              奥地利
澳大利亚                  德国              比利时
巴西                      意大利            保加利亚
加拿大                    西班牙            克罗地亚
印度                                        捷克
印度尼西亚                                  丹麦
日本                                        爱尔兰
韩国                                        拉脱维亚
墨西哥                                      立陶宛
中国                                        卢森堡
俄罗斯                                      马耳他
南非                                        荷兰
土耳其                                      波兰
英国                                        葡萄牙
美国                                        斯洛伐克
                                            斯洛文尼亚
                                            瑞典
```

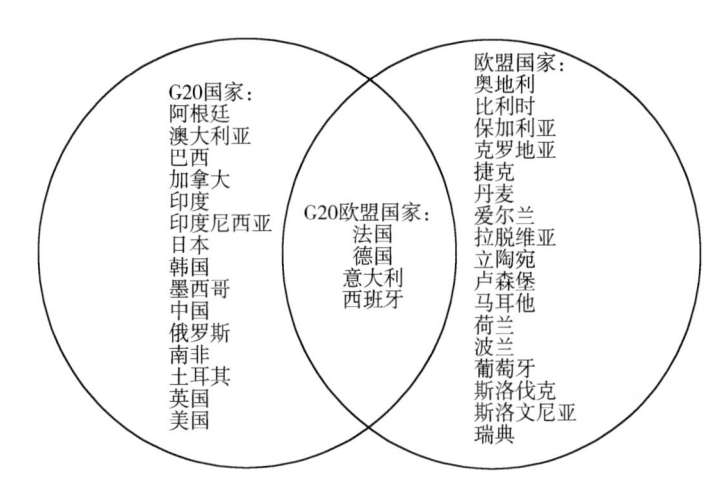

图 3-4　落实国家属性分析图

司 (83%) 表示,从很大程度上讲,BEPS 第十三项行动计划有关转让定价文档的建议使其税务部门产生了最大的变化。"① 随着国别报告制度在各国陆续落地,这不可避免地对合并收入超过 7.5 亿欧元的企业产生了巨大影响。

首先,增加企业合规成本。信息的收集、填报、校对和传送都增加了企业的运营成本。国别报告虽只包含跨国企业集团收入分配、纳税情况以及经营活动概况(以税收管辖地为划分基础)、跨国企业的"实体名单"(以税收管辖地为划分基础)、附加信息三份表格,但其对象针对跨国企业集团整体,多数国家落实时要求以英语填写,而且可能还涉及本地申报问题,英国税务机关做过预估,每年企业由于国别报告的实施增加成本约 20 万英镑。

其次,增大企业避税难度。随着全球国别报告交换信息网的建立,企业通过纯粹的税收筹划进行避税所承担的风险将增大,导致其避税的难度也将增大,BEPS 行动计划的目的即在于使税收与经济实质发生地和价值创造地相一致,国别报告的落实有利于提高税收透明度和税收信息交换程度,国别报告制度的展开也将减少企业进行税收筹划避税的

---

① 汤森路透:《2016 年全球 BEPS 准备情况调查报告》,http://www.199it.com/archives/tag/汤森路透。

空间。

最后，促进企业回归经济本质。随着税收筹划空间的减小，导管公司等主要为避税安排目的而设置冗杂的公司结构必然得到简化，企业在进行投资经营活动选择投资国时，将更直观地考虑该国的税收水平、投资环境、劳动力成本及水平等经济实质要素。

2. 税务机关

首先，提高税务机关避税调查能力。国别报告可以为税务机关的全面转让定价调查提供有用的信息。税务机关能够以国别报告为依据获取某项具体的信息，也能够以此为基础展开转让定价调查，但国别报告信息只能用于进行转让定价或其他与 BEPS 相关风险的初步评估和进一步的调查，不能以此为依据按照公平交易原则进行转让定价价格的调整。

其次，提高税务机关信息处理能力。按照 OECD 建议，各国主管机关已于 2018 年开始国别报告交换，参与国别报告多边主管当局间协议并在国内落实国别报告制度的主管税务机关每年度均会收到来自其他国家大量的国别报告，并将成为常态，税务机关应有效利用国别报告所提供的信息，不仅可以掌握本国税收居民企业的全球价值链分布、其收入分配和纳税情况，还有利于监管其他跨国企业集团在本辖区的税收活动，在此基础上进行全球和各年度的对比，以更加全面和科学地发现避税规律，使反避税工作更具科学性和针对性。

最后，增强税务机关国际服务水平。随着国别报告的落实，跨国企业集团也会积极寻求与税务机关的合作，进行避税风险评估和认可，努力在税务惩戒之前完成自身税收规划，通过跨国企业集团和税务机关的良性互动，在税务机关增加税收的同时，也减小了跨国企业集团避税的风险。税务机关职能的扩大和信息的获取必将帮助税务机关从单一的管理型部门转变为综合服务型机关。

3. 国家税制

随着税收透明度的增加，跨国企业集团的避税空间将会减小。相较于之前可通过直接或间接的方式对一国税制进行规避，国别报告制度落实后，一国税制对于投资选择起着更为直观的影响。一方面税收制度支撑起一国收入来源，另一方面一国税制又是进行投资选择时考量的重要因素。国家作为税收制度的制定者必须在二者之间取得平衡。如何设计税收制度？如何在保障基本财政收入的前提下保持税制对于跨国投资的吸引力？这一问题亟待解决。

国别报告制度的落实，大大增加了税收透明度，也就把一国税制更加推向了投资者面前，良好稳定的税收制度越发引起重视，税收制度也将不可避免地继续进行国际竞争和国内变革。

二 BEPS第十三项行动计划主要内容

BEPS第十三项行动计划是"转让定价文档和国别报告"，其中国别报告是转让定价文档的一部分，由于其与主体文档在报送和交换上存在不同，将其单独列出，行动计划可以分为转让定价文档的目标及内容和国别报告的报送两块内容。

（一）转让定价文档的目标及内容

1. 转让定价文档的目标

转让定价文档的目标分为三个层次。首先，对纳税人而言，确保其在制定关联交易价格时，按照独立交易原则自行评估；其次，对税务机关而言，在进行转让定价风险评估时，转让定价文档可以在初期阶段为税务机关提供必要的信息；最后，税务机关在进行转让定价调查时，文档可以为调查提供有用的信息。

2. 转让定价文档的内容

转让定价文档结构分为三层：

表3-4 转让定价文档表

	目的	填写要求	填写信息
文体文档	向税务机关提供跨国企业的全球运营情况及政策概述	无须提供详细的细节内容；若遗漏某些信息会影响转让定价的可靠性，则此类信息被认为是重要的	1. 跨国企业集团全球组织架构 2. 跨国企业业务描述 3. 跨国企业无形资产情况 4. 跨国企业内部融资合同 5. 跨国企业财务及税务情况
本地文档	提供有关具体关联交易的详细信息	若信息可通过主体文档的引用获得，则可直接引用	1. 本地企业的管理架构、经营活动及经营策略和主要竞争对手 2. 主要关联交易的描述 3. 本地企业相关财务年度的财务数据

（续表）

	目的	填写要求	填写信息
国别报告	提供跨国企业集团所在的所有税收管辖地范围内与全球收入分配、纳税情况以及相关税收管辖地经济活动指标相关的信息		1. 跨国企业集团收入分配、纳税情况及经营活动概况 2. 跨国企业集团成员实体名单 3. 附加信息，以帮助理解的补充信息

联系：皆是转让定价文档，综合起来用于评估转让定价风险，其中本地文档为主体文档补充。

（二）国别报告的报送

根据 OECD 的建议，各国应要求跨国企业集团于 2016 年 1 月 1 日以后的财政年度提交首份国别报告。若跨国企业集团财政年度截止日是 12 月 31 日，则其首份国别报告应于 2017 年 12 月 31 日前完成申报；若其财政年度截止日不是 12 月 31 日，则应在 2018 年内完成首份国别报告的申报。这一制度适用对象是上一财政年度的集团合并收入多于 7.5 亿欧元的跨国企业集团。

在企业的报送和主管机关的处理上有三点应特别注意。第一，在企业违反规定的惩戒机制方面，OECD 建议，为确保转让定价文档要求能够有效落实，应制定相关的处罚措施，旨在使纳税人为其违规的行为承担的成本大于合规行为所发生的成本。但若跨国企业集团未能提交相关数据是由于其无法获得，则不应受到相关处罚。不受相关处罚与最后是否对其收入按照独立交易原则调整无关。第二，在税务机关获得报送信息的保密工作方面，税务机关应采取一切合理措施确保转让定价文档不会向公众披露，跨国企业集团报送的信息应与其他纳税信息一样得到严格的信息保护。如在司法程序中要求披露相关信息，税务机关应尽一切努力确保信息的保密性和相关信息的披露只限于必要程度。如果没有适当的保障措施或在违反保密信息的情况下，且情况未得到适当解决，信息交换伙伴可以暂停信息交换，甚至拒绝交换国别报告。第三，在转让定价文档获得的信息的处理方面，国别报告中的相关信息只能用于进行初步的转让定价或其他与 BEPS 相关的风险评估和进一步的调查，但不能以此为依据按照收入分配公式对纳税人的收入进行调整。即使最后根据国别报告的信息进行转让定价调整，也应在与其他任何相关的主管税务机关的协商中作适当让步。

转让定价文档中主体文档和本地文档，是由本地实体直接报送给当地税务机关的，而国别报告一般是由最终控股企业向其所在税收管辖地申报，然后由主管税务当局与其他税务当局进行交换。但当跨国企业集团的最终控股企业所在的税收管辖地未计划引入国别报告制度或者计划引入但尚未正式立法，该地区就会产生过渡期的问题，即受特定税收管辖区管辖的最终控股企业承担着提交国别报告的压力，但不能通过向其税收管辖地的税务主管机关提交国别报告以实现信息交换，具体原因包括：（1）相关税收管辖地未要求跨国企业集团最终控股企业申报国别报告；（2）税收管辖地之间未能及时达成交换国别报告的主管当局间协议；（3）税收管辖地间虽已达成交换协议，但实际并未交换。关于申报主体的确定，首先应判断其跨国企业集团是否属于申报范围，然后确定其是否是最终控股公司或替代母公司，在最终控股公司或替代母公司完成特定义务后，方可由该企业进行申报，否则应进行本地申报（详见图3-5、图3-6）。[①]

OECD对在实践中由于以上原因产生的国别报告并未得到交换的问题提出了解决方案——次要机制。该机制中有两种申报方法，其一是本地申报，其二是替代申报，两者区别在于申报企业是否有申报义务。本地申报是指税收管辖地税务机关直接要求本地非最终控股企业进行国别报告申报。在法律中确立本地申报义务并非OECD的最低标准，该方法为选择适用而非强制适用，但如德国、法国、澳大利亚、日本等大多数引入国别报告制度的国家都已引入本地申报制度。也正是由于多数国家引入本地申报制度，会给最终控股公司因其税收管辖地未能实际交换的跨国企业集团造成数额巨大的合规成本，替代申报制度应运而生，即最终控股公司可以指定自己或子公司进行替代报送。前者是指虽没有国别报告申报义务，但最终控股公司可在其税收管辖地自愿报送其国别报告；后者指最终控股公司指定已引入国别报告制度的税收管辖地所管辖的子公司进行国别报告申报。实施替代申报的目的在于减小2016年1月1日起无法实施国别报告制度的税收管辖地的最终控股企业的合规成本，同时也保证了国别报告实施的完整性和一致性。截至2016年12月，采取替代申报法律制度的国家

---

① Roderick Veldhuizen, Lazaros Teneketzis, Country-by-Country Reporting: Filing Obligations and First Implementation, http://www.ibfd.org/IBFD-Products/Journal-Articles/International-Transfer-Pricing-Journal/collections/itpj/html/itpj_ 2016_ 03_ int_ 1. html.

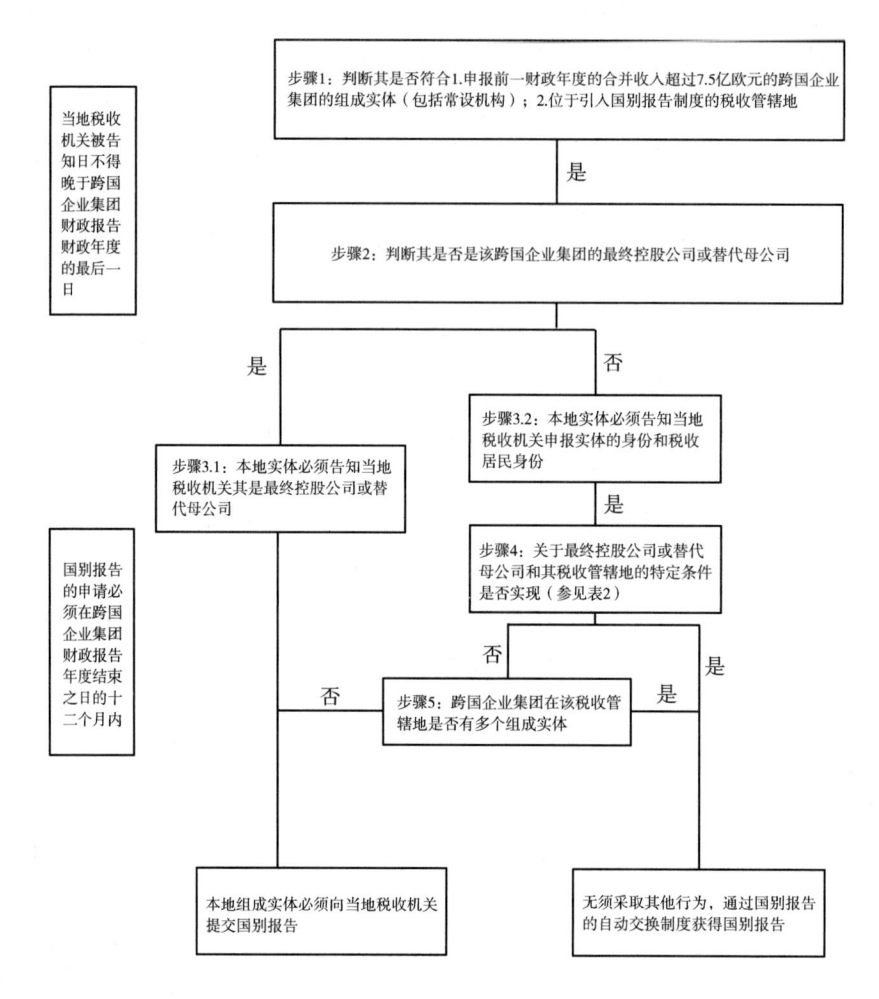

```
                                                                    ┌──────────────────────────────┐
                                                                    │ 步骤1：判断其是否符合1.申报前一财政年度的合并收入超过7.5亿欧元的跨国企业
                                                                    │ 集团的组成实体（包括常设机构）；2.位于引入国别报告制度的税收管辖地 │
                                                                    └──────────────────────────────┘
                                                                                    │是
┌──────────┐                                          ┌──────────────────────────────┐
│当地税收   │                                          │ 步骤2：判断其是否是该跨国企业集团的最终控股公司或替代母公司 │
│机关被告   │                                          └──────────────────────────────┘
│知日不得   │                                             是          否
│晚于跨国   │
│企业集团   │                                                  ┌──────────────────────┐
│财政报告   │                                                  │步骤3.2：本地实体必须告知当地│
│财政年度   │                                                  │税收机关申报实体的身份和税收│
│的最后一   │                                                  │居民身份           │
│日        │                                                  └──────────────────────┘
└──────────┘                                                            │是
                          ┌──────────────────────┐            ┌──────────────────────┐
                          │步骤3.1：本地实体必须告知当地│            │步骤4：关于最终控股公司或替代│
                          │税收机关其是最终控股公司或替│            │母公司和其税收管辖地的特定条件│
                          │代母公司           │            │是否实现（参见表2）    │
                          └──────────────────────┘            └──────────────────────┘
┌──────────┐                                                   否          是
│国别报告   │                        否      ┌──────────────────────┐
│的申请必   │                                │步骤5：跨国企业集团在该税收│
│须在跨国   │                                │管辖地是否有多个组成实体  │
│企业集团   │                                └──────────────────────┘
│财政报告   │                                    是          否
│年度结束   │
│之日的十   │           ┌──────────────────┐              ┌──────────────────────┐
│二个月内   │           │本地组成实体必须向当地税收机关│              │无须采取其他行为，通过国别报告│
└──────────┘           │提交国别报告       │              │的自动交换制度获得国别报告  │
                        └──────────────────┘              └──────────────────────┘
```

图 3-5　申报实体流程表

或地区有中国香港、日本、列支敦士登、尼日利亚、俄罗斯、瑞士以及美国。

三　各国落实情况及经验借鉴

（一）美国——本地申报制度

2015 年 12 月 21 日，美国国内税务局（IRS）发布了法规草案，要求大型公司报告信息，包括在每个经营国家的收入、损益、资本和累积收益，该草案符合 OECD 建议。IRS 要求就国别报告要求是否存在国家安全影响提

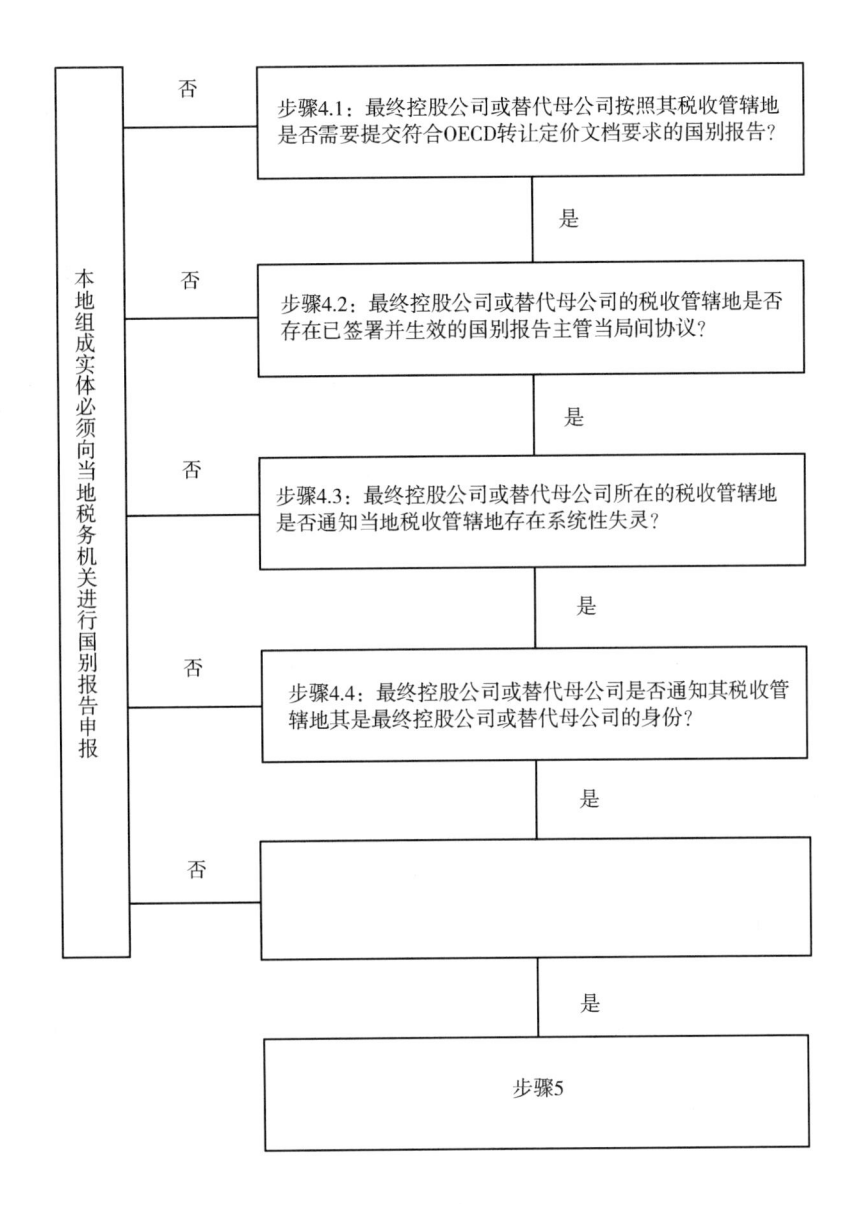

```
                     ┌─── 否 ──→ 步骤4.1：最终控股公司或替代母公司按照其税收管辖地
                     │            是否需要提交符合OECD转让定价文档要求的国别报告？
                     │                                   │
                     │                                   是
                     │                                   ↓
                     ├─── 否 ──→ 步骤4.2：最终控股公司或替代母公司的税收管辖地是否
 本                  │            存在已签署并生效的国别报告主管当局间协议？
 地                  │                                   │
 组                  │                                   是
 成                  │                                   ↓
 实                  ├─── 否 ──→ 步骤4.3：最终控股公司或替代母公司所在的税收管辖地
 体                  │            是否通知当地税收管辖地存在系统性失灵？
 必                  │                                   │
 须                  │                                   是
 向                  │                                   ↓
 当                  ├─── 否 ──→ 步骤4.4：最终控股公司或替代母公司是否通知其税收管
 地                  │            辖地其是最终控股公司或替代母公司的身份？
 税                  │                                   │
 务                  │                                   是
 机                  │                                   ↓
 关                  └─── 否 ──→ ┌─────────────────────────────┐
 进                               └─────────────────────────────┘
 行                                              │
 国                                              是
 别                                              ↓
 报                                          步骤5
 告
 申
 报
```

图 3-6 特定条件流程图

供反馈，且 IRS 将对国别报告适用对象继续征求意见。2016 年 6 月 29 日，财政部和 IRS 发布了美国国别报告的正式规定，当跨国企业集团的最终控股公司是美国税收居民，且在上一财政年度年收入为 8.5 亿美元以上的跨国企业集团需提交国别报告。之后，IRS 计划发布单独的指南，允许跨国企集团在 2016 年 6 月 30 日之前自愿采用美国国别报告规则。

美国国别报告制度在税收透明体、无国籍实体、雇员等特殊事项的规定上与 BEPS 行动计划保持一致，且未对国家安全相关的信息做出例外规定。其中值得注意的是美国的自愿申报制度，根据规定，美国第一份国别报告将在 2016 年 6 月 30 日后的财政年度提交，与 OECD 建议和其他国家具体落实不一致。在多数国家规定本地申报制度的背景下，在美国跨国企业集团提交的国别报告未能实际交换到他国时，美国跨国企业集团的海外实体将承担提交国别报告的义务，这无疑会导致重复义务和额外成本，从而造成合规成本的增加。大多数美国跨国企业希望美国国内税务局自 2016 年 1 月 1 日之后的财政年度开始接受并交换自愿提交的应税年度国别报告。[1] 自愿申报制度正是为解决这种问题应运而生。

表 3-5　　　　主要经济体国别报告制度实施情况

国家（地区）	财政年度开始时间	本地申报	自愿申报
阿根廷	2017 年 1 月 1 日	是	无
澳大利亚	2016 年 1 月 1 日	是	不适用
巴西	2016 年 1 月 1 日	是	不适用
加拿大	2016 年 1 月 1 日	是	不适用
法国	2016 年 1 月 1 日	是	不适用
德国	2016 年 1 月 1 日	是	不适用
中国香港	2018 年 1 月 1 日	是	是
印度	2016 年 4 月 1 日	是	不适用
印度尼西亚	2016 年 1 月 1 日	是	不适用
爱尔兰	2016 年 1 月 1 日	是	不适用
意大利	2016 年 1 月 1 日	是	不适用
日本	2016 年 4 月 1 日	是	是
韩国	2016 年 1 月 1 日	是	不适用
中国	2016 年 1 月 1 日	是	不适用
俄罗斯	2017 年 1 月 1 日	是	是

---

[1] Kevin A.Bell, U.S.Country-by-Country Rules Final; More Guidance to Come, http://0-tax-andaccounting.bna.com.gull.georgetown.edu/btac/T8017/split_ display.adp? fedfid = 92869907&vname = tminnotallissues&jd = a0j7b9z0u0&split = 0.

(续表)

国家（地区）	财政年度开始时间	本地申报	自愿申报
新加坡	2017年1月1日	是	是
西班牙	2016年1月1日	是	不适用
瑞士	2018年1月1日	是	是
英国	2016年1月1日	是	不适用
美国	2016年6月30日	不适用	是

自愿申报制度是指美国跨国企业集团可自愿提交2016年度的国别报告，美国税务当局将接受并与其他当局进行交换。在国别报告制度尚未正式生效时，美国跨国企业集团可通过自愿承担义务以减小其全球范围内的申报义务和合规成本。在OECD发布的国别报告指南中也确认这一点，2016年6月29日OECD发布的指导将自愿申报称为"母公司替代申报"，属于替代申报的一种形式。

（二）法国——双国别报告和门槛的降低

法国是在其国内立法中实施国别报告制度的第一批国家之一。2015年12月30日，法国官方公报公布第2015—1785号法令，规定了从2016年1月1日以后开始的财政年度进行国别报告申报，法国国别报告规则符合OECD关于转让文档要求的建议。①

法国将国别报告分为财政国别报告和公开国别报告，其中财政国别报告已通过财政国别报告法案（fiscal CbC reporting，FTC）第233条第五款得到实施，而公开国别报告则是遵循OECD建议引入的国别报告制度。在国别报告制度方面，法国一直是这一制度的领导者，努力将国别义务扩大化，继续提高透明度，并尝试进行国内法的修改。②

---

① 安永在巴黎的工作人员Jan Martens评价法国提出的文本"非常符合经合组织关于国别报告的建议"，"人们几乎可以说它是经合组织10月5日出版物的直译"。

② 议会提出了一项有关公共国别报告的修正案，规定起始阶段标准是合并收入为7.5亿欧元以上的跨国企业集团，两年后门槛将下降到5亿欧元，四年后下降到2.5亿欧元。但参议院拒绝了该修正案，以便遵守欧盟指令草案，最终该指令将门槛设定在7.5亿欧元。

法国在国别报告执行过程中，最值得关注的是其对未遵从国别报告义务的公司处以高达 10 万欧元的罚款。这一巨额的罚款规定体现出法国对执行国别报告的决心和努力，但其操作细则还未得到明确，如当跨国企业集团在法国拥有多个实体时，10 万欧元罚款是针对单个实体还是跨国企业集团；此外，规定也引入另一种惩罚机制，即每个未申报的信息项罚款 50 欧元，最高达 10 万欧元，这一机制与上述 10 万欧元罚款关系如何？① 在实践中又是否会引起申报信息时人为地遗漏特定重要信息？这一规则不仅在制度设计上不成熟，还引起了巨大争议：由于其他国家尚未采取如此严格的措施，这是否会影响法国的税收环境和税收竞争力？犯错的是最终控股公司，而受惩罚的却是子公司，这又是否合理？

（三）英国——影响评估和税收公开策略

在 2014 年 9 月 OECD 正式发布国别报告模板后，英国是第一个正式承诺实施国别报告制度的国家。英国国别报告制度于 2016 年 2 月 26 日生效，规定集团合并收入在 7.5 亿欧元以上的企业在 2017 年年底提交国别报告。根据这一规定，预计将有 300 家左右的英国最终控股公司提交国别报告，100 家左右在英生产投资的子公司、常设机构需承担本地申报义务，并且在 2016—2018 年两年内税务机关每年增加税收 500 万英镑，之后两年每年增加税收 1000 万英镑。

从英国发布的国别报告模板来看，在 OECD 尚未出台关于自愿申报的增补指南时，英国引入具有英国特色的替代申报制度，即在英国未能收到国别报告时，要求在英生产投资的实体仅提交国别报告中与英国实体有关的部分，而非完整的国别报告。但英国做法与其后出台的指南建议有所不同，OECD 建议要求提交完整的国别报告而非仅与一国有关的部分，OECD 希冀通过强有力的本地申报制度，给予未引入国别报告制度的税收管辖地所管辖的跨国企业集团以更大压力，同时实现信息的完整性和国别报告制度的公正性。

---

① France's CbC Penalty Seen as Problem for Some Subsidiaries, http://0-taxandaccounting.bna.com.gull.georgetown.edu/btac/T8017/split_ display.adp? fedfid = 81454726&vname = tminnotallissues&jd = a0h7q1h9r6&split = 0.

英国在国别报告制度以外，还引入了税收策略公开制度。① 英国税收海关总署将这一措施视为"压死骆驼最后的一根稻草"。但对于这一制度，反对和支持的态度均有存在。②

（四）总结

目前 G20 国家和欧盟成员国在国内都已基本落实国别报告制度，欧盟中塞浦路斯、爱沙尼亚、芬兰、希腊、匈牙利、拉脱维亚、罗马尼亚尚未落实，G20 国家中仅沙特阿拉伯尚未落实。但从各国引入制度的时间、制度施行的时间、制度保障性措施的制定、实施时的突破等情况可以看出对于国别报告制度，各国态度并不统一。

其中，英法对于国别报告制度较为积极，在引入的同时，采取相关配套措施提高其执行力，同时试图超越 OECD 规定，在国别报告上引领规则的制定。美国作为符合国别报告公司户数最多，市值、总收入、净利润最多的国家，却并未积极引入国别报告，或是因为国内阻力较大，或是因为观察具体实施效果。日本对此也采取谨慎态度，并未将国别报告落实列入优先级项目，③ 因此，修订有关重新澄清有价值无形资产和导致利润分配的风险的规则的优先权可能优先于同期文件的要求。

可以看出，各国出于自己实际情况对国别报告制度持有不同的态度，而我国也应该根据我国经济发展水平、公司避税方式等具体国情对是否引入国别报告制度、执行力度及具体细节进行思考。

四 中国实践情况及改进

---

① 税收公开策略指营业额超过 2 亿英镑或资产负债表超过 20 亿英镑的企业，被要求公布与英国税收有关的风险管理和治理安排、税收筹划的态度、计划接受的英国税收的风险水平以及与英国税收海关总署的处理方法；还被要求必须在互联网上保持公开且可免费访问，且必须维持到次年税收策略被公开。若第 1—6 个月未公开，则罚款 7500 英镑；第 6—12 个月仍未公开，继续罚款 7500 英镑；超过 12 个月之后，则每个月罚款 7500 英镑。

② 英国海关总署称在这一制度制定过程中已与英国企业进行商讨，英国企业处于对公共舆论和社会声誉的考量，并不认为此项工作持排斥态度。且英国税收政策研究中心主管 John Cullinane 表示：如果这项义务是 BEPS 计划所要求的，那么这个是足够公平的，但这仅是英国国内的要求。

③ 在日本名古屋会计事务所的 Takuma Mimura 评价道：与美国的跨国公司不同，日本跨国公司一般不积极追求税收减免，如将非常规无形资产转让给低税管辖区。

（一）中国落实情况

2016年6月29日，国家税务总局发布《关于完善关联申报和同期资料管理有关事项的公告》（以下简称公告），该公告取代了《特别纳税调整实施办法（试行）》中关于转让定价文档的有关规定，同时也是BEPS第十三项行动计划在中国的具体落实。其中关于国别报告的内容总结如下：

表3-6　　　　　　　　我国国别报告制度

报送主体	1. 跨国企业集团最终控股公司为我国居民企业，且其上一会计年度合并财务报告表中的各类收入金额合计超过55亿元 2. 被跨国企业集团指定为国别报告的报送企业的我国居民企业
报送内容	1. 国别报告——所得、税收和业务活动国别分布表：税收管辖区、收入、税前利润（亏损）、已缴纳企业所得、本年度计提的企业所得税、注册资本、留存收益、雇员人数、有形资产（除现金和现金等价物外） 2. 国别报告——跨国企业集团成员实体名单：税收管辖区、作为该税收管辖区居民企业的成员实体、成员实体注册成立地与其被认定为居民企业的税收管辖区不一致、主要经营活动（包括：研发、持有或管理知识产权、采购、生产制造、销售、市场营销及分销、行政、管理和支持服务、为非关联方提供劳务、集团内部融资、金融服务、保险、持有股份或其他权益工具、非营运企业、其他） 3. 国别报告——附加说明表
报送时间	纳税年度后次5月31日前作为企业年度关联业务往来报告表一部分报道
本地报送	税务机关可以在实施特别纳税调查时要求以下被调查企业提供国别报告： 1. 跨国企业集团未向任何国家提供国别报告 2. 虽然跨国企业集团已向其他国家提供国别报告，但我国与该国尚未建立国别报告信息交换机制 3. 虽然跨国企业集团已向其他国家提供国别报告，且我国与该国已建立国别报告信息交换机制，但国别报告实际未成功交换至甸国
报送语言	国别报告应当以中英文双语填写
特别条款	最终控股企业为中国居民企业的跨国企业集团，其信息涉及国家安全的，可以按照国家有关规定，豁免填报部分或者全部国别报告

我国关于国别报告制度基本与BPES行动计划建议一致，符合其最低标准，但在一些细节上尚有不同：

第一，无法获得国别报告时，居民企业是否有本地申报义务。

在BEPS行动计划中，当税收管辖地无法实际获得国别报告时，作为本地税收居民的非最终控股公司有主动报送国别报告的义务。[①] 而在公告中，当出现类似情况，税务机关可要求被调查企业提供国别报告。[②] 两者区别在于是否规定本地申报义务，多数已落实国别报告制度的国家规定了本地申报制度，如澳大利亚、加拿大、法国、日本等。

美国财政部和国税局发布了实施国别报告的最终法规，其中要求最终控股公司是美国居民的跨国企业集团在 6 月 30 日后开始编制国别报告。由于美国国别报告制度在 2016 年 6 月 30 日之后的财政年度开始施行，不同于其他国家规定的 2016 年 1 月 1 日后的财政年度，这会产生时间差问题，在美国最终控股公司尚未申报国别报告或尚未与中国交换时，中国税务机关即可根据公告在调查时要求特定企业提供国别报告，在实行本地申报义务的国家，特定企业则需主动提交国别报告。

本书认为，中国在这一点上未完全遵照 BEPS 行动计划建议，是出于减少企业合规负担和税务机关信息处理工作量的考量。本地申报是国别报告次要机制的一种方式，以实现税务机关获取所有本地税收居民国别报告相关信息的目的，同时也可以促进税收公平，防止不同企业承担不同合规成本，但实际上会加重如美国等国家跨国企业集团的合规负担，从而倒逼

[①] BEPS 行动计划第十三项，国别报告立法范本第二条：在满足以下条件时，跨国企业集团内非最终控股企业的某一成员实体应在……期限当日或之前向……申报……国别报告。

（i）该成员实体在×国构成居民企业；以及

（ii）符合下列条件之一：

（a）跨国企业集团最终控股企业在构成居民企业的税收管辖地没有申报国别报告的义务；

（b）最终控股企业构成居民企业的税收管辖地与×国之间已签署了相关国家协议，但在……规定的国别报告申报期限之前，双方尚未有已生效的合格主管税务机关协议；或者

（c）最终控股企业构成居民企业的税收管辖地出现国别报告自动信息交换的体系失效，且税务机关已告知在×国构成居民企业的上述成员实体。

[②] 公告第八条：企业虽不属于本公告第五条规定填报国别报告的范围，但其所属跨国企业集团按照其他国家有关规定应当准备国别报告，且符合下列条件之一的，税务机关可以在实施特别纳税调查时要求企业提供国别报告：

（一）跨国企业集团未向任何国家提供国别报告。

（二）虽然跨国企业集团已向其他国家提供国别报告，但我国与该国尚未建立国别报告信息交换机制。

（三）虽然跨国企业集团已向其他国家提供国别报告，且我国与该国已建立国别报告信息交换机制，但国别报告实际未成功交换至我国。

政府引入国别报告制度。中国在立法中的此做法，是出于自身税务机关管理水平有限且支持外来投资的创新之举，把握信息收集主动权的同时，减少特定企业合规成本，可为其他发展中国家所借鉴。

第二，所属跨国集团在任何国家都无申报义务时，居民企业是否应准备国别报告。

在本地申报中，除承担义务不同外，具体条件也有差异。公告在第八条规定中加入前提条件"但其所属跨国企业集团按照其他国家有关规定应当准备国别报告"，即当跨国企业集团在他国需准备国别报告的情况下，才可能在调查中被中国税务机关要求提供国别报告，而BEPS中则无这一前提条件。如各国皆按照BPES行动计划建议，则BEPS行动计划中是否有这一前提条件并无实践意义，因为所有引入国别报告制度的国家皆规定须提交国别报告。而中国加入这一前提条件，实际上减轻了在华投资企业的负担，如一企业为泰国税收居民公司，仅在泰国和中国进行投资生产活动，由于泰国尚未引入国别报告制度，则该企业在任何国家皆不需要准备国别报告，所以该企业不是公告第八条规制的目标。

随着越来越多的国家引入国别报告制度，因这一前提条件的加入而减小的合规成本空间将大大被压缩，本书认为加入这一前提条件虽减小了特定企业的合规成本，但有违反税收中性原则的嫌疑，特定国家如泰国因未引入国别报告制度，而使得居民最终控股企业的跨国企业集团获得了不正当的优势，这不符合BEPS行动计划建议的初衷，也不利于我国税制在国际社会的竞争。

(二) 我国国别报告制度适用建议

虽然中国已经引入国别报告制度，但关于其执行细节和执行力度，应结合中国实际情况加以考虑，根据2015年调查数据，[①] 比较中国、日本、德国、法国、英国、加拿大、印度和美国符合国别报告制度门槛的公司的总市值，整理如图3-7，可以直接看出中国与日本、德国、法国、英国、加拿大、印度等相近，其中可分为发达国家日本、德国、法国、英国、加拿大，和发展中国家印度，而参考这些国家的执行态度，可基本分为三

[①] 转引自杭州市国家税务局课题组，李海燕、朱自强《国别报告制度的国际借鉴研究》，《国际税收》2016年第10期。

类：第一类是以英国、法国为代表的激进派，除严格执行 OECD 标准之外，试图超越其规则以占领规则制定高地；第二类是日本为代表的谨慎派，因属于其国家税收居民的跨国企业集团并未积极追求税收筹划，并未将国别报告制度的引进置于较高优先级；第三类是加拿大、德国、印度为代表的中间派，按部就班按照 OECD 的建议进行执行，而中国也已遵从 OECD 建议引入国别报告制度，并在 2016 年 1 月 1 日后的财政年度开始施行，属于中间派，但在其实行过程中尚存在报送保障措施、信息保密和信息的合理使用等问题。应从如下方面进行改进。

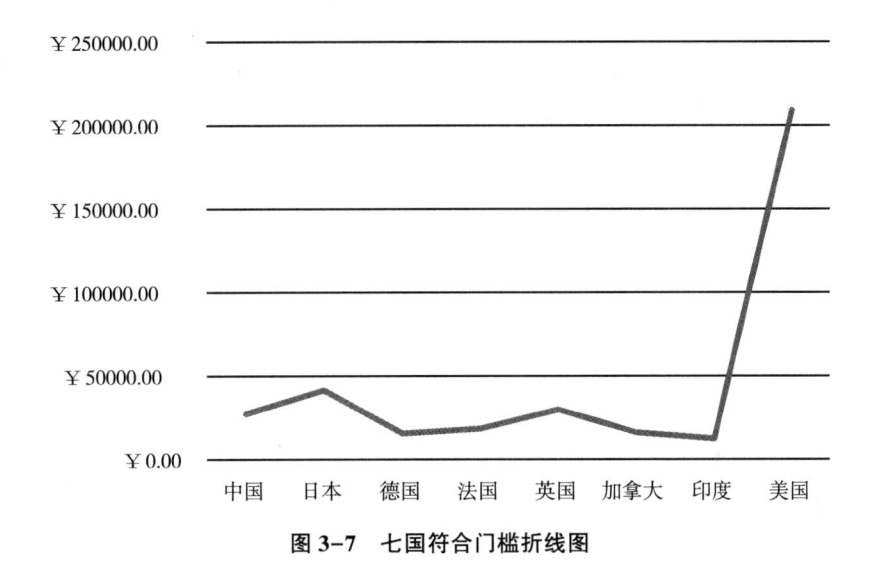

图 3-7 七国符合门槛折线图

1. 完善报送保障措施

公告中规定国别报告应作为企业年度关联业务往来报告表的一部分进行报送，但该公告并未对此规定专门的保障措施。国别报告虽在报告方式上与企业年度关联业务上一起报送，但由于其申报对象的高净值性、申报内容独特性、申报目的的专门性以及申报信息的国际协作性等特点，国别报告应被特殊对待。我国应采取特有的保障措施以保障跨国企业集团能进行申报，可以鼓励自愿申报。美国在这方面已作相关规定，并对自愿申报的跨国企业集团给予一定的税收优惠，达到税务机关和企业之间的双赢；但同时规定严格的惩罚措施，使其遵守国别报告义务的成本小于违反该义务的成本，引入国别报告制度的国家几乎都对惩罚措施进行了相关规定，如法国规定对违规公司处以高达 10 万欧元的罚款，而加拿大则规定

12000 加元的罚款，但在中国仅能按照《税收征收管理法》第 26 条的规定进行惩处，① 所处罚金不超过 1 万元。对于收入在 55 亿以上的跨国企业集团，其违规成本远小于其合规成本。缺少严厉的处罚措施，国别报告制度在实践中的实施效果将大打折扣，故本书建议对其制定专门条款进行规制。无法否认的是，上述鼓励和惩罚措施只能从税收利益上进行引导，若要对企业合规运行起到更多治标作用，应培育企业合规经营的习惯与意识，我国税务机关可借鉴同行评议"黑灰白名单"制度，在对合规企业进行罚款的同时，定期公布完全遵守名单、大部分遵守名单、违规企业名单，从企业的公众舆论影响和社会声誉上促进企业遵从国别报告义务。

2. 健全信息保密制度

OECD 在建议中着重谈及税务机关的保密义务，国别报告中内容涉及商业秘密，对企业合理经营具有重要影响。在信息的保密使用上，应严格将其界定为税收目的和有限的司法目的，所有信息原则上应仅用于税收目的，当且仅当涉及犯罪行为时，该信息才可用于司法目的，并且应在尽可能少的情况下被披露。这一点在制度尚不健全、法律意识薄弱的发展中国家尤其值得重视，若国别报告信息用于其他目的，被税务机关以外得知，不仅交换伙伴国可因对方违反保密义务而停止交换，且对一国的国际社会形象不利，对国家的长远利益更是永久性伤害。而现行规定只是概括规定"由所在单位或有关单位依法给予行政处分"，条款规定十分抽象且在实际过程中具有很大操作空间，建议针对国别报告信息保密义务在公告中进行补充，并且建立民事赔偿、行政处分、刑事追责多维度的司法体系。

3. 明确信息的合理使用

与第二点类似，OECD 在建议中着重提出国别报告等转让定价资料的信息仅能用于进行转让定价或其他与 BEPS 相关的风险初步评估和进一步的调查，但不能以此为依据按照公平交易原则对纳税人的收入进行调整，国别报告中的信息不构成确凿的证据。而我国公告尚未对此进行明确规定，此前税务机关也并没有采取类似做法，建议应将此提升至法律规定层

---

① 《税收征收管理法》第 26 条：纳税人未按照规定的期限办理纳税申报和报送纳税资料的，或者扣缴义务人未按照规定的期限向税务机关报送代扣代缴、代收代缴税款报告表和有关资料的，由税务机关责令限期改正，可以处 2000 元以下的罚款；情节严重的，可以处 2000 元以上一万元以下的罚款。

面，以提高其执行效力，以保护国别报告制度中申报义务人的合理权利，同时也对整个转让定价反避税调查中税务机关的权力进行限制。对信息的合理使用也是比例性原则在国别报告制度中的具体体现，一方面，税务机关有权获得尽可能多的关于确定公司间转让价格的信息；另一方面，纳税人的行政义务和相应的成本负担必须受到限制。

4. 扩大制度适用范围

根据公告，我国适用国别报告制度的主体是居民企业，而居民企业这一概念并不包含合伙企业，① 若未包含合伙企业，实际上为企业规避国别报告制度提供机会，与 OECD 组织后续出台的指南建议也不相符。而实践中合伙企业这一企业组织机构多运用于会计师事务所、律师事务所等专业服务领域，例如 2015 年，大成和金杜律所收入达到国别报告制度适用标准。② 故应参照建议，将国别报告制度的范围扩大至合伙企业。

5. 明确界定相关概念

公告中涉及国别报告制度的为第六、七、八、九条，虽通过短短四条规定勾勒出国别报告制度的框架，但是对于其中关键概念仍需进一步明确，首先，跨国企业集团是否包括投资基金，如包括在计算其收入时，是应按照资金流入抑或是净利润来进行计算；其次，成员实体是否应包括无国籍实体③。从国别报告制度设计的目的和制度运行的周延性出发，这些概念应得到解决，本书认为，跨国企业集团应包括投资基金，在计算该跨国企业集团是否符合门槛时，应根据适用的会计准则决定是否对其进行豁免，对于所有金融性企业，应将其净利润作为计算收入的标准；而成员实体应当包括无国籍实体，并在对应的表格中专门设计一栏以凸显。

6. 合理适用国家安全豁免

公告第六条规定了国家安全豁免条款，④ 此条并非最低标准之一，实施国可根据具体情况决定是否加入这一条款，我国选择加入这一条款，并

---

① 《中华人民共和国企业所得税法》第二条第二款：本法所称居民企业，是指依法在中国境内成立，或者依照外国（地区）法律成立但实际管理机构在中国境内的企业。

② 2015 年，大成律所收入达 21 亿美元，金杜律所达 10.2 亿美元，均超过 55 亿元人民币。

③ 无国籍实体指按照任意一国公司所得税法，都不构成税收居民。

④ 公告第六条：最终控股企业为中国居民企业的跨国企业集团，其信息涉及国家安全的，可以按照国家有关规定，豁免填报部分或者全部国别报告。

且未规定具体标准。对于这一条，本书认为合理适用可以起到"安全阀"作用，对于国际主权和国家安全的保护具有重要意义，由于我国符合标准的企业多为大型国有企业，涉及的行业多为通讯、金融、国防科技等重要领域。

所以我国可以根据我国实际情况，明确这一条的使用标准，可将金融、国防科技领域公司排除在适用范围之外。

五　结语

我国《关于完善关联申报和同期资料管理有关事项的公告》全面吸收 BEPS 行动计划的建议，但仍有待于完善。鉴于我国将继续处于发展中国家的阶段但受国别报告制度影响的程度已与世界发达国家基本相当的现实情况，中国应从自身实际情况出发，并对实施过程中的效果进行评估，整体上对国别报告制度采取审慎态度，及时对法律制度进行修订，以使其符合国际税收信息透明度最低要求，同时保护我国跨国企业集团的税收利益和我国的财政收入，以制定出符合中国主权利益的国别报告制度。

第四章 "一带一路"倡议下的国际税收治理研究

2013年9月和10月,中国国家主席习近平在出访中亚和东南亚国家期间,先后提出共建"丝绸之路经济带"和"21世纪海上丝绸之路"(以下简称"一带一路")的重大倡议,得到国际社会高度关注。[①] 2015年3月28日,国家发展改革委、外交部、商务部联合发布了《推动共建丝绸之路经济带和21世纪海上丝绸之路的愿景与行动》,"一带一路"旨在促进经济要素有序自由流动、资源高效配置和市场深度融合,推动沿线各国实现经济政策协调,开展更大范围、更高水平、更深层次的区域合作,共同打造开放、包容、均衡、普惠的区域经济合作架构。[②]

实现各国经济政治协调离不开国际税收治理。治理是组织集体行动的活动,涵盖制度体系的建立与发展,包括规范个人和集体行为的正式与非正式的原则、标准、规则和程序。当这一制度的适用范围超越一国国界时,就成为了国际治理。国际税收治理就是包含跨境交易和其他国际影响的税收问题治理制度的总和,包括进行税制协调、减少税收竞争,尤其是"有害竞争",开展全球税收行政合作、增加税收透明度,打击跨国逃避税、维护国际税收公平等基本领域。

为进一步深化中国同"一带一路"国家在区域层面的全方位经济交流,创造有利于开放发展的区域环境,中国需要与"一带一路"国家全面推动构建"包容互惠"理念下的经济规则体系。其中,税收协调规则的进一步完善与发展将是其中的一个重要环节和内容。2017年5月10日,推进"一带一路"建设工作领导小组办公室发布《共建"一带一

[①] 参见中华人民共和国国家发展改革委、外交部、商务部《推动共建丝绸之路经济带和21世纪海上丝绸之路的愿景与行动》,https://www.yidaiyilu.gov.cn/yw/qwfb/604.htm。

[②] 同上。

路":理念、实践与中国的贡献》,提出共建"一带一路"倡议是促进全球和平合作和共同发展的中国方案,中国致力于促进投资便利化,为企业享有税收公平待遇、有效解决纠纷创造良好的税收和法律环境。①

为中国企业"走出去"保驾护航应当是"一带一路"背景下的国际税收治理的出发点和落脚点。从企业的角度来看,"一带一路"倡议的实施为中国企业"走出去"提供了有力的支撑。但同时,"走出去"的中国企业也面临着诸多挑战。一方面,企业可能面临同一笔所得被重复征税、未能在东道国享受本应该享受的税收待遇或税收优惠的问题,存在受到税收歧视或者不公平待遇等多种税收风险;另一方面,企业也面临如何解决在投资过程中与当地税务机关发生的税务争议等问题。"一带一路"背景下的国际税收制度仍应针对企业的需求做出改进。为此,本章第一节将从总体上介绍"一带一路"税收协定的优惠安排和适用中的问题,为企业了解投资东道国与中国签订的税收协定的内容、主动利用税收协定优惠安排降低企业涉税风险和成本提供参考,同时为与投资东道国发生税务争议的"走出去"企业提供救济程序方面的建议。

此外,自2013年提出"一带一路"倡议以来,中国坚持"共商、共建、共享"原则,以务实举措推动"一带一路"实现高质量发展,带动"一带一路"沿线国家共同繁荣。近年来,中国与沿线国家的贸易、投资迅速增长,合作的方式、内容不断深化扩展,"一带一路"朋友圈日益发展壮大,"一带一路"建设取得了重要进展和显著成效。那么,随着"一带一路"建设深入推进,沿线各国越来越意识到税收在优化生产要素配置、推动国际经贸合作等方面发挥的重要作用。加强税收征管合作既是沿线国家的理性选择,也是跨境纳税人的殷切期待。但是,当前中国与沿线国家在税收征管合作方面存在诸多局限,税收情报交换、税收追索协助均未能得到有效落实,种种问题亟待解决。为此,本章的第二节将结合中国税收征管实践的现状,分析中国与沿线国家深化税收征管合作的困境,并通过比较其他国家税收情报交换制度和税收追索协助制度的实践经验,对完善创新中国与沿线国家税收情报交换和税收追索协助制度提出有针对性

---

① 参见推进"一带一路"建设工作领导小组办公室《共建"一带一路":理念、实践与中国的贡献》,https://www.yidaiyilu.gov.cn/zchj/qwfb/12658.htm。

的合理建议,从而有效促进中国与沿线各国的税收征管合作。

第一节 中国与"一带一路"国家税收协定优惠安排与适用争议研究

2017 年,中国企业共对"一带一路"沿线的 59 个国家非金融类直接投资 143.6 亿美元,同比下降 1.2%,占同期总额的 12%,较上年提升了 3.5 个百分点,主要投向新加坡、马来西亚、老挝、印度尼西亚、巴基斯坦、越南、俄罗斯、阿联酋和柬埔寨等国家。对"一带一路"沿线国家实施并购 62 起,投资额 88 亿美元,同比增长 32.5%,中石油集团和中国华信投资 28 亿美元联合收购阿联酋阿布扎比石油公司 12% 股权为其中最大项目。对外承包工程方面,中国企业与"一带一路"沿线的 61 个国家新签对外承包工程项目合同 7217 份,新签合同额 1443.2 亿美元,占同期中国对外承包工程新签合同额的 54.4%,同比增长 14.5%;完成营业额 855.3 亿美元,占同期总额的 50.7%,同比增长 12.6%。[①]

然而,中国企业在"走出去"同时也面临着诸多挑战,尤其在国际税收领域。企业在"走出去"的过程中,一方面可能面临重复征税、不能享受应有的税收待遇或税收优惠、受到税收歧视或者不公平待遇等多种税收风险;另一方面,也面临与当地税务机关的税务争议难以解决等问题。本节将从"一带一路"国家之间现有的税收协定优惠安排出发,结合 BEPS 行动计划对税收协定优惠安排的适用影响进行分析,并结合典型案例进行实证分析,对适用税收协定优惠安排的争议解决方式提出建议和设想。

一 税收协定的优惠安排

国际税收协定是有关国家之间签订的旨在协调彼此间税收权益分配关系和实现国际税收行政协助的书面协议。[②] 为避免对所得和财产双重征税以及防止偷漏税,各国间普遍签订双边性的税收协定。截至 2020 年 4 月底,中国已对外签署 107 个避免双重征税协定,其中 101 个协定已生效,

---

[①] 参见中华人民共和国商务部《2017 年我对"一带一路"沿线国家投资合作情况》,http://fec.mofcom.gov.cn/article/fwydyl/tjsj/201801/20180102699450.shtml。

[②] 参见廖益新《国际税法学》,高等教育出版社 2008 年版,第 60 页。

和香港、澳门两个特别行政区签署了税收安排，与台湾地区签署了税收协议。① 目前中国与"一带一路"沿线的 64 个国家中的 54 个国家签订了税收协定，② 税收协定网络覆盖了大多数"一带一路"沿线的国家和地区，"一带一路"国际税收管理工作的基础架构已经搭建。

税收协定属于国际法的范畴。双边税收协定由缔约国双方政府谈判后达成，经过各自国家的立法程序后生效，因此对于缔约国政府具有法律上的约束力。根据"条约必须信守"（pacta sunt servanda）的原则以及国际通行惯例，当税收协定与国内税法不一致时，原则上税收协定优先于国内税法适用。③《企业所得税法》第 58 条④以及《税收征管法》第 91 条⑤也有类似规定，即在中国，双边税收协定的法律效力高于国内税法，并且优先适用。

税收协定是有关协调处理跨国跨境税收问题的国际条约，可以有效消除东道国和中国之间的双重征税，降低"走出去"企业的整体税收成本。

---

① 参见国家税务总局《税收条约》，http://www.chinatax.gov.cn/n810341/n810770/index.html。

② 与中国签署了税收协定的 54 个"一带一路"国家分别为：
(1) 东南亚 9 国：印度尼西亚、马来西亚、菲律宾、新加坡、泰国、文莱、越南、老挝、柬埔寨；
(2) 南亚 5 国：尼泊尔、印度、巴基斯坦、孟加拉国、斯里兰卡；
(3) 中亚 5 国：哈萨克斯坦、土库曼斯坦、吉尔吉斯斯坦、乌兹别克斯坦、塔吉克斯坦；
(4) 西亚 10 国：伊朗、土耳其、叙利亚、以色列、沙特阿拉伯、巴林、卡塔尔、阿曼、阿拉伯联合酋长国、科威特；
(5) 中东欧 16 国：阿尔巴尼亚、波斯尼亚和黑塞哥维那、保加利亚、克罗地亚、捷克、斯洛伐克、爱沙尼亚、立陶宛、匈牙利、拉脱维亚、马其顿、黑山、罗马尼亚、波兰、塞尔维亚、斯洛文尼亚；
(6) 独联体 7 国：俄罗斯、白俄罗斯、乌克兰、摩尔多瓦、格鲁吉亚、阿塞拜疆、亚美尼亚；
(7) 东亚 1 国：蒙古；
(8) 非洲 1 国：埃及；
(9) 尚未与中国签署税收协定的国家有 10 个，分别为：缅甸、东帝汶、不丹、马尔代夫、阿富汗、伊拉克、约旦、巴勒斯坦、也门、黎巴嫩。

③ "税收协定优于国内税法"并非各国普遍观点和做法。有的国家的法律明确规定，政府有权不遵守税收协定的规定，或者当意图不明确时，由法院来予以决定；有些国家则规定税收协定与国内税法处于同一位阶，如果二者出现发生冲突，通常认为随后制定的规则优先。

④《企业所得税法》第 58 条规定："中华人民共和国政府同外国政府订立的有关税收的协定与本法有不同规定的，依照协定的规定办理。"

⑤《税收征收管理法》第 91 条规定："中华人民共和国同外国缔结的有关税收的条约、协定同本法有不同规定的，依照条约、协定的规定办理。"

由于税收协定高于国内法,不受东道国国内税法变动的影响,大体上能够为"走出去"企业在东道国营造一个较为透明、确定的税收环境。此外,税收协定为"走出去"企业提供了多方面的税收协定优惠安排,从而有利于降低企业在东道国的税负,提高竞争力。例如:税收协定的股息、利息、特许权使用费条款等规定东道国实施限制税率;海运、空运、陆运、财产收益、政府服务、学生条款等规定东道国提供免税待遇;常设机构、营业利润、独立个人劳务、受雇所得条款等提高东道国的征税门槛,这些都限制了东道国按照国内税收法律征税的权力。下文将结合上述 54 个税收协定的文本,介绍分析中国与"一带一路"沿线国家签订的税收协定中有关利息、股息、特许权使用费等消极投资收入的优惠安排。

(一) 税收协定利息条款

税收协定中的"利息"(interest)一语通常是指从各种债权取得的所得,不论其有无抵押担保或者是否有权分享债务人的利息;特别是从公债、债券或者信用债券取得的所得,包括其溢价和奖金,但是由于延期而支付的罚款不包括在内。

税收协定的利息条款通常以设定限制税率的方式来限制来源国的征税权,中国与"一带一路"沿线国家签订的税收协定中的利息条款都规定,发生于缔约国一方而支付给缔约国另一方居民的利息,除可以在该缔约国另一方征税,也可以在该利息发生的缔约国,按照该缔约国的法律征税。在按照利息发生缔约国的法律征税时,除与科威特、老挝、新加坡、以色列、阿联酋、捷克、塔吉克斯坦 7 个国家签订的税收协定中规定对利息征税税率低于 10%外,与其他 47 个国家的税收协定均规定对利息征税的税率为 10%。此外,中国与大多数"一带一路"沿线国家签订的税收协定中的利息条款都规定,发生于缔约国一方而为缔约国另一方政府、其行政机构或地方当局及其中央银行或者完全为其政府所有的金融机构取得的利息;或者为该缔约国另一方居民取得的利息,其债权是由该缔约国另一方政府、其行政机构或地方当局及其中央银行或者完全为其政府所有的金融机构间接提供资金的,应在该缔约国一方免税。部分税收协定还将由完全由政府拥有的金融机构担保或保险的贷款取得的利息也包括在内,如与塔吉克斯坦、土库曼斯坦、叙利亚、捷克、爱沙尼亚、拉脱维亚等国的税收协定。

中国与印度尼西亚、马来西亚、新加坡、文莱、泰国、巴基斯坦、越南、土耳其、老挝、阿曼、阿塞拜疆、土库曼斯坦、捷克 13 个国家签订的税收协定中对各国可享受免税的金融机构进行了详细列名，其中中国列名的金融机构一般包括：中国人民银行、中国国家发展银行、中国国家开发银行、中国进出口银行、中国农业发展银行、全国社会保障基金理事会、中国出口信用保险公司、中国国际信托投资公司、中国银行（总行）、中国建设银行、中国工商银行、中国农业银行。

实践中，大部分金融机构通过签署包税合同将利息的税收负担转嫁给借款企业，但利息免税仍然能够大大提高金融机构的竞争力。而且在很多情况下，由于借款企业往往是中国企业在利息来源国设立的子公司，这也使得它们的税收负担得以减轻，融资成本得以降低。需要特别注意的是，中国与斯洛文尼亚、波斯尼亚和黑塞哥维那、以色列签订的税收协定中，没有对国家中央银行或政府拥有的金融机构的贷款利息免予征税的规定。因此，中国"走出去"企业在对这些国家进行投资时，不仅要注意了解中国与其签订的税收协定，而且要注意了解其国内法的规定，充分利用税收协定和国内法规定的优惠待遇。当税收协定或议定书中没有明确规定时，企业要注意向东道国的税务机构进行咨询。

（二）税收协定股息条款

税收协定中的"股息"（dividend）一语通常是指从股份或者非债权关系分享利润的权利取得的所得，以及按照分配利润的公司是其居民的缔约国法律，视同股份所得同样征税的其他公司权利取得的所得。税收协定的股息条款通常以设定限制税率的方式来限制来源国的征税权。与不同国家签署的税收协定对征税权的划分标准不同。

中国与印度尼西亚、马来西亚、越南、尼泊尔、印度、巴基斯坦、孟加拉国、斯里兰卡、哈萨克斯坦、吉尔吉斯斯坦、乌兹别克斯坦、伊朗、阿塞拜疆、土耳其、以色列、巴林、卡塔尔、阿尔巴尼亚、波斯尼亚和黑塞哥维那、匈牙利、波兰、罗马尼亚、俄罗斯、白俄罗斯、斯洛伐克 26 个国家签订的税收协定都规定，缔约国一方居民公司支付给缔约国另一方居民的股息，按照支付股息的公司是其居民的缔约国法律在该缔约国征税时，如果收款人是股息受益所有人，则所征税款不应超过股息总额的 10%。在埃及适用税率为 8%，在阿联酋适用税率为 7%，在文莱、老挝、沙特阿拉伯、阿曼、科威特、保加利亚、克罗地亚、塞尔维亚、黑山、斯洛文尼亚、马其顿、蒙古 12 个国家适用税率为 5%。除此之外，中国与其他"一带一路"沿线国家的税收协定分别约定，对于拥有支付股息公司股份达到不同比例的股息受益所有人取得的股息，在来源国征税适用不同的税率。① 通常股息受益所有人拥有支付股息公司股份的比例越高，在来源国征税适用的税率越低。中国与部分国家签订的税收协定，对于股息受益所有人的性质有所限制，如与新加坡、塔吉克斯坦、土库曼斯坦等国家的税收协定规定，股息受益所有人只能是公司，不包括合伙企业。

中国企业在"走出去"的过程中，如果发现来源国对股息的预提税税率高于协定税率，作为取得股息的境内股东可以通过在境外申请享受税收协定待遇而获得更低的税率，按照税收协定税率缴纳的所得税可以按规定在境内抵免。

（三）税收协定特许权使用费条款

税收协定中的"特许权使用费"（royalty）一语通常是指使用或有权使用文学、艺术或科学著作，包括电影影片、无线电或电视广播使用的胶片、磁带的版权，专利、商标、设计或模型、图纸、秘密配方或秘密程序所支付的作为报酬的各种款项，或者使用或有权使用工业、商业、科学设备或有关工业、商业、科学经验的情报所支付的作为报酬的各种款项。中国与塔吉克斯坦、土库曼斯坦、格鲁吉亚 3 个国家签订的税收协定中规定特许权使用费不包括使用或有权使用对方工业、商业、科学设备支付的款项。

---

① 具体包括：

(1) 0%（股息受益所有人直接或间接拥有支付股息公司至少 50% 股份，并在该公司投资达到 200 万欧元情况下）：格鲁吉亚；

(2) 5%（股息受益所有人直接或间接拥有支付股息公司至少 10% 股份，并在该公司投资达到 10 万欧元情况下）：格鲁吉亚；

(3) 5%（股息受益所有人是公司，合伙企业除外，并直接拥有支付股息公司至少 25% 股份情况下）：新加坡、塔吉克斯坦、土库曼斯坦、亚美尼亚、叙利亚、捷克、爱沙尼亚、拉脱维亚、立陶宛、乌克兰、摩尔多瓦（与上述国家协定规定股息受益所有人直接拥有支付股息公司股份低于 25% 情况下税率为 10%）；

(4) 10%（股息受益所有人直接拥有支付股息公司至少 10% 股份情况下）：菲律宾（与上述国家协定规定股息受益所有人直接拥有支付股息公司股份低于 10% 情况下税率为 15%）；

(5) 15%（股息受益所有人是公司，不包括合伙企业，并且直接拥有支付股息公司至少 25% 股份情况下）：泰国（与上述国家协定规定股息受益所有人直接拥有支付股息公司股份低于 25% 情况下税率为 20%）。

特许权使用费条款通常以设定限制税率的方式来限制来源国的征税权。

中国与大多数"一带一路"沿线国家签订的税收协定都规定,发生于缔约国一方而支付给缔约国另一方居民的特许权使用费,在其发生的缔约国按照该缔约国的法律征税时,如果特许权使用费受益所有人是缔约国另一方的居民,则所征收税款不应超过特许权使用费总额的10%。与部分国家签订的税收协定规定的特许权使用费税率低于或高于10%,如格鲁吉亚适用5%的税率,罗马尼亚和拉脱维亚适用7%的税率,埃及和塔吉克斯坦适用8%的税率、巴基斯坦适用12.5%的税率,泰国和尼泊尔适用15%的税率。与部分国家签订的税收协定中还规定对于不同类型的特许权使用费适用不同的税率,如与波兰签订的税收协定中规定,对于使用、有权使用工业、商业、科学设备所支付的作为报酬的各种款项适用7%的税率,而对于使用或有权使用文学、艺术或科学著作,包括电影影片、无线电或电视广播使用的胶片、磁带的版权,专利、专有技术、商标、设计、模型、图纸、秘密配方、秘密程序所支付的作为报酬的各种款项适用10%的税率。除部分国家外,[1] 中国与其他42个"一带一路"沿

---

[1] (1) 格鲁吉亚:5%;
(2) 老挝:5%(限于在老挝,在中国为10%);
(3) 罗马尼亚:7%;
(4) 拉脱维亚:7%;
(5) 波兰:7%(限于使用、有权使用工业、商业、科学设备所支付的作为报酬的各种款项。对使用或有权使用文学、艺术或科学著作,包括电影影片、无线电或电视广播使用的胶片、磁带的版权,专利、专有技术、商标、设计、模型、图纸、秘密配方、秘密程序所支付的作为报酬的各种款项适用的税率为10%);
(6) 埃及:8%;
(7) 塔吉克斯坦:8%;
(8) 巴基斯坦:12.5%;
(9) 泰国:15%;
(10) 尼泊尔:15%;
(11) 菲律宾:15%(限于使用或有权使用文学、艺术或科学著作,包括电影影片、电视或广播使用的磁带的版权所支付的作为报酬的各种款项。对使用或有权使用专利、商标、设计或模型、图纸、秘密配方或秘密程序以及使用或有权使用工业、商业、科学设备或有关工业、商业、科学经验的情报所支付的作为报酬的各种款项适用税率为10%);
(12) 马来西亚:15%(限于使用或有权使用文学、艺术著作,包括电影影片、无线电或电视广播使用的胶片、磁带的版权所支付的作为报酬的各种款项。对使用或有权使用专利、专有技术、商标、设计或模型、图纸、秘密配方或秘密程序、科学著作的版权,或者使用、有权使用工业、商业、科学设备或有关工业、商业、科学经验的情报所支付的作为报酬的各种款项适用的税率为10%)。

线国家签订的税收协定中规定的特许权使用费税率均为10%。此外，中国与马来西亚签订的税收协定特别规定，中国居民取得的特许权使用费根据马来西亚的电影影片租借税法应纳影片租借税的，免予征收马来西亚税。

根据中国与"一带一路"沿线国家签订的双边税收协定，当税收协定与各国国内税法规定不一致时，如果协定税率低于各国国内税收法律法规规定税率时，按协定税率执行；如果协定税率高于各国国内税收法律法规规定税率的，可以按国内法律法规规定的税率执行。因此，中国企业与中国签订了税收协定的"一带一路"沿线国家投资时，首先要注意了解税收协定的规定，尤其是税收协定提供的利息、股息、特许权使用费等多方面的优惠安排，通过在境外申请享受税收协定待遇而获得更低的税率。需要注意的是，为了防止税收协定被滥用，利息、股息和特许权使用费条款中往往引入反避税条款，如"受益所有人规定""主要目的测试"（principal purpose test）、"利益限制条款"（limitation on benefits）①。因此，"走出去"企业在设计海外投资架构时，应当特别关注这些条款，避免被认定为滥用税收协定而不得享受税收协定待遇。②

目前，尚未与中国签署税收协定的"一带一路"国家有10个，分别为：缅甸、东帝汶、不丹、马尔代夫、阿富汗、伊拉克、约旦、巴勒斯坦、也门、黎巴嫩。"走出去"企业如果到上述尚未与中国签订税收协定的国家投资，就要按照东道国国内法来缴纳税款。

二 BEPS行动计划对税收协定优惠适用的影响

长期以来，由于各种因素的制约与影响，各国对跨国经济活动的税收征管缺乏有效的合作协调。纳税人利用不同税收管辖区的税制差异和规则错配进行合法的税收筹划，人为地造成应税利润"消失"或将利润转移到没有或几乎没有实质经营活动的低税负国家（地区），从而对相关国家造成严重的税基侵蚀和税收利益损害问题。这不仅给各国造成了日益严重

---

① 如修订后《中华人民共和国政府和俄罗斯联邦政府对所得避免双重征税和防止偷漏税的协定》（2014年10月13日签署，2016年4月9日生效）第23条。

② 参见普华永道《税收协定助力企业沿"一带一路"走出去》，http：//www.pwccn.com/webmedia/doc/635731546577072907_chinatax_news_jul2015_34_chi.pdf。

的税基侵蚀与税源流失问题,也造成市场资源配置的扭曲和公平竞争环境的破坏。尤其是在数字经济时代,跨国公司采用的各种新型的税收筹划方式使这一问题更为严重和突出。2013 年 9 月,G20 峰会委托 OECD 启动实施国际税改项目,即"税基侵蚀和利润转移"(Base Erosion and Profit Shifting,以下简称"BEPS")项目行动计划。该项目旨在修改国际税收规则,遏制跨国企业规避全球纳税义务、侵蚀各国税基的行为,以及公平合理地协调平衡各国对跨国经济活动的税收征管与税收利益分配。经过三年的讨论研究,2015 年 10 月,OECD 发布了 15 项行动计划的最终研究报告及一份解释性声明,这些成果已在同年 11 月举行的 G20 安塔利亚峰会上得到了批准,包括中国在内的很多国家对在国内实施 BEPS 做了政治承诺。BEPS 行动计划及其一揽子措施代表了国际社会近一个世纪以来第一次对国际税收规则进行的实质性变革。随着 BEPS 行动计划的正式落实,目前国际社会和各国已经逐步迈入如何推进 BEPS 成果在国内层面的转化的后 BEPS 时代。因此,在当下国际税收规则及各国相关国内税法正在发生变革调整的新背景下,中国与"一带一路"国家之间在税收协定优惠安排及其具体实施方面将面临着新的问题和挑战。中国企业在带路国家投资时,一方面需要充分利用与带路国家间已有的税收协定优惠安排,实现税收优惠利益的最大化;另一方面由于已有的税收协定优惠安排将接受 BEPS 行动计划的新的约束调整,中国企业寻求和实现税收优惠利益最大化将面临新的条件约束与限制。如何在保证中国对 BEPS 行动计划的遵从性,同维护企业继续享受税收优惠的利益、促进中国企业在"一带一路"国家投资层面寻求一种平衡,将是我们目前需要解决的重大问题。

(一) BEPS 第六项行动计划对"择协避税"的规制

在税收协定优惠安排及其具体适用方面,中国企业寻求和实现税收优惠利益最大化所面临的主要问题和挑战在于,BEPS 第六项行动计划对"择协避税"问题所提出的更为严格的规制要求。根据 BEPS 第六项行动计划,为防止税收协定优惠安排被滥用,最低标准要求是,至少在双边税收协定中采取有效应对"择协避税"问题的规则。第一,协定的标题和序言中应明确阐明,协定缔约国双方意在防止为通过逃避税(包括择协避税安排)所造成的不征税或少征税行为创造条件。第二,缔约国为执行这一共同意愿,要在协定中:(1) 结合采用"主要目的测试"规则

(作为一般反滥用规则)和"利益限制"规则(作为特别反滥用规则);(2)纳入"主要目的测试"规则;或(3)纳入"利益限制"规则并辅之以应对导管安排的机制,比如对导管融资安排适用主要目的测试,对于仅充当导管作用,将取得的所得支付给第三国投资者的实体,不允许其享受协定优惠。这些不同的规则具有各自的功能与作用:特别反滥用规则能提供更大的确定性,但只能应对已知的滥用策略;一般反滥用规则或司法原则的确定性较小,但能确保以前未被识别或未被解决的滥用交易得到应对。上述两种方法对于解决协定滥用同样有效,但是由于各国有不同的法律环境和政策倾向,因此,在最低标准能够确保协定滥用得到有效解决的情况下,各国在确定采取何种规则时拥有一定的灵活性。

(二)"利益限制"规则的内涵及其适用要求

OECD 在 2003 年发布的《限制协定优惠的授予》报告认为传统方法过于原则,需要制定更加具体的规则来应对择协避税问题。作为该报告的影响结果,新条款被加入 OECD 范本第 1 条注释"协定的不当利用部分"的第 10、11、12 段的注释中,采纳了以美国 1996 年范本为模板的全面利益限制条款(注释第 20 条)以及基于英国实践的目的导向反滥用条款(注释第 21.4 段)。在 2014 年公布的 BEPS 第六项行动计划中也纳入了利益限制条款。相较于 OECD 范本第 1 条注释第 20 段所建议的利益限制条款,BEPS 第六项计划中的利益限制条款规定得更加详细。

利益限制条款的目的是阻止第三国居民获取在互惠协定下缔约国居民所享有的优惠。主要是依据缔约国居民的法律性质、所有权和日常活动等客观标准来限定有资格享受协定优惠的居民范围。其基本思想是,税收优惠仅仅适用于那些在居住国有真实的商业目的或者与居住国有充分联系的纳税人。表面看来,利益限制条款的每项都很不相同,它们最终的实质却都指向了这两个重要的因素。利益限制条款规定了能够享受协定优惠的"合格居民"的范围,包括"合格居民",满足积极经营活动测试的公司或实体——积极营业活动条款,满足"主管机关酌情宽免"条款的实体,满足"衍生受益条款"条件的实体(BEPS 第六项计划新增)。[1] 由此可

---

[1] 国家税务总局:《防止税收协定优惠的不当授予(第六项行动计划)》,中国税务出版社 2015 年版,第 21 页。

见，一方面，第六项行动计划中的利益限制条款的适用范围扩大了，避免某些正常交易或安排被排除在税收协定之外；另一方面，利益限制的要求更加严格，加强了打击择协避税的力度。

利益限制条款规定的比较详细，能够为主管机关提供客观标准进行判断，减轻执行难度，节约执行时间和成本。但同时该条款比较复杂，适用该条款时需要考虑很多其他协定之间的互动关系，导致条约更加复杂，增加税收套利的可能性，因此实践中多适用主要目的测试条款以作为利益限制规则的补充。

（三）"主要目的测试"规则的内涵及其适用要求

OECD 税收协定范本第 1 条注释第 9.5 段规定了一个指导原则：如果进行某些交易或安排的主要目的是获取更优税收地位，并且获取更优待遇将会违反相关条款的目的和宗旨，那么就不应授予协定下的优惠。第 1 条注释第 21.4 条为主要目的测试规定了一个示范条款，即"如果任何人设置或转让第 10 条、第 11 条、第 12 条或第 21 条和与之相关的股息、利息、特许权使用费和其他所得的支付的主要目的或主要目的之一是为了获取本条优惠的好处，则本条规定不予适用。"

相较于 OECD 注释中的"主要目的测试"，BEPS 第六项计划明确建议在协定范本中纳入主要目的测试规则，且为该条中的关键用语进行详细解释，运用举例子的方法，指导法院解释这一主观原则。BEPS 行动计划规定"无论本范本其他条款如何规定，如果在考虑了所有相关事实与情况后，可以合理地认为某项安排或交易的主要目的之一是获得协定优惠，并且也直接或间接地取得了该优惠，则不应将本范本的优惠适用于相关的所得和财产，除非能够证明在此种情况下给予该优惠符合本协定相关条款的宗旨和目的"[①]。BEPS 行动计划中的主要目的测试规则不要求取得协定优惠是一个特定安排的唯一目的，只要求是主要目的之一；"协定优惠"包含了协定第 6 条到第 22 条下所有对来源国征税权的限制（如税收减免、免除、递延或返还），第 23 条下消除双重征税以及第 24 条下对缔约国居民和国民提供的非歧视保护，或其他类似限制。但是，如果能够证明在此

[①] 国家税务总局：《防止税收协定优惠的不当授予（第六项行动计划）》，中国税务出版社 2015 年版，第 12 页。

种情况下给予该优惠符合本协定相关条款的宗旨和目的,则主要目的测试规则并不适用。

(四) 遵守 BEPS 行动计划与享受税收优惠的平衡建议

BEPS 行动计划对塑造和深化完善国际税收合作提出了新的框架和要求,中国需要在国际层面积极参与 BEPS 行动计划的进一步调整塑造和具体实施。中国政府提出的"一带一路"发展战略,给中国企业注入新的生机和活力,极大地促进了企业的对外投资,为企业进一步增强国际市场的竞争力创造了条件和便利。然而,在中国企业紧锣密鼓地开展"一带一路"国家投资的同时,恰逢 OECD 提出的 BEPS 行动计划在各国需要落地实施。这项本身针对发达国家的反避税国际合作安排,对中国目前走出去企业将带来很大挑战和影响,为了落实 BEPS 行动计划,各国纷纷修改国内税法,"走出去"企业的投资结构在各国修改税法后,有可能将面临与各国打击跨境逃避税相关税收立法明显的冲突。更为重要的是,随着中国不断深化推进在"一带一路"战略沿线国家的贸易、投资,中国尤其需要根据 BEPS 行动计划的框架和要求,进一步完善和加强与沿线国家的反避税合作,妥善地协调平衡各自的税收利益诉求。但是,需要高度注意的是,严格遵从 BEPS 行动计划的框架和要求对中国的税收利益、"一带一路"战略以及企业的国际竞争力的效果影响,尤其是可能出现的不利影响。对此需要进一步分析研究中国应当如何根据 BEPS 各项行动计划采取灵活、创造性的合作与实施策略,以及通过包容性框架,进一步完善和加强与沿线国家的反避税合作,同时更好地支撑"一带一路"战略与中国企业的发展壮大。

以中国企业到哈萨克斯坦投资为例,中国企业往往选择间接投资设立中间控股公司的方式,而选择间接投资的国家往往是新加坡。因为根据中国和哈萨克斯坦的税收协定,中国企业从哈萨克斯坦取得的股息红利需要缴纳 10% 的非居民企业所得税,但是哈萨克斯坦和新加坡签订的税收协定规定,新加坡企业从哈萨克斯坦企业取得的股息、红利等只需要缴纳 5% 的预提所得税,而根据中国和新加坡的税收协定的规定,中国居民企业从新加坡取得的股息等不需要缴纳非居民企业所得税。这样,需要到哈萨克斯坦投资的中国企业,先在新加坡设立一个中间控股公司,再通过中间控股公司投资哈萨克斯坦,就节省了 5% 的非居民企业所得税。

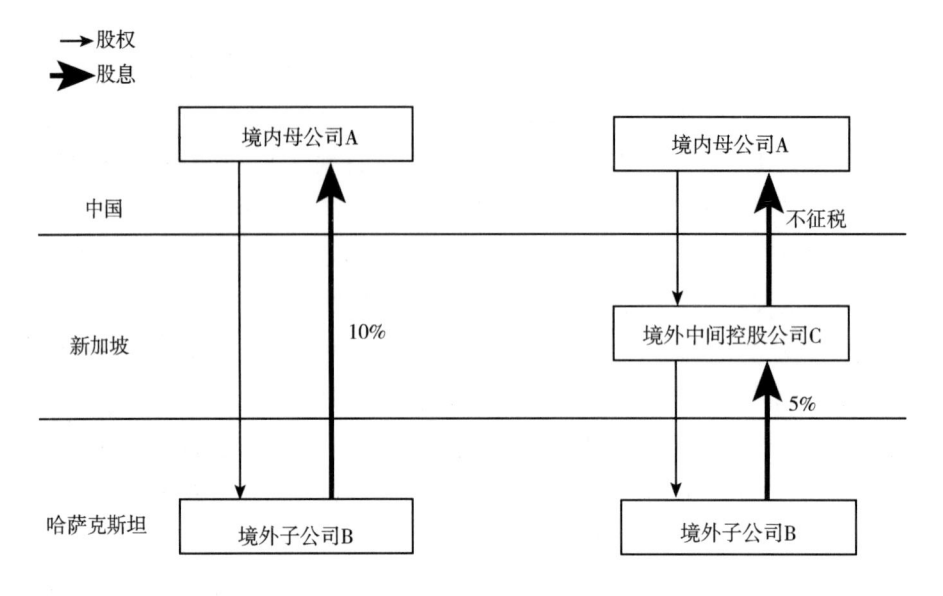

图 4-2 哈萨克斯坦投资架构图

根据 BEPS 第六项行动计划的要求，如果哈萨克斯坦强化了对中间控股公司的规制，在不改变中国和哈萨克斯坦的税收协定的情况下，中国企业将比新加坡企业多承担 5% 的所得税。这势必增加中国企业的税负进而影响国际市场竞争力，而中国也未能从中获得任何税收利益。这不利于"一带一路"战略与中国企业的发展壮大。事实上，一国对不同国家提供差别化的税收待遇可能存在着各种合理考虑与理由，但在客观上它确实影响、扭曲了公平竞争的市场环境，因此，应对"择协避税"问题不能单纯地就事论事，而必须与公平竞争的市场环境要求相联系，予以综合考虑解决。对此，中国应就 BEPS 第六项行动计划的落实与哈萨克斯坦展开具体的合作协调。基本的策略和方法包括：（1）将原有的税收协定中的居民企业应享受的股息、利息和特许权使用费适用的优惠税率调整到与其他国家相比的优惠水平；在今后包括中国和哈萨克斯坦所做的区域税收协调中，将最惠国待遇条款纳入其中，使中国企业自动获得优惠的税率；（2）在不改变原有的非居民企业所得税税率的情况下，中国应寻求 BEPS 第六项行动计划对中国企业的豁免或宽松规制。例如，根据"主要目的测试"规则的内涵及其适用要求，如果能够证明给予税收优惠符合协定相关条款的宗旨和目的,则主要目的测试规则并不适用。中国可以针对本国企业所面临的不公平的税负环境,通过与东道国协商谈判以确定中国企业的投资及其特定安排符合税收协定上的"宗旨和目的",从而避免被认定为"择协避税"而拒绝给予税收优惠待遇。

因此中国企业再要去投资,就必须考虑到哈萨克斯坦国内税收法律、法规的变化,尤其是哈国可能根据 BEPS 第六项行动计划所提出的"利益限制规则"和"主要目的测试"规则,在其国内法中所作出的反滥用税收协定的新修订内容。企业必须重新设计自身的交易,绝对不能够再仅仅为了避税,简单地设立一些中间控股公司。"走出去"企业可以根据东道国反协定滥用相关情况,强化企业的整个投资架构及商业目的,使中间国家设立的控股公司具有合理的商业目的,企业的控股公司具有实质性的经营活动,有独立的人员和财产等,从而有效规避相关税收风险,节约税收成本。

另外,国家在国家间税收利益分配顶层制度设计上应该做相应调整,尤其是应该启动与"一带一路"国家税收协定修订的谈签工作,首先应遵从促进协定国家之间互利互惠的原则,选择现在或将来中国对外直接投资额较大的国家,并且对中国的直接投资额也相对较大的国家,就股息、利息和特许权使用费的现行的一般税率10%,修订降低为5%—8%。这样更为优惠的税收安排一方面使中国企业无须再为节省税额,而在第三国设立中间控股公司,避免了潜在的可能引起反避税调查的税收筹划安排,另一方面在遵守了 BEPS 行动计划的要求前提下,在本国主权范围行使了自主决定税率、税种和征税范围的税收主权权利,节约了企业的资本架构成本和税收成本,进一步促进了中国企业在"一带一路"国家的投资。

三 中国"走出去"企业利用税收协定优惠的实证分析

由于中国企业的对外投资尚处于初步发展时期,有的"走出去"企业并不了解税收协定,有些甚至并不知道国家间存在的税收协定,对于如何享受税收协定优惠的方法、路径和技巧,更是无从谈起。根据北京市国家税务局 2014 年对 281 户"走出去"企业开展的一项调查显示,有近九成企业从未通过税收协定在境外享受应有的税收待遇,发生涉税争议时也很少借助互相协商程序。本章拟以利息、股息和特许权使用费的税收协定优惠条款的适用为例，对相关案例展开实证分析，以期对中国企业走出去享受税收优惠提供指导。

（一）联通红筹案：股息优惠

1. 基本案情

中国联通红筹公司实际名称为中国联合网络通信（香港）股份有限公司，是中国联通集团旗下在香港上市的一家公司。香港股市有所谓"红筹股""蓝筹股"之分。红筹公司是指最大控股权直接或间接隶属于中国内地有关部门或企业，并在香港联合交易所上市的公司，即在港上市的中资企业。

联通红筹公司总部和实际管理机构位于北京市西城区的金融街。北京市西城区国税局大企业和国际税务管理科科长介绍说，联通红筹虽然在香港上市，但也是一家中国居民企业。根据《国家税务总局关于境外注册中资控股企业依据实际管理机构标准认定为居民企业有关问题的通知》（国税发〔2009〕82号）的规定，境外注册中资控股企业应依据实际管理机构标准认定为中国居民企业，联通红筹公司于2010年11月被认定为中国居民企业，并从2008年度开始执行。

2011年3月，在查阅企业纳税申报资料时，北京市西城区国税局大企业和国际税收管理科了解到，2009年，中国联通集团与西班牙电信公司签署了战略联盟协议及相互投资的股权认购协议，联通红筹公司和西班牙电信相互持有对方股份。截至2011年5月，西班牙电信向联通红筹公司进行了4次分红。按照西班牙税法的规定，对于其境内公司向境外公司分红要代扣代缴企业所得税，西班牙电信向联通红筹分红时，由西班牙电信代扣代缴税款，2009年12月31日以前税率为18%，之后为19%。西班牙电信共代扣代缴税款2264万欧元，约合人民币2.1亿元。

从国外取得股份分红，依照当地法律缴税，这似乎理所当然。可细心的税务人员敏感地意识到，既然联通红筹公司从2008年1月1日起被认定为中国居民企业，就应该享受中西税收协定待遇。据了解，中国和西班牙早在1990年11月就签署了《中华人民共和国和西班牙政府关于对所得和财产避免双重征税和防止偷漏税的协定》，该协定第十条规定，来源国对股息征税的限制税率为10%。西班牙居民企业向中国居民企业分红时，所征税款不应超过股息总额的10%。据此，西城区国税局认为，联通红筹应该享受按限制税率10%缴纳所得税的优惠待遇。企业对此表示认同，并积极办理相关手续，与税务部门共同维护自身税收利益和国家税收主权。

2011年4月起，联通红筹公司与西班牙税务当局进行了多次沟通，申请享受中国与西班牙税收协定待遇。联通红筹公司还要求西班牙税务当局退还其从2009年度到2011年度多缴的税款，多笔应退税款累计1062万欧元，约合人民币9828万元。①

2. 所涉法律问题分析

联通红筹案的关键在于税收居民身份的认定。凡是中国居民到境外从事经营活动，如其所在国家与中国有税收协定，就可以向对方国家要求享受税收协定规定的相关待遇。由于税收协定仅适用于"缔约国一方或者同时为双方居民的人"，因此，要享受税收协定的待遇，"走出去"企业必须首先证明自己的中国税收居民身份。由于联通红筹在香港上市，注册地并非在中国内地，如果不经特别程序，联通红筹并不能看作中国内地企业所得税法上所称的居民企业。但是，如果联通红筹被认定为中国内地企业所得税上的居民企业，则其适用的税收协定待遇也会发生彻底性变化。

根据《国家税务总局关于做好〈中国税收居民身份证明〉开具工作的通知》（国税函〔2008〕829号）、《国家税务总局关于做好〈中国税收居民身份证明〉开具工作的补充通知》（国税函〔2010〕218号）等文件的规定，"走出去"企业应填写并向地、市、州（含直辖市下辖区）国家税务局、地方税务局国际税收业务部门递交《中国税收居民身份证明》申请表。负责开具证明的税收部门根据申请事项，按照企业所得税法、个人所得税法以及税收协定有关居民的规定标准，在确定申请人符合中国税收居民身份条件的情况下，提出处理意见，由局长签发。中国居民公司境内、外分公司要求开具中国税收居民身份证明的，由其总公司所在地税务

---

① 刘光明等：《近亿元多缴税款如何从西班牙退回中国》，《中国税务报》2011年8月29日第5版。

机关开具。①

联通红筹公司的"维权之路",正是从这份《中国税收居民身份证明》开始的。西城区国税局在第一时间研究分析了联通红筹公司的情况,并立即向企业传递了相关政策信息,提醒企业尽快申领《中国税收居民身份证明》,及时向西班牙税务当局申请享受协定待遇。

(二) 华新水泥案

1. 基本案情

作为中国"一带一路"发展战略的重点项目,华新水泥股份有限公司在塔吉克斯坦设立了子公司亚湾公司(以下简称"亚湾公司"),负责其"走出去"后在塔吉克斯坦具体业务的开展。据悉,2012年12月,亚湾公司从中国国家开发银行取得了为期7年的7800万美元贷款,2013年支付利息394万美元,已依据塔吉克斯坦国内法,按12%的税率缴纳所得税47万美元;2014年支付利息445万美元,还未缴纳所得税。然而,根据中国与塔吉克斯坦签订的税收协定,该项利息可以享受免税待遇。亚湾公司向塔吉克斯坦税务局提出免税申请后,2014年11月3日,塔吉克斯坦税务局回复,同意以后年度利息按税收协定规定的8%税率征税,但不包括2013年度和2014年度利息应缴税款。为此,亚湾公司多次与塔吉克斯坦税务局沟通,希望按照税收协定,免征2014年利息所得税并退还2013年已缴税款。但该国税务局没有同意,并催促亚湾公司缴纳2014年支付利息预提税款53万美元,否则将予以处罚。由于当时亚湾公司已同国家开发银行签订了金额高达1亿美元的二线项目投资贷款协议,若不能享受税收协定待遇,公司将多缴纳近500万美元的所得税,因此在协调无效的情况下,华新水泥公司只好向属地国税机关——黄石市国税局求援。

---

① 根据2016年6月28日发布的《国家税务总局关于开具〈中国税收居民身份证明〉有关事项的公告》(国家税务总局公告2016年第40号)规定,《国家税务总局关于做好〈中国税收居民身份证明〉开具工作的通知》(国税函〔2008〕829号)、《国家税务总局关于做好〈中国税收居民身份证明〉开具工作的补充通知》(国税函〔2010〕218号)、《国家税务总局关于印发〈境外注册中资控股居民企业所得税管理办法(试行)〉的公告》(国家税务总局公告2011年第45号)第二十八条同时废止。中国居民企业的境内、外分支机构应当通过其总机构向总机构主管税务机关提出申请,申请人可以就其构成中国税收居民的任一公历年度申请开具《税收居民证明》。

2015年2月2日,湖北省黄石市国税局致电湖北省国税局,反映华新水泥股份有限公司设在塔吉克斯坦的子公司亚湾公司申请税收优惠待遇受阻,如果处理不善可能遭受重大损失的情况。2015年2月4日湖北省国税局充分收集资料后向国家税务总局报告了详细情况。国家税务总局国际税务司获悉后,立即启动两国税收协定项下的相互协商程序,致函塔吉克斯坦税务局,要求根据税收协定对亚湾公司向国家开发银行支付的利息给予免税待遇。经中国驻该国大使馆等多方努力和沟通协调,2月28日,塔吉克斯坦税务局确认收到信函,最终同意按税收协定的规定办理免税。这为亚湾公司带来了近500万美元的经济利益。至此,经湖北省国税局和黄石市国税局历时36天的共同努力,湖北省首例"一带一路"境外投资企业税收维权案,终于尘埃落定。①

2. 所涉法律问题分析

华新水泥案中首先要解决的是,明确涉案利息是否应在塔吉克斯坦缴纳所得税。本案中,亚湾公司是塔吉克斯坦的居民企业,其从中国居民企业国家开发银行取得贷款,向中国国家开发银行支付利息。根据《中华人民共和国政府和塔吉克斯坦共和国政府关于对所得避免双重征税和防止偷漏税的协定》(以下简称"《中塔税收协定》")第11条第6款的规定,应认定利息发生在塔吉克斯坦。② 而《中塔税收协定》第11条第2款规定,发生于缔约国一方而支付给缔约国另一方居民的利息,也可以在该利息发生的缔约国,按照该缔约国的法律征税。但是,如果利息受益所有人是缔约国另一方居民,则所征税款不应超过利息总额的8%。因此,根据上述规定,亚湾公司支付给中国国家开发银行的利息,在按照塔吉克斯坦国内法的规定征税时,应按8%的协定税率而不是12%的国内税率缴纳所得税。

然而,《中塔税收协定》第11条第3款规定,虽有第2款的规定,发生于缔约国一方而支付给缔约国另一方的政府、地方当局、中央银行或者任何完全由政府拥有的金融机构的利息,或者发生于缔约国一方而

---

① 参见朱彦等《便民办税春风吹暖"走出去"之路湖北企业境外维权税务尽心相助》,《中国税务报》2015年3月23日第A01版。

② 《中塔税收协定》第11条第6款规定:"如果支付利息的人是缔约国一方居民,应认为该利息发生在该缔约国。"

由缔约国另一方的政府、地方当局、中央银行或者任何完全由政府拥有的金融机构担保或保险的贷款而支付的利息,应在首先提及的缔约国一方免税。由于中国国家开发银行属于上述规定中的免税金融机构,因此亚湾公司支付给中国国家开发银行的利息在塔吉克斯坦应该享受免税待遇。①

目前,中国与沿线国家签署的54个双边税收协定中有49个税收协定均规定,利息款项的来源地国应当给予支付给另一缔约国、其行政区或地方当局及其中央银行或者资本完全为其政府所有并受其控制的金融机构的利息款项予以免税待遇或不享有征税权,其中12个税收协定在正文或之后另行签署的议定书、换函中以列举方式明确规定了"完全为政府所有并受其控制的金融机构"范围,即国家开发银行股份有限公司、中国农业发展银行、中国进出口银行等三家政策性银行,部分还包括全国社会保障基金理事会、中国投资有限责任公司等政策性的非银行金融机构,② 剩余37个税收协定只是在税收协定正文中规定免税的原则,但未明确列明可适用的金融机构名单。③ 此外,目前仍有菲律宾、俄罗斯、波斯尼亚和黑塞哥维那、斯洛文尼亚、以色列5个税收协定没有对支付给政府控制或所有的金融机构的利息给予免税。另外,最近新签署或修订的税收协定都放宽了政府所有或控制的金融机构的范围,由原"完全所有"转为"主

---

① 参见《中塔税收协定议定书》。

② 如:与巴基斯坦税收协定规定仅包括中国人民银行和中国银行;与土耳其税收协定包括中国银行、中国国际信托投资公司实业银行;与老挝、阿曼的税收协定规定只包括中国国家开发银行、中国进出口银行及中国农业发展银行3家政策性银行;与印度尼西亚、文莱税收协定规定,前述任何金融机构是指国家开发银行股份有限公司、中国农业发展银行、中国进出口银行、全国社会保障基金理事会、中国投资有限责任公司;与新加坡、土库曼斯坦、塔吉克斯坦税收协定规定还包括中国出口信用保险公司;与马来西亚税收协定的换函规定还包括中国银行总行、中国出口信用保险公司、丝路基金有限责任公司;与阿塞拜疆税收协定规定包括中国国家发展银行、中国进出口银行、中国农业发展银行、社会保险基金理事会、中国银行、中国建设银行、中国工商银行和中国农业银行。

③ 具体包括泰国、越南、尼泊尔、印度、孟加拉国、斯里兰卡、哈萨克斯坦、吉尔吉斯斯坦、乌兹别克斯坦、埃及、蒙古、白俄罗斯、乌克兰、摩尔多瓦、格鲁吉亚、亚美尼亚、阿尔巴尼亚、保加利亚、克罗地亚、捷克、斯洛伐克、爱沙尼亚、立陶宛、匈牙利、拉脱维亚、马其顿、黑山、罗马尼亚、波兰、塞尔维亚、科威特、阿联酋、巴林、卡塔尔、沙特阿拉伯、叙利亚、伊朗。

要拥有",来源地国应当给予免税待遇的金融机构范围逐渐扩展。以 2016 年 7 月 4 日修订的中国与罗马尼亚税收协定为例,第十一条第三款规定,发生于缔约国一方而为缔约国另一方居民受益所有的利息,如该利息是支付给缔约国另一方或其行政区或地方当局或行政—领土区划,或缔约国另一方全部或主要拥有的任何实体,应仅在缔约国另一方征税;"主要拥有"是指所有权超过 50%。2016 年 10 月 13 日与柬埔寨签署的税收协定也规定,发生于缔约国一方而支付给缔约国另一方政府或地方当局、中央银行或者由缔约国另一方政府主要拥有的金融机构或法定主体的利息,应在该缔约国一方免税。"主要拥有"一语是指所有权超过 50%。为第三款之目的,双方理解"由缔约国另一方政府主要拥有的金融机构或法定主体"一语在中国是指:国家开发银行、中国农业发展银行、中国进出口银行、全国社会保障基金理事会、中国出口信用保险公司、中国投资有限责任公司、中国银行、中国工商银行、中国建设银行、中国农业银行,以及缔约国双方主管当局随时可能同意的由中国政府主要拥有的任何其他机构或法定主体。

(三) 杰瑞集团案

1. 基本案情

烟台杰瑞石油服务集团股份有限公司(以下简称"杰瑞公司")是山东烟台本土上市公司。2010 年,杰瑞公司在哈萨克斯坦成立了全资子公司,将自有设备租赁给子公司经营使用并收取租赁费。该设备总价约 1956 万元人民币,租赁收入 6 年合计约 5300 万元人民币。哈萨克斯坦税务主管当局了解到子公司向母公司支付巨额租赁费后,立刻按照哈萨克斯坦的国内税法,对子公司向境外支付的租金按照 15% 的税率代扣代缴所得税。

2011 年,烟台市国税局在杰瑞公司办理所得税汇算清缴时,对这笔税款提出了质疑:中国与哈萨克斯坦早已签署税收协定,其第十二条规定,对于中国对哈国投资取得的租金收入,应按特许权使用费执行 10% 的税率。杰瑞公司为此向哈萨克斯坦主管税务机关发起了退税申请,但哈萨克斯坦主管税务机关坚持执行国内法驳回了杰瑞公司的退税申请,该公司在哈国维权异常被动。烟台市国税局得知情况后,果断选派业务精干人员介入,根据《中华人民共和国政府和哈萨克斯坦共和国政府关于对所得避免双重征税和防止偷漏税的协定》（以下简称"《中哈税收协定》"）规定的协商程序，辅导企业填写启动相互协商程序申请书，经省国税局向国家税务总局递交了《关于杰瑞能源服务有限公司申请启动税务相互协商程序的请示》申请，启动与哈萨克斯坦相互协商程序。

经过国税总局与哈萨克斯坦方面多轮艰难的双边磋商与谈判，哈方最终同意退税。2012年2月20日，国家税务总局下发通知给杰瑞：哈方应按照中哈协定特许权使用费条款的规定，对企业租金收入按照10%的税率征税。按照这个通知规定，杰瑞可以向哈方少支付265万元的企业所得税。哈萨克斯坦的税务部门也通知杰瑞公司，哈萨克斯坦方面同意按照10%税率对杰瑞在该国的租赁收入征税，缴纳所得税从795万元降为530万元，愿意为杰瑞退还多征收的税款，并同意在以后纳税年度内，直接适用税收协定规定的限制税率，不再适用先征后退的方式。接到哈萨克斯坦税务部门通知后，杰瑞集团积极准备材料，向哈方递交退税申请。[①]

2. 所涉法律问题分析

杰瑞能源案中涉及相关设备租赁款适用的税率以及税款征缴方式问题。本案中，杰瑞公司和杰瑞公司在哈萨克斯坦的子公司分属中国和哈萨克斯坦的税收居民，可以适用《中哈税收协定》。根据《中哈税收协定》第12条，设备租赁费属于协定所规定的特许权使用费，[②] 哈萨克斯坦享有征税权，并且可以按照本国法律进行征税，即适用15%的税率。[③] 但是，杰瑞公司是该笔设备租赁款的收款人和最终受益人，哈萨克斯坦在

---

① 参见张同鹏等《山东5家企业现身说法"走出去"企业如何破解三大税收难题》，《中国税务报》2015年5月22日B1版。

② 《中哈税收协定》第12条第3款规定："本条'特许权使用费'一语是指使用或有权使用文学、艺术或科学著作，包括电影影片、无线电或电视广播使用的胶片、磁带的版权，专利、商标、设计或模型、图纸、秘密配方或秘密程序所支付的作为报酬的各种款项，或者使用或有权使用工业、商业、科学设备或有关工业、商业、科学经验的情报所支付的作为报酬的各种款项。"

③ 《中哈税收协定》第12条第1款规定："发生于缔约国一方而支付给缔约国另一方居民的特许权使用费，可以在该缔约国另一方征税。"第12条第2款规定："然而，这些特许权使用费也可以在其发生的缔约国，按照该缔约国的法律征税。"

按照本国法律进行征税时应当适用 10% 的限制税率。① 同时,鉴于《中哈税收协定》的正文并未规定如何执行这些限制税率,东道国按照国内法的有关规定来执行,有些国家是"先征后退",有些国家则是在纳税人自行申报时直接适用限制税率。但近年来在谈签新的税收协定或修订旧的税收协定时,中国通常会争取在议定书中明确"直接适用限制税率而不是先征后退",从而减少"走出去"企业的资金占用,降低纳税成本。

这提示中国企业在"走出去"的过程中,要积极了解并主动利用税收协定提供的优惠安排,更要明确税收协定和国内税法的关系。当税收协定和国内税法规定不一致时,大多数国家一般都规定协定优先,如果协定税率低于国内法的规定,允许适用税收协定的优惠税率(当然也有例外,比如美国)。协定优先的情况下,企业了解并适用税收协定的规定就可以为企业带来不少税收优惠。

四 适用税收协定优惠安排的争议解决方式

华新水泥案中所涉利息在塔吉克斯坦应该享受免税待遇,然而亚湾公司多次与塔吉克斯坦税务局协商后,该国税务局不仅没有按照税收协定免征其 2014 年的利息所得税并退还 2013 年已缴税款,反而催促亚湾公司缴纳 2014 年利息预提税款 53 万美元。以华新水泥股份有限公司为代表的企业在"走出去"过程中与东道国税务机关发生税务争议时,都面临着如何维权的问题。在国际税法的理论和实践中,企业一般可以启动以下几种维权方式:

(一) 东道国当地救济的税收争议解决方式

在长期的国际实践中,对于如何解决外国投资者与东道国之间的各种纠纷与利益争端,东道国的属地管辖优越权得到了国际社会的普遍尊重和共同确认。其中,对于曾经饱受外部干预和强制的广大发展中国家而言,在解决外国投资者与东道国之间的各种纠纷与利益争端方面,这些国家尤其强调和注重维护其作为东道国的属地管辖优越权,无论是在国内立法还

---

① 《中哈税收协定》第 12 条第 2 款规定:"但是,如果收款人是特许权使用费受益所有人,则所征税款不应超过特许权使用费总额的 10%。"

是在外交政策上均要求各种投资纠纷与利益争端通过东道国的当地救济予以解决。"一带一路"战略沿线国家大多属于发展中国家,其作为东道国的属地管辖优越权显然应当得到中国及中国企业、个人投资者的高度尊重。在与"一带一路"国家发生税收优惠待遇适用争议时,中国企业、个人投资者应当充分尊重并运用"一带一路"国家的当地救济的争议解决方式。然而,目前中国企业、个人投资者运用法律规则寻求东道国当地救济的意识与能力却存在着明显的不足。为此,应从多方面加强和完善中国企业、个人投资者运用东道国当地救济方式的意识与能力。从中国企业、个人投资者的角度看,应当进一步加强其利用国内外税收法律专家的意识与能力,及时地防范和控制税收争议的发生,在出现税收优惠待遇适用争议时,依靠国内外税收法律专家的支持帮助,积极运用东道国当地救济方式解决税收争议。从中国的国内支持保障体系看,通过建立和运用各种咨询、服务等机制,为中国企业、个人投资者运用东道国当地救济方式提供支持和帮助。在这方面,国家税务总局已经设立了两个国际税收法律、政策服务的支持帮助机构,即国家税务总局12366北京纳税服务中心和上海纳税服务中心。

(二) 外交保护的辅助解决

外交保护是指一国针对其国民因另一国的国际不法行为而受的损害,以国家的名义为该国民采取外交行动或其他和平解决手段援引另一国的责任,以期使该国责任得到履行。一般而言,是否提起外交保护是国家自行考虑决定的一项权利,而不是对其国民必须履行的行为义务。

国家行使外交保护有三个先决条件:第一,一国国民在外国受到的损害是由该外国的国际不法行为所致。第二,请求国能证明受害者为其本国国民,即国籍持续原则。第三,用尽当地救济。在下列情况下,提起外交保护无须用尽当地救济:(1) 不存在合理的、可得到的、能提供有效补救的当地救济,或当地救济不具有提供此种补救的合理可能性;(2) 救济过程受到不当拖延,且这种不当拖延是由被指称应负责的国家造成的;(3) 受害人明显地被排除了寻求当地救济的可能性;(4) 被指称应负责的国家放弃了用尽当地救济的要求。国际法院在2007年5月迪亚洛案(初步反对意见)的判决中,再次确认了国籍原则和用尽当地救济这两个公认的行使外交保护的限制条件①。作为一项习惯国际法规则，随着国际实践的发展，以及 2006 年国际法委员会编纂、通过的《外交保护条款草案》，外交保护制度及其解释运用出现了一些新的变化发展，"例外"规定增多。例如对于国籍标准的问题，对于权利与责任的问题，对于当地司法救济的要求问题等。中国积极参与了《外交保护条款草案》的国际立法全过程，并且提出了中国对《外交保护条款草案》的建议和立场。同时必须注意的是，面对庞大的出境企业与公民，中国仍在探索有效保护海外利益的途径和方法，海外利益保护仍然任重而道远。② 总之，外交保护制度及其解释运用虽然正在发生新的变化发展，但其基本内涵与行使条件要求并没有发生根本变化，尤其是在用尽当地救济要求方面，因此，通过外交保护来解决税收优惠待遇上的争议问题仍然面临着严苛的条件限制。而且，由于外交保护涉及面广泛，政治敏感程度高，国家也不太可能轻易动用外交保护来解决税收优惠待遇上争议问题，尤其是与"一带一路"沿线国家之间。

（三）双方税收主管当局的协商程序

税收协定中的"相互协商程序"为"走出去"企业开辟了一条有效的国际救济渠道，有助于妥善解决"走出去"企业的境外税务争议。中国与"一带一路"沿线国家签订的税收协定中都包含相互协商条款，这一条款规定了缔约双方的主管当局对税收协定中的解释或适用问题不能达成一致，或者一国的征税行为导致纳税人双重征税的情形时，可以协商共同解决国际税收争议。

在华新水泥案中，华新水泥股份有限公司对其子公司亚湾公司支付给中国国家开发银行的利息是否应当在塔吉克斯坦享受免税待遇存有异议，符合申请中国主管当局启动相互协商程序的条件。同时，根据《中塔税收协定》第二十六条第一款和第二款的规定，华新水泥股份有限公司也可以不考虑塔吉克斯坦国内法律的补救办法，将案情提交中国主管当局。中国主管当局如果认为所提意见合理，又不能单方面圆满解决时，应设法

---

① 参见肖军《对海外投资的外交保护——国际法院关于迪亚洛案（初步反对意见）的判决评析》，《武大国际法评论》2008 年第 2 期。

② 参见万霞《外交保护国际制度的发展及演变》，《国际观察》2009 年第 2 期。

同塔吉克斯坦主管当局相互协商解决，以避免不符合协定的征税。① 于是，华新水泥股份有限公司在与塔吉克斯坦税务机关协调无效的情况下，主动向中国税务机关寻求救济，在省税务机关协助下向税务总局申请启动中塔税收协定项下的相互协商程序，最终得以享受免税待遇。

虽然华新水泥股份有限公司最终取得圆满的维权结果，但是维权开始时进展并不顺利。华新水泥股份有限公司首先是向使领馆寻求保护，但对方税务机关并不理会外交途径。正如华新水泥股份有限公司一样，在境外维权受阻时，"走出去"企业首先想到的是向当地的使领馆寻求外交保护，然而作为中国企业的主要投资目的国的大多数发展中国家而言，它们一般都要求首先要用尽东道国国内救济。这些国家虽然不承认外交保护，但是愿意按照国内法律的制度安排解决纠纷，其中包括执行双边税收协定中的相互协商程序。这启示企业在"走出去"过程中，如果与投资目的国税务机关发生税务争议，要注意向中国税务主管当局申请启动相互协商程序，该程序的启动并不以用尽投资目的国国内的法律救济为前置条件，而且是直接向中国的税务主管当局提出申请，更有利于保护中国居民企业的合法权利。

另外，中国目前签订的税收协定中规定的相互磋商程序条款没有明确规定，在中国税务主管当局启动相互协商程序后，缔约国另一方主管当局何时反馈，不利于及时解决争议。这也是本案中中国税务主管当局启动相互协商程序后，塔吉克斯坦税务主管当局在经中国多方努力和沟通协调下才最终确认收到信函的原因。因此，建议缔约国双方通过双边协商确定一方启动相互协商程序后，另一方缔约国的反馈时限和程序行为义务要求。

为了规范中国税收协定相互协商程序的实施，2013 年，国家税务总局发布了《税收协定相互协商程序实施办法》（国家税务总局 2013 年第 56 号公告，以下简称《实施办法》），规定了涉及税收协定的相互协商

---

① 《中塔税收协定》第 26 条规定："一、如有人认为，缔约国一方或者双方所采取的措施，导致或将导致对其的征税不符合本协定的规定时，可以不考虑各缔约国国内法律的补救办法，将案情提交本人为其居民的缔约国主管当局，或者如果其案情属于第二十五条第一款，可以提交本人为其国民的缔约国主管当局。该项案情必须在不符合本协定规定的征税措施第一次通知之日起，三年内提出。二、上述主管当局如果认为所提意见合理，又不能单方面圆满解决时，应设法同缔约国另一方主管当局相互协商解决，以避免不符合本协定的征税。达成的协议应予执行，而不受各缔约国国内法律的时间限制。"

程序的适用对象、适用情形、受理税务机关、申请程序以及协商结果的法律效力。根据中国《实施办法》第九条规定，中国居民有下列情形之一的，可以申请启动相互协商程序：（一）对居民身份的认定存有异议，特别是相关税收协定规定双重居民身份情况下需要通过相互协商程序进行最终确认的；（二）对常设机构的判定，或者常设机构的利润归属和费用扣除存有异议的；（三）对各项所得或财产的征免税或适用税率存有异议的；（四）违反税收协定非歧视待遇（无差别待遇）条款的规定，可能或已经形成税收歧视的；（五）对税收协定其他条款的理解和适用出现争议而不能自行解决的；（六）其他可能或已经形成不同税收管辖权之间重复征税的。根据《实施办法》第4条，中国负责相互协商工作的主管当局为国家税务总局（以下简称税务总局），省、自治区、直辖市和计划单列市国家税务局或地方税务局（以下简称省税务机关）及以下各级税务机关负责协助税务总局处理相互协商程序涉及的本辖区内事务。

综上，在中国企业与"一带一路"国家发生税收优惠待遇适用争议时，存在着多种可选择的争议解决方式。其中，寻求中国使领馆外交保护的方式存在着严格的条件限制，而且东道国也往往不愿意接受这种上升到国家间外交层面的极端特殊的解决方式，中国也不太可能轻易地将普通的税收争议转化为高度敏感的国家间争端，尤其是与"一带一路"国家更是如此。因此，在中国企业与"一带一路"国家发生税收优惠待遇适用争议时，寻求中国使领馆外交保护的解决方式并不是最佳的首选方式。根据"一带一路"战略与现实需要，双方税务机关的相互磋商程序与东道国的当地救济方式将是中国企业应当着重考虑和运用的基本方式。目前，双方税务机关的相互磋商程序是中国企业比较熟悉和习惯运用的争议解决方式，而且，"华新水泥案"也证明此种方式的实际有效性。

但是，双方税务机关的相互磋商程序毕竟只是双方谈判协商的税收行政合作程序，它对于充分有效地解决各种税收争议存在着无法避免的制度局限性。如果只是单纯地依靠相互磋商程序，一旦谈判协商效果不佳甚至完全失败，中国企业势必陷于极为被动的境地。与双方税务机关的相互磋商程序相比，东道国行政或司法救济的方式具有程序和实体上的特殊优势，可以为企业提供更为稳定的、可预期的税收争议解决进程与裁决结果。而且，通过主动并熟练地运用当地行政或司法救济的方式可以促进东道国的行政和司法水平与法治建设，从而实现企业利益和"一带一路"战略目标的共赢。然而，"华新水泥案"暴露出中国企业运用法律规则寻求东道国当地救济的意识与能力的不足，这不利于中国企业在"一带一路"国家充分有效地维护自身的税收利益，也不利于中国在"一带一路"国家塑造法治国家的形象和发挥法治建设的引领作用。因此，从长远来看，面对与"一带一路"国家可能发生的税收优惠待遇适用争议，中国企业应当加强运用法律规则寻求东道国当地救济的意识与能力。

第二节　中国与"一带一路"国家税收征管合作的完善与创新

自 2013 年提出"一带一路"倡议以来，中国与沿线国家间投资贸易往来不断扩大，"丝路电商"日益成为国家间经贸合作的新渠道，跨境电商等新业态、新模式为"一带一路"贸易畅通提供了新的动力。① 2013 年至 2018 年，中国企业对沿线国家直接投资超过 900 亿美元，在沿线国家新签对外承包工程合同额超过 6000 亿美元，与沿线国家货物贸易总额超过 6 万亿美元。② 2018 年沿线国家对华投资新设立企业 4479 家，实际投入外资金额 64.5 亿美元。③

随着"一带一路"建设深入推进，加强沿线国家在税收领域的协调与合作具有重要意义。④ 一方面，由于经济全球化和数字经济的迅猛发展，纳税人数量和跨境商业经营活动激增，各种交易活动和金融安排越趋复杂，不良税收筹划问题愈发严重，跨国经济交往中信息不对称、征管权限的局限等问题日益凸显，各国税收征管面临前所未有的挑战。另一方面，由于沿线国家税制差异较大，某些国家和地区税制较为复杂，"走出

---

① 新华网：《中国对"一带一路"沿线国家直接投资超 900 亿美元》，http：//www.xinhuanet.com/2019-04/18/c_1124386214.htm。
② 同上。
③ 中华人民共和国商务部：《2018 年 1—12 月全国吸收外商直接投资快讯》，http：//www.mofcom.gov.cn/article/tongjiziliao/v/201901/20190102832209.shtml。
④ 中国新闻网：《首届"一带一路"税收征管合作论坛在华召开》，http：//www.chinanews.com/cj/2019/04-18/8813345.shtml。

去"企业和个人在参与"一带一路"建设中面临较大的税收风险。

截至 2019 年 4 月，中国已经与 131 个国家签署了共建"一带一路"合作文件。①《多边税收征管互助公约》（以下简称《公约》）是全球范围内首个多边税收公约，也是合作内容更广泛、形式更多样的国际税收征管条约，从实体层面规定了三种征管合作方式——情报交换、追索协助及文书送达，这三种合作方式既相互独立又彼此联系。中国作为《公约》的缔约国，国际税收征管合作是中国的国际义务，同时也关系着中国的税收主权和税收权益。本节将从中国与沿线国家税收征管合作的现状与困境出发，借鉴其他国家的税收征管合作的发展趋势和实践经验，对完善中国与沿线国家税收征管合作提出创新性建议。

一 中国与沿线国家税收征管合作的局限性分析

（一）税收情报交换制度的现状与困境

税收情报交换是国际税收征管合作的一项重要内容，对于保障税收协定及国内税法的正确执行、遏制国际税收有害竞争、打击国际逃避税等非法活动、切实维护国家税收权益具有重要意义。依据《经合组织税收协定范本》（以下简称《协定范本》）及《税收情报交换协定范本》之规定，税收情报交换主要包括应请求信息交换、自动信息交换、自发信息交换、同期税务稽查、境外税务检查和行业范围内的信息交换六种，每种实施方式都有其自身的特点与优点，各主权国家可以根据本国的立法现状和相关实践情况自主选择使用其中的一种或多种方式来进行国际税收情报交换。

税收情报交换也是中国与沿线国家开展税收征管合作的主要方式。相较其他税收征管合作方式，税收情报交换尊重各国的税收主权，有利于各国积累对国际税收征管合作的信心和经验。提升跨境税收情报交换的效率和效果，是深化中国与沿线国家税收征管合作的重要目标。目前，已有 54 个沿线国家与中国缔结了双边税收协定，24 个沿线国家与中国同为

---

① 中国一带一路网：《已同中国签订共建"一带一路"合作文件的国家一览》，https：//www.yidaiyilu.gov.cn/gbjg/gbgk/77073.htm。

《公约》的缔约国。① 《公约》及双边税收协定中的情报交换条款为中国与沿线国家税收情报交换提供了国际法律基础。在国内法层面，国家税务总局先后制定颁布了《国际税收情报交换工作规程》（以下简称《规程》）、《关于进一步规范国际税收情报交换英文写作的通知》等规范性文件，对中国开展情报交换的具体程序、各级税务机关的工作职责以及情报交换的标准格式提供了较为清晰、明确的指引。《公约》、双边税收协定以及国内规范性文件对中国实施情报交换提供了法律基础和操作指引，但是中国税收情报交换制度仍然存在一定缺陷。

1. 情报交换的程序复杂

根据《规程》的有关规定，国家税务总局是中国税收情报交换的唯一主管当局，所有交换情报的请求、提供等必须经由国家税务总局与缔约国另一方主管当局进行沟通和传递。

首先，任何地方税务机关认为需要相关缔约国主管当局协助提供税收情报时，必须将情报交换请求逐级上报国家税务总局审核。总局审核通过后，才向缔约国另一方主管当局发出情报交换的请求。在缔约国另一方主管当局提供情报后，也由总局首先对收到情报进行审核，审核完毕后再逐级转发至提出该交换请求的地方税务机关。其次，缔约国另一方主管当局也只能向国家税务总局提出情报交换的请求。总局在收到缔约国另一方主管当局提供的情报交换请求后应当进行审核，确保该交换请求符合中国与有关国家的税收协定或税收情报交换协定；如果请求不完整，总局会通知缔约国另一方主管当局进行澄清或补充。经总局审核通过的有效请求，将转送相关省级税务机关，省级税务机关再逐级转发至其辖区的相关基层税务机关进一步调查。基层税务机关负责请求情报的收集和核查，其完成情报收集后再逐级上报至总局，由总局将请求情报提供给缔约国另一方主管当局。在基层税务机关将相关情报逐级上报总局的过程中，上级税务机关

---

① 未与中国缔结双边税收协定的沿线国家包括不丹、缅甸、东帝汶、伊拉克、约旦、黎巴嫩、马尔代夫、巴勒斯坦、也门。已加入《多边税收征管互助公约》的沿线国家包括俄罗斯、新加坡、印度尼西亚、马来西亚、菲律宾、文莱、印度、巴基斯坦、阿联酋、科威特、土耳其、卡塔尔、黎巴嫩、沙特阿拉伯、巴林、以色列、阿塞拜疆、格鲁吉亚、亚美尼亚、波兰、阿尔巴尼亚、爱沙尼亚、立陶宛、斯洛文尼亚、保加利亚、捷克、匈牙利、罗马尼亚、斯洛伐克、克罗地亚、拉脱维亚、乌克兰、摩尔多瓦、哈萨克斯坦。

应当对下级税务机关提供的情报进行分类审核，对于不充分的回复，可以退回并要求下级税务机关进行调整或者提供补充资料、重新核查等。

依据上述情报交换程序，中国每一次情报交换都是在国家税务总局的统筹领导下，经过区级、市级、省级、国家四级税务机关协调配合才能完成，这既给国家税务总局造成了较大的工作负荷，也影响了税收情报交换的效率。无法及时提出情报交换要求或者回复提供情报，使得税收情报交换难以发挥最大效用。尤其是对对外经济往来频繁、情报需求量及回复量较大的省市而言，这种程序繁琐的交换方式给税收征管工作带来了诸多不便。

2. 情报交换的类型有限

《公约》和《规程》都规定，除了专项、自动、自发交换外，税收情报交换类型还包括同期税务检查（simultaneous tax examinations）[①]与境外税务检查（tax examinations abroad）[②]。但是，中国目前缔结的双边税收协定中对情报交换只有一个原则性的约定，[③]并未明确规定税收情报交换的类型，也未对同期税务检查和境外税务检查作出具体安排，只在与巴哈马、维尔京群岛、开曼群岛等国家和地区签署的税收情报交换协定（TIEA）中规定了境外税务检查条款。由于《规程》要求同期税务检查和授权代表访问均需以双方缔结的同期检查协议和授权代表访问协议为基础，在缺少相关双边协议的情况下，中国很少与沿线国家开展同期税务检查和境外税务检查类型的情报交换。

(二) 税收追索协助的现状与困境

各国税务机关通过税收情报交换，更全面地了解对本国负有纳税义务的纳税人的跨境经济活动和跨境收入，最终实现依法足额征缴税款、巩固

---

① 同期税务检查，是指缔约国主管当局独立地在各自有效行使税收管辖权的区域内，同时对某人或存在某种共同或关联利益的多人进行的纳税事项检查，并互相交流或交换各自检查中获取的税收情报。

② 境外税务检查，又称"授权代表访问"，是指应请求国主管当局请求，被请求国主管当局可在其境内某项税务检查活动中的某一适当环节，允许请求国主管当局代表在场，以获取、查证税收情报的行为。

③ 中国缔结的双边税收协定中对税收情报交换条款一般表述为："缔约国双方主管当局应交换可以预见的与执行本协定的规定相关的情报，或与执行缔约国双方或其行政区或地方当局征收的各种税收的国内法律相关的情报，以根据这些法律征税与本协定不相抵触为限。情报交换不受第一条和第二条的限制。"

本国税基的目的。但是，如同前述税收情报受到领土范围限制一样，税务机关的征缴权力也仅限于本国境内，对跨国征税往往无能为力。当纳税人在未完全结清其应缴税款之前离境，或者纳税人在境内已没有任何财产时，该国税务机关根本无法采取任何有效的执行措施。即使通过税收情报交换，税务机关发现该纳税人在其他国家有可供执行的财产，也不能对纳税人在其他国家的财产进行任何形式的执行或追缴。纳税人及其财产在全球范围内可以相对自由地流动，而税务机关征缴权力仍以其领土范围为限，这种不对称恰恰为国际税收追索协助（assistance in recovery）提供了契机。税收追索协助作为《公约》规定的一项重要制度，是对传统国际税收情报交换的拓展及延伸，是一种深度开展国际税收征管合作的方式，是国际社会打击日益猖獗的国际逃避税"组合拳"的最新组成部分。

传统的国际税法认为，一国不应协助另一国执行其税收主张。因此，最初只有一些政治、经济联系较为紧密的邻国才会通过区域性税收合作条约相互提供税收征收协助，[①] 双边税收协定中鲜有税收征收协助形式的征管合作。直到2003年，《协定范本》才首次引入了税收征收协助条款。依据《协定范本》，税收征收协助是指缔约国一方在用尽按照其法律或行政惯例，可以采取的一切合理的征收或保全措施后仍无法执行其税款请求权（revenue claim）的情况下，可以就此向缔约国另一方提出征收协助请求，缔约国另一方应当按照本国关于相关国内税收的执行和征收的法律规定，对缔约国一方提出的税款请求权加以征收或保全的行为。2010年《公约》修订后也增加了税收追索协助的内容，即缔约国有义务以与对待本国税收主张（tax claim）同等的方式，采取必要措施协助其他缔约国追索税收主张。

《公约》税收追索协助和《协定范本》税收征收协助以充分尊重请求国与被请求国税收主权为前提，较好地平衡了税收主权与税收执行效率之间的关系。从请求国税收主权角度而言，《公约》和《协定范本》都要求缔约国提出的征收协助应当是在该缔约国未超过追索时效的税款请求权，且根据该国法律，该税款请求权系终局性并可强制执行性的；有关缔约国

---

① 比如1952年比利时、荷兰和卢森堡缔结的三国互助条约（Benelux Mutual Assistance Treaty），1972年丹麦、芬兰、冰岛、挪威、瑞典五国缔结的北欧税收互助公约（Nordic Convention on Mutual Assistance in Tax Matters）等。

一方的税款请求权的产生、效力以及数额争讼，被请求国均不得就前述事项采取法律或行政程序。这种规定的主要目的是防止被请求国的行政和司法机构就税款数额等作出认定，从而干预或侵犯请求国的税收主权。从被请求国税收主权角度而言，《公约》和《协定范本》规定被请求国应按照本国关于相关国内税收的执行和征收的法律提供协助，此种规定可以最小化征收协助对被请求国的影响，降低被请求国提供协助的行政成本。[1] 根据《公约》和《协定范本》，被请求国在提供协助时，没有义务采取与本国或请求国的法律和行政惯例不相一致的行政措施。比如，如果请求国允许对复议或诉讼中的税款进行执行，但被请求国的国内法律却规定不得对处于复议或诉讼阶段的国内税款请求权进行执行或征收，在此情况下，被请求国不得为请求国的税款请求权提供征收协助。[2] 此外，《协定范本》和《公约》允许缔约国双方主管当局通过相互协商来确定实施税收征收协助的方式及相关具体问题，包括以现金形式征收税款时所适用的汇率，如何将协助征收的税款转移给请求国等。征收协助费用由纳税人和请求国承担，如果被请求国认为因税收征收协助产生的成本及行政负担将明显超过税款请求权的金额，被请求国还可以拒绝提供征收协助。

中国以往签订的绝大多数双边税收协定没有与缔约国对方达成税款追索的协助安排，直到近年与马耳他、博茨瓦纳、荷兰等国家签订或修订的双边税收协定中才对税收追索协助条款进行非常原则性、概括性的表述。这些税收协定中的追索协助条款主要表达双方相互提供税款征收协助的意愿，具体实施安排则有待进一步商定，这与《协定范本》及《公约》规定相距甚远。[3]

税收追索协助虽然是一种互惠型的合作机制，但是由于各国在国际资本流动中地位的不对等，可能出现义务与权利不匹配的情况，资本输

---

[1] Louise Parker, Mutual Assistance in the Collection of Taxes, *Bulletin for International Taxation*, Vol. 71, No. 9, 2017.

[2] OECD, Model Tax Convention on Income and on Capital: Condensed Version 2017, Commentary on Article 27, https://read.oecd-ilibrary.org/taxation/model-tax-convention-on-income-and-on-capital-condensed-version-2017_mtc_cond-2017-en#page514.

[3] 廖益新、赵凌：《构建与〈税务互助公约〉相适应的国内税收征管机制》，《国际税收》2014年第11期。

出国可能更多地请求资本输入国提供税收追索协助，而资本输入国可能很少有机会享受税收追索协助的权利。因此，考虑到当时中国仍然是以资本输入为主，而且提供税收追索协助对国内税务机关税收征管能力提出了较高的要求，中国缔结的双边税收协定中都没有规定税收征收协助条款，在加入《公约》时也对税收追索协助提出了保留。基于权利义务对等原则，中国也就丧失了请求他国在其管辖范围内为中国税收征纳提供协助的权利。

近年来，随着中国资本双向流动的增长，境外税收征纳问题的重要性日益凸显。一方面，在离岸间接转让案件中，部分非居民企业通过转让境外壳公司或导管公司的股权实现间接转让中国居民企业股权或财产的目的，《关于非居民企业间接转让财产企业所得税若干问题的公告》规定，股权转让方取得的股权转让所得中归属于中国应税财产的数额应当在中国缴纳所得税。对于离岸间接转让案件中企业所得税的征收，该公告第八条规定，间接转让不动产所得或间接转让股权所得按照公告规定应缴纳企业所得税的，依照有关法律规定或者合同约定对股权转让方直接负有支付相关款项义务的单位或者个人为扣缴义务人；扣缴义务人未扣缴或未足额扣缴应纳税款的，股权转让方应自纳税义务发生之日起7日内向主管税务机关申报缴纳税款；扣缴义务人未扣缴，且股权转让方未缴纳应纳税款的，主管税务机关可以按照税收征管法及其实施细则相关规定追究扣缴义务人责任。实践中，由于转让方、目标公司都在境外，受让方也很可能是外国实体或个人，如果交易双方及目标公司在中国境内没有常设机构或其他财产，中国税务机关在税收征收过程中就会困难重重，税收保全和强制执行等常规手段难以应用在境外纳税人和扣缴义务人身上。另一方面，随着中国"走出去"企业的迅速增加，中国已成为重要的资本输出国，尤其是在与沿线国家的合作中，中国更是长期处于净资本输出国地位。税收追索协助是增强"走出去"企业税收管控、防止境外资本逃避税、巩固中国税基安全的重要途径。

二 税收征管合作的域外发展趋势及实践借鉴

（一）税收情报交换的域外发展趋势

为了提高税收情报交换的效率，一方面，各国在坚持中央税务机关集中管理原则的同时，通过适当简政放权，扩大情报交换授权代表机构的范围，简化情报交换的程序。俄罗斯、法国、德国等国都突破了单一税务主管当局的税收情报交换规则，指定两个或多个授权代表机构直接负责与不同国家或区域的税收情报交换。另一方面，各国也在巩固传统情报交换类型的基础上，越来越多地运用同期税务检查、境外税务检查等新类型进行情报交换。

1. 税收情报交换授权代表机构的多元化

以俄罗斯税收情报交换为例，俄罗斯财政部是国际税收情报交换的主管当局，财政部将此职权授予俄罗斯联邦税务局（FTS），税务局代表财政部作为税收情报交换的主管当局。除联邦税务局外，联邦税务局运营控制局（OCD）、联邦税务局数据集中处理区域稽查局（IICDP）及地方税务机关均可作为授权代表机构，负责与不同国家的税收情报交换。其中，运营控制局是联邦税务局的下属单位，负责除独联体国家和格鲁吉亚之外其他所有缔约国的情报交换请求；数据集中处理区域稽查局负责除哈萨克斯坦及白俄罗斯之外其他独联体国家和格鲁吉亚的情报交换；授权的地方税务机关则可直接与哈萨克斯坦、白俄罗斯两国进行情报交换。[1]

在法国，税收协定和税收情报交换协定中通常指定法国预算部长担任税收情报交换的主管当局。除预算部长之外，法国还针对提出交换和提供情报分别规定了不同的授权代表机构。在应缔约国请求提供税收情报的程序中，一般由中央授权代表机构国际事务办公室（CFIC）负责接收缔约国提出的情报交换请求。但是，海外税务专员（tax attachés）负责之缔约国所提出的税收情报交换要求，由税务专员负责接收；区域性税务征管部门可以接收与法国缔结相关跨境协议之邻国提出的交换请求。[2] 在向缔约

---

[1] OECD, Global Forum on Transparency and Exchange of Information for Tax Purposes Peer Reviews: Russian Federation 2014 Phase 2: Implementation of the Standard in Practice, https://read.oecd-ilibrary.org/taxation/global-forum-on-transparency-and-exchange-of-information-for-tax-purposes-peer-reviews-russian-federation-2014_ 9789264223103-en#page126.

[2] OECD, Global Forum on Transparency and Exchange of Information for Tax Purposes: France 2018 (Second Round) Peer Review Report on the Exchange of Information on Request, https://read.oecd-ilibrary.org/taxation/global-forum-on-transparency-and-exchange-of-information-for-tax-purposes-france-2018-second-round_ 9789264291058-en#page100.

国提出税收情报交换的程序中,国际事务办公室、相关中央税务审计部门、区域性税务审计部门(DIRCOFI)以及海外税务专员等多个部门都可以直接向缔约国提出情报交换的请求。① 具体来说,向缔约国提出税收情报交换的请求一般由当地税务机关发起,根据所涉缔约国不同,请求的提出主体和提出程序有所差异:一般情况下,当地税务机关的局长签字后,该机关即可向区域性税务审计部门提交协助请求,税务审计部门同意后可直接向缔约国另一方主管当局提出税收情报交换请求;如缔约国属于海外税务专员负责的缔约国,则当地税务机关和税务审计部门应当将请求转交给海外税务专员,由相应税务专员提交给缔约国另一方主管当局;某些国家和区域的协助请求,需提供给国际事务办公室。②

具体而言,法国海外税务专员所负责的税收情报交换伙伴国如下:派驻柏林的税务专员负责德国;派驻布鲁塞尔的税务专员负责比利时、荷兰;派驻伦敦的税务专员负责英国、爱尔兰、马恩岛、泽西岛、根西岛;派驻马德里的税务专员负责安哥拉、西班牙和葡萄牙;派驻罗马的税务专员负责意大利;派驻华盛顿的税务专员负责美国、加拿大、墨西哥;派驻北京的税务专员负责中国内地及香港地区、韩国、新加坡。③

2. 地方层面直接情报交换的常态化

税收情报交换通常应由国家中央税务机关进行统一组织安排,地方税务机关一般不得直接提出情报交换请求或者接收情报。但是,为了提高交换的及时性和针对性,部分国家也会允许特定边境城市的地方税务机关,直接同与本国具有地缘关系且政治、经济往来较紧密的国家或其部分地区进行情报交换。

如前所述,俄罗斯指定的地方税务机关可以直接与哈萨克斯坦、白俄罗斯进行情报交换。法国区域性税务征管部门可以接收德国、西班牙、比

---

① OECD, Global Forum on Transparency and Exchange of Information for Tax Purposes: France 2018 (Second Round) Peer Review Report on the Exchange of Information on Request, https://read.oecd-ilibrary.org/taxation/global-forum-on-transparency-and-exchange-of-information-for-tax-purposes-france-2018-second-round_ 9789264291058-en#page100.

② 同上。

③ 同上。

利时等与法国缔结相关跨境协议之邻国提出的交换请求。① 根据法国—德国跨境协议之规定，法国东部的当地税务机关可以与德国巴登符腾堡州、萨尔州、莱茵兰—普法尔茨州的税务机关相互直接提出情报交换请求。② 德国—奥地利、德国—捷克的类似协议也规定，德国巴伐利亚州与奥地利萨尔茨堡的当地税务机关可以进行直接的情报交换，德国巴伐利亚州提出的情报交换请求可以由该州各地方税务机关直接传递给捷克税务主管当局。③

3. 情报交换类型的多样化

法国增值税条例第 11 条规定了在行政调查期间，请求国可以委派官员参与调查。这项措施在一个纳税人还没有在一国建立实体，没有税务代表，或者一个企业全部的账务在其住所地以外的国家的情况下是十分奏效的。④ 日本税务部门也在经济交往密切国家的重点城市设立了"国际税务调查官办公室"，建立境外税收征管与延伸服务体系。⑤

(二) 税收追索协助的域外实践借鉴

在非洲，南部非洲发展共同体（SADC，以下简称"南共体"）成员⑥于 2012 年制定了南共体税收协定范本，该范本中参照《协定范本》引入了税收征收协助条款，所有南共体成员国均按照该协定范本洽谈税收协定。同年，南共体成员还签署了《南共体税收协助条约》（*SADC Agreement on Assistance in Tax Matters*），在该条约下各缔约方均有义务协助其他缔约方征收税收。

---

① 崔晓静：《中国跨境税收行政合作制度的深化拓展——以法国和欧盟的税收行政合作的新发展为借鉴》，《法学杂志》2011 年第 5 期。

② OECD, Global Forum on Transparency and Exchange of Information for Tax Purposes Peer Reviews: Germany 2013 Combined: Phase 1 + Phase 2, incorporating Phase 2 ratings, https://read.oecd-ilibrary.org/taxation/global-forum-on-transparency-and-exchange-of-information-for-tax-purposes-peer-reviews-germany-2013_9789264205642-en#page83.

③ Ibid.

④ Ibid.

⑤ 袁品涵、徐苏童：《架起国际税收交流的"彩虹桥"——记中国驻外青年税务干部》，《中国税务》2019 年第 5 期。

⑥ 包括南非、安哥拉、博茨瓦纳、津巴布韦、莱索托、马拉维、莫桑比克、纳米比亚、斯威士兰、坦桑尼亚、赞比亚、毛里求斯、刚果（金）、塞舌尔、马达加斯加、科摩罗。

南非作为南共体成员之一，其税收协定及国内法关于税收追索协助制度的建立、发展及演变具有较高的代表性。南非此前签署的大多数税收协定都未涵盖税收征收协助条款，2012年之后，南非启动部分税收协定的重新谈签和修订，逐步在税收协定中加入追索协助内容，此后南非与阿尔及利亚、博茨瓦纳、加纳、莱索托、莫桑比克、纳米比亚等非洲国家缔结的协定中，一般都包含提供追索协助的义务。

同时，为了给实施国际税收追索协助提供国内成文法支持，南非还修订了《税务管理法》（*Tax Administration Act*），增加第11章E部分和F部分，对提供追索协助的国内法律程序进行明确。根据《税务管理法》第185条第1款，南非税务局接受下列请求：（1）当另一国主管当局认为纳税人可能挥霍或隐瞒资产，请求对该纳税人保全其根据另一国税法所应缴纳的到期应付税款金额时，南非税务局高级官员可以根据《税务管理法》第163条提出保存令（preservation order），就像该金额是纳税人根据南非税法应当缴纳的税款一样；（2）当另一国主管当局请求对纳税人征缴其根据另一国税法所应缴纳的到期应付税款金额时，南非税务局高级官员可以以通知形式，要求该纳税人在规定期限内声明其是否承认该金额或较小金额的纳税义务。第2款、第3款规定，另一国主管当局提出追索协助请求时，必须一并提供其签发的正式证书，载明应缴税额、根据另一国的法律该应缴税额是否存在争议、争议是否仅是为了延迟征收到期应付税款、该人是否有挥霍或隐藏资产的风险。该证明是认定存在纳税义务的结论性（conclusive）证据以及其他陈述的初步（prima facie）证据。第4款规定，南非税务局必须询问纳税人，是否接受对另一国主管当局所主张的金额承担纳税义务，抑或更低的金额。

此外，第186条还规定了当纳税人在另一国确有欠缴税款，但其在南非没有足够的资产来全额支付税款时，南非税务局可以采取的救济措施。如南非税务局认为纳税人在南非境外拥有资产或以无偿或低于公允价格的方式将其转移至境外，该资产可能全额或部分清偿其税收债务的，南非税务局可以向高等法院申请发出命令，迫使纳税人在法院规定期限内返还境外资产用以清偿税收债务。此类法院命令将持续有效，直至纳税人承担其纳税义务。除此之外法院还可以下达命令限制纳税人离境权、要求纳税人上交护照、撤销纳税人在南非开展业务的许可授权（如适用）或要求纳税人停止贸易。

三 完善中国与沿线国家税收征管合作的建议

(一) 拓展创新税收情报交换制度

近年来，中国与沿线国家的税收情报交换网络不断拓展，沿线多国先后签署加入了《公约》《金融账户涉税信息自动交换多边主管当局间协议》等有关税收情报交换的多边公约。中国应当借助当前国际税收制度改革的契机，充分吸收借鉴其他国家和地区税收情报交换的经验，完善中国与沿线国家税收情报交换的制度设计，通过广泛实践提升中国及沿线国家税收情报交换的能力。

1. 建立区域税收情报交换中心

中国签署的双边税收协定一般规定主管当局是指"国家税务总局或其授权的代表"；[①]《规程》第四条也规定国家税务总局是税收情报交换的主管当局，情报交换由通过税收协定确定的主管当局或其授权代表进行。但实践中，国家税务总局并未授权任何机构或个人作为中国税收情报交换的授权代表。中国地域范围广阔、对外经济合作伙伴国众多，目前由国家税务总局完全组织管理税收情报交换的现状一定程度上限制了税收情报交换的发展。俄罗斯、法国、德国的经验和实践都表明，授权地方税务机关进行直接合作有助于提高情报交换的效果和效率。

中国共有 18 个临海、临边省级行政区域（不含港澳台地区），[②] 2017 年，18 个临海、临边省级行政区域共签订对外承包合同金额约 806.98 亿美元，实现非金融类对外直接投资约 637.68 亿美元，全年进出口值达 35,405.53 亿美元，对外承包合同金额、非金融类直接投资金额和进出口金额分别占当年全国比重的 61%、73.95% 和 86.26%。[③] 临海、临边省

---

① 中国在 1994 年前缔结的双边税收协定中曾将中国主管当局表述为"财政部或其授权的代表""财政部税务总局或其授权的代表""国家税务局或其授权的代表"。1994 年签署中韩税收协定后，双边税收协定中中国主管当局已统一为"国家税务总局或其授权的代表"。

② 包括天津、山东、河北、辽宁、吉林、黑龙江、内蒙古、甘肃、新疆、西藏、云南、广西、广东、海南、福建、江苏、浙江、上海。

③ 本书根据 EPS 全球统计数据/分析平台中国地区贸易数据库、中国对外经济数据库数据库查询整理。

级行政区域的对外投资、贸易整体较为活跃,与沿线国家之间的经济贸易联系紧密。中国可以仿效俄罗斯、法国、德国的做法,由国家税务总局授权建立区域税收情报交换中心,由地方税务机关进行直接的税收情报交换。在授权代表机构的选择上,可以综合考虑各临海临边省份的经济发展情况、与沿线国家的经贸活跃程度以及税收征管水平,从中选择人员配备充分、业务能力较强、情报交换经验丰富的省级税务局进行授权。在税收情报交换伙伴国的选择上,可以选择区域内各省份投资、贸易较集中,与中国具有长期友好合作关系,且税收制度相对较为健全的国家。在情报交换的类型上,可以规定授权的省级税务局只能直接向缔约国另一方主管当局提出应请求的情报交换,不得直接进行自动或自发情报交换,也不得直接接收别国提出的情报交换请求。本书建议可以在东北、西北、西南、华南、华东分别建立区域性情报交换中心,经过实践后再将区域税收情报交换中心的交换范围逐步拓展至东亚地区主要经贸伙伴国家和地区。

2. 积极参与国际税务审计合作

税务审计是税务机关对纳税人应缴税款依法进行的审核和稽查。国际税务审计合作的方式主要包括同期审计[①]和联合审计[②]。目前,很多国家对跨国公司和全球高净值个人的审计通常都是以单独或者同期税务审计的方式进行。《公约》关于同期税务检查的规定为国际税务审计合作奠定了基础。可以说,国际税务审计合作是税收情报交换的一种延伸和加强,与情报交换制度相比,国际税务审计是一种更加有组织的 (structured) 税务合作。[③] 尤其是联合税务审计,由各国共同组成的审计团队共同参与、共同实施,纳税人可以通过审计团队同时向各国税务主管当局提供信息并进行及时沟通。联合税务审计既有助于降低纳税人税务合规成本、减少各国税务机关的行政负担,同时也有利于税务机关了解纳税人及其生产经营活动的全貌,提高税务审计的水平和质量。联合税务审计对于消除税收欺诈、打击国际逃避税都具有积极作用,

---

[①] 同期税务审计,是指两个或多个国家达成安排,在其领土范围内,同时独立地对两国共同感兴趣或相关联的纳税人的税收实务进行核查,以便相互交流各自获取地信息。

[②] 联合税务审计,是指两个或两个以上国家联合组成一个审计团队,审核一个或多个关联纳税人跨境商业经营活动中的问题或交易。

[③] OECD, Joint Audit Report, Sixth Meeting of the OECD Forum on Tax Administration, http://www.oecd.org/ctp/administration/45988932.pdf.

被认为是一种更为直接、紧密的国际税收征管合作模式。①

中国很早就在涉外企业税收征管领域引入了"联合税务审计"的概念。为规范外商投资企业和外国企业税收管理、提高税收征管效率，国家税务总局颁布了《涉外企业联合税务审计暂行办法》《涉外企业联合税务审计工作规程》等文件。根据前述规范性文件之规定，涉外企业税收征管过程中的联合税务审计分为两种情况：第一，跨区域联合税务审计，即对跨区域经营并实行汇总（合并）缴纳企业所得税的涉外企业，各主管税务机关同期开展的税务审计；第二，国地税联合税务审计，即对在同一地区经营的涉外企业，负责税收征管的国税局和地税局联合开展的税务审计。《涉外企业联合税务审计工作规程》对两种联合税务审计的实施程序进行了明确的规定。

本书认为，当前国际税务审计合作仍然处于前期探索试验阶段，各国对国际税务审计合作都缺乏充分的实践和系统的理论研究。中国应当积极参与国际税务审计合作，结合此前国内开展涉外企业联合税务审计的经验，对审计合作的法律基础、程序规则等进行深入研究，为下一步参与制定审计合作的国际标准作好充分准备。

3. 鼓励外派税务官参与境外税务检查

截至 2018 年年底，国家税务总局共向中国驻美国、印度、日本、德国、欧盟、埃塞俄比亚等 27 个国家地区的使领馆及国际组织等派驻了税务人员，其中包括越南、约旦、哈萨克斯坦、格鲁吉亚、罗马尼亚、印度尼西亚等 10 余个沿线国家。② 目前，中国外派税务官主要系由商务部进行统一选拔，并派往驻外使领馆经济商务参赞处（室）工作。驻外使领馆经济商务参赞处（室）是商务部派驻境外管理和促进经贸合作的机构，是驻外使领馆的组成部分，其职责包括宣传中国的对外经贸政策，收集经贸信息，疏通拓展经贸合作渠道，为两国双方企业提供经贸咨询和服务，协助两国企业解决经贸投资纠纷等。本书认为，中国应当进一步完善"一带一路"外派税务官工作体系，向沿线重点国家广泛派驻税务官员。

---

① 叶莉娜、张景华：《联合审计：国际税收征管合作新思维》，《河北经贸大学学报》2016 年第 3 期。

② 中国一带一路网：《2018 年中国税务部门构建税收合作机制拓展"一带一路"朋友圈》，https://www.yidaiyilu.gov.cn/xwzx/gnxw/77166.htm。

外派税务官除了履行收集、学习派驻国的国内税收法律法规及双边税收协定，了解驻在国税制和征管情况，关注派驻国的税收立法、执法和司法的动态发展等常规职责外，也应当强化自身作为授权访问官员的角色定位，参与到派驻国税务主管当局关涉中国企业、中国税收利益的检查、调查和税收争议处理中。

不过，进一步扩大和完善"一带一路"外派税务官工作体系与协调合作机制需要妥善合理地处理政治与法律层面的各种相关问题。

从政治层面来看，中国向沿线国家派驻税务官员，并积极参与到所在国的税收征管等活动中，这对沿线国家的税收主权和税收征管内政将构成实质性的影响。这在政治上将产生很大的障碍，特别是在国际政治的复杂环境以及许多沿线国家所处的地缘战略环境下，中国向境外派驻税务官员的目的和作用可能被误解甚至被恶意歪曲，从而进一步加大境外派驻税务官员的政治阻力。为此，中国必须与沿线国家开展充分的沟通，力求在此问题上达成充分的政治共识。一个比较恰当的策略是，中国应当以共同的税收利益为政策话语的基础和引导，充分依据经合组织打击税基侵蚀与利润转移（"BEPS行动计划"）上已经形成的全球政治共识，明确并强调境外派驻税务官员的相互性而非单边性，促使沿线国家能够充分理解和接受税务官员的境外派驻，从而降低或消除境外派驻税务官员的政治敏感性，逐步使其成为国家间税收协调合作的常规安排。

从法律层面来看，境外派驻税务官员的国际法基础依据，以及境外派驻税务官员的职能定位及其与所在国的权利义务关系尚不明确。目前，对于一国向他国派驻税务官员问题，国际社会尚未形成一个普遍性的多边公约，所以，围绕着境外税务官员的派驻权利与接收义务，以及税务官员在驻在国的行为权利与义务、豁免特权等问题均缺乏充分的国际法基础依据。这就使得境外派驻税务官员及其相关的权利义务安排往往只能成为双边协商的随机产物，从而使境外派驻税务官员充满不确定性并处于碎片化状态。这显然不利于建立一个稳定的、可预期的、普适性的境外派驻税务官员的国际法秩序。从国际法的现有制度来看，关于一国在他国设立派驻机构和人员，国际社会已经形成的普遍性的法律依据是维也纳外交和领事关系公约。1961年《维也纳外交关系公约》和1963年《维也纳领事关系公约》对外交和领事人员的派遣与接收以及这些人员在驻在国的权利义务等作出了系统全面的规定。① 根据前文提及的商务部派出税务官员的实践，可以将境外派驻税务官员纳入外交人员范畴，具体可分为税务参赞和税务随员，这些税务官员一方面作为外交人员享受上述两个公约规定的外交特权与豁免的保护；另一方面作为国家税收主管当局利益在境外的代表，其需要根据国内法规定在境外履行以下职能：(1) 在接受国中代表派遣国税务主管当局；(2) 于国际法许可之限度内，在接受国中保护派遣国及其国民之税收利益；(3) 与接受国办理各种税务交涉；(4) 以一切合法手段调查接受国之税收立法、政策与实施状况及发展情形，并向派遣国政府报告；(5) 促进派遣国与接受国之税收协调合作关系。

（二）逐步试点税收追索协助制度

《公约》128 个成员方中，除 9 个国家和地区尚未交存公约批准书及保留声明之外，剩余 119 个成员方中 60 个成员方对税收追索协助形式提出了完全保留，即对所有税种均不提供税收主张追索与征管罚款追索的协助，另有包括 19 个"一带一路"沿线国家在内的 59 个成员方原则上同意提供税收追索协助，但对税收协助适用的税种和时效进行了限制。② 同意提供税收追索协助的国家和地区中，41 个国家和地区未提出任何保留

---

① 例如，根据《维也纳外交关系公约》，使馆馆长的选派，派遣国所任命的使馆馆长必须事先征求接受国同意，在接受国明确表示同意接受以后，派遣国才正式任命派遣。使馆职员的选派，对于陆、海、空军武官的派遣，接受国有权要求派遣国先行提名，以决定是否同意接受。其他使馆职员，原则上由派遣国自由选派，无须事先征求接受国的同意。接受国可随时不具解释通知派遣国，宣告使馆馆长或使馆任何外交职员为不受欢迎人员或使馆任何其他职员为不能接受。外交代表机关及其人员对接受国的义务主要包括：(1) 尊重接受国法律规章。(2) 不干涉接受国的内政。(3) 使馆馆舍不得用于与国际法所规定的使馆职务不相符合的用途。根据《维也纳领事关系公约》，领馆馆长由派遣国委派，并由接受国承认准予执行职务。领馆馆长必须经接受国以发给"领事证书"的形式给予准许，才能执行职务。这与使馆馆长的派遣与接受有所不同。对其他领事官员是否发给领事证书，由接受国决定。一国拒不发给领事证书，无须向派遣国说明理由。领馆馆长以外的领馆人员，原则上由派遣国自由委派。但派遣国应在充分时间前将领馆馆长以外所有领事官员之全名、职类及等级通知接受国。接受国可随时通知派遣国，宣告某一领事官员为不受欢迎人员或任何其他领馆馆员为不能接受。

② Council of Europe, Reservations and Declarations for Treaty No. 127-Convention on Mutual Administrative Assistance in Tax Matters, https：//www.coe.int/en/web/conventions/search－on－treaties/-/conventions/treaty/127/declarations.

或限制，而同意提供完全的税收追索协助；① 日本、墨西哥、葡萄牙等8个国家和地区对追索协助的税种提出保留，② 明确表示对《公约》第二条第一款第（二）段规定的地方政府征收的税种、强制性社会保险费、消费税等税种不提供税收追索协助；比利时则声明，对在《公约》对本国生效之日已存在的任何税收主张不提供协助；意大利、克罗地亚、拉脱维亚、巴基斯坦、斯洛伐克、斯洛文尼亚等9个国家和地区既对追索协助的税种提出保留，也声明对在《公约》对本国生效之日或相关保留撤销之日已存在的任何税收主张不提供协助。③

本书认为，尽管中国在加入《公约》时对税款追索协助选择声明全部保留，不断拓展国际征管合作方式却是民心所向，中国在《公约》框架下开展税收追索协助亦是大势所趋。对于税收追索协助问题，我们不能一味采取保守或消极态度，而应秉持务实、开放的合作精神，研究中国建立税收追索协助的可行性，并在深入考察国际规范和中国国情的基础上，适时引入税收追索协助制度。中国应首先根据国家间经贸往来的频繁程度和相互信任程度来寻找构建税收追索协助的合作伙伴，签订双边税收协定议定书或追索协助专项协定，以试点的方式汲取经验教训，为税收追索协助网络的逐步扩大打下良好的基础。

在具体条款设计时，中国可以借鉴其他国家的实践，适当限制税收追索协助适用的范围：第一，税种限制。如前所述，日本、墨西哥、葡萄牙等8个国家和地区对《公约》追索协助的税种范围提出保留。考虑到沿线国家的税制差异较大和征管水平参差不齐，追索协助初期只在所得税领域执行。第二，时效限制。《协定范本》并未明确规定税收追索协助的时效，《公约》则规定税收主张可执行期限的问题应由请求国法律决定，但

---

① 包括安提瓜与巴布达、澳大利亚、阿塞拜疆、保加利亚、库克群岛、捷克、丹麦、多米尼加、厄瓜多尔、爱沙尼亚、丹属法罗群岛、芬兰、法国、格鲁吉亚、加纳、希腊、格林纳达、冰岛、印度、牙买加、科威特、利比亚、立陶宛、毛里求斯、摩尔多瓦、瑙鲁、荷兰、新西兰、纽埃、挪威、波兰、罗马尼亚、南非、西班牙、瑞典、突尼斯、土耳其、乌干达、乌克兰、英国、瓦努阿图。

② 包括阿尔巴尼亚、日本、墨西哥、摩洛哥、葡萄牙、荷阿鲁巴、荷属库拉索及荷属圣马丁。

③ 包括巴巴多斯、克罗地亚、意大利、拉脱维亚、卢森堡、马耳他、巴基斯坦、斯洛伐克、斯洛文尼亚。

是如果提出协助之日与原始文书允许执行日间隔超过 15 年，被请求国可以拒绝提供协助。此外，比利时、意大利、克罗地亚等 10 个国家还提出不对《公约》生效前已存在的税收主张提供追索协助。中国在谈签税收追索协助条款时，可以明确追索协助必须在请求国原始生效文书可执行之日起 5 年内提出，且不适用于税收追索协助条款生效前已存在的税收主张。第三，税收请求权最低数额限制。虽然税收追索协助的费用由纳税人和请求国承担，但是被请求国提供协助客观上会加重本国税务机关及税务官员的工作负担。如果对任何金额的税收请求权均可以要求提供追索协助，势必会造成被请求国税收征管资源的分散，进而影响本国税收征管的效率。因此，在税收追索条款中应规定提起追索协助的税收请求权的最低数额，对低于最低税额的税收请求权，不得提起征收协助。第四，用尽当地救济限制。《协定范本》规定，如果请求国并未用尽按照其法律或行政惯例视具体情况可以采取的一切合理的征收或保全措施，被请求国可以拒绝提供协助。税收追索协助只是各国税收管辖权的适当延伸，各国税务机关对本国税收的及时、足额征收仍然负有首位的责任和义务。只有当本国税务机关在国内穷尽一切合理手段后仍无法征收税款时，才能寻求税收征收协助。中国将来签署的税收追索协助条款中，也应当明确启动税收追索协助应当以请求国用尽本国救济为前提。

（三）构建"一带一路"区域性税收征管合作机制

当前，经济全球化深入发展，区域经济一体化加快推进，区域性税收合作方兴未艾，欧盟、南共体、东盟等区域性组织纷纷加强税收征管合作。"一带一路"背景下的税收合作，既需要通过双边协商凝聚沿线国家对税收合作的共识，将其作为签订或修订双边税收协定的基本理念与原则基础，使碎片化的双边税收协定和分别进行的谈判协商获得内在的统一性与共同的价值目标基础，[①] 也应当重视构建区域税收合作机制，提升各国税收征管能力，协调各国税收征管实践。

目前，中国的税收协定网络已经覆盖沿线 54 个国家，已有的税收协定正在不断调整修订中，新的税收协定也在进一步的谈判签订中，税收协

---

① 赵洲：《关于构建"增长友好型"国际税收规则的几点思考》，《国际税收》2019 年第 4 期。

定为全面建立完善和推进实施"一带一路"区域税收征管合作奠定了必要的基础。但是，一方面，基于双边税收协定的税收合作层次水平始终有限，双边税收协定网络的拓展和升级并不会自动生成"一带一路"区域税收合作机制；另一方面，21世纪以来，国际税收规则与制度正在迅速变化，"一带一路"税收环境与税收秩序也面临调整重塑，在此进程中，将不可避免地存在各种不同意见和问题，沿线国家亟须建立一个平台，交流沟通彼此的立场、认识和经验，相互取长补短。中国作为"一带一路"建设的倡导者和践行者，应当推动构建高层次、常态化的"一带一路"区域税收合作机制，形成"一带一路"区域税收合作的组织体系和协调中心，积极塑造"一带一路"区域国际税收合作新秩序。

1. 借助"一带一路"税收征管合作机制提升沿线国家税收征管能力

帮助包括沿线国家在内的发展中国家提高税收征管能力，是中国近年来积极倡导和践行的全球税收治理中的原则和政策，也是"共商、共建、共享"的丝路原则的应有之义。沿线国家多数属于发展中国家，其基础设施、社会经济发展相对落后。与落后的经济发展水平相关联的是，这些国家的税收征管能力往往也十分薄弱，尤其是对跨境经济活动的税收征管，更是缺乏处理各种复杂国际税收问题的实际能力。税收征管能力的落后严重制约沿线国家维护本国税基的努力及效果，使这些国家难以有效遏制各种跨境逃避税活动，不能充分获得与"一带一路"经济发展相适应的财政税收收入。对于纳税人而言，税收征管能力的落后将导致征管效率与服务水平的低下，使纳税人难以获得及时、准确、合理的税收征管，在税收遵从方面面临更多的不确定性、困难与争议。例如，对于双边预约定价的谈判、受控外国公司规则的适用、税收居民身份的认定、劳务型常设机构的判定、税收协定优惠待遇中的受益所有人的认定、转让定价方法的选择与具体运用等，税收征管能力的落后将导致这些问题难以得到准确合理的界定和处理，势必使纳税人付出更大的人力和物力成本予以应对，甚至面临付出高昂成本后依然无法有效解决此类问题的局面。总之，税收征管能力的落后既不利于沿线国家维护自身的税收利益，也不利于在"一带一路"建设发展过程中塑造一个优良的税收环境。因此，提升沿线国家的税收征管能力是"一带一路"税收合作的重要内容与支撑。

本书认为，沿线国家税收征管能力建设应当以税务人才培养、征管设施建设和定期交流评估为核心。第一，税收征管人才培养。合作机制在中国内地、澳门地区和哈萨克斯坦挂牌成立了"一带一路"税务学院，这对于帮助沿线国家的税务官员培养提升税收征管能力具有重要的作用。中国可以与经合组织等国际组织扩大合作，为沿线国家税务官员提供更多的实践培训途径与渠道。第二，税收征管硬件和软件设施的援助建设。随着税收征管的智能化发展，沿线国家的税收征管能力提升迎来了更大的机遇，但同时在税收征管硬件和软件设施方面也面临着挑战与困难。基础设施和技术支持是提升税收征管能力的一个重要方面。长期以来，很多沿线国家信息化发展水平较低，税收征管设施和技术薄弱，税务机关在税收征管工作上面临不少难题。合作机制应当支持、帮助沿线国家加强税收征管硬件和软件设施建设，帮助沿线国家建设"智慧型"的税收征管体系。第三，定期专题项目交流评估。税收征管能力的提升涉及对各种复杂的或新出现的税收征管问题的分析处理能力，合作机制可以组织沿线国家税务官员就各国共同关心的主要税收议题开展各种专题项目交流，就寻求行之有效的解决方案，并参考全球税收论坛同行评议机制，定期评估沿线国家税收征管水平和纳税服务情况。

2. 以东盟国家为切入点建立区域税收征管合作平台

考虑到现阶段在整个沿线国家构建多边或区域税收征管合作机制的难度较大，中国应当在谋划"一带一路"多边或区域税收征管合作机制的同时，探索构建亚区域层面的税收征管合作机制，如以中国与东盟现有的经济合作框架为基础，通过构建和实施亚区域层面的税收征管合作，积累有关区域性征管合作的运作经验，未来逐步在沿线国家之间推广拓展，为塑造一个更具参与度、包容性和影响力的"一带一路"区域税收征管合作机制奠定基础。

中国与东盟不仅具有良好的合作关系和地缘优势，而且在自然条件、资源禀赋、发展水平上有很大的相似性，[①] 这使得中国与东盟更容易增进理解、达成共识和凝聚力量。一方面，东盟国家是中国主要的贸易伙伴国，"一带一路"建设将更大大促进中国与东盟国家的经贸往来和投资合

[①] 华晓红、汪霞、郑学党:《中国在周边区域经济一体化安排中的 FTA 利用率研究》,《亚太经济》2014 年第 6 期。

作，客观上也需要加强税收征管合作。截至 2017 年年底，东盟十国中的 7 个国家位列"一带一路"沿线国家对在华外商直接投资实际发生额前 15 位，① 8 个国家位列中国对"一带一路"沿线国家直接投资流量前 15 位，中国与东盟国家经济往来密切程度可见一斑，推动中国与东盟国家的区域税收征管合作对于巩固税基、促进投资具有积极作用。另一方面，中国与东盟国家具有良好的区域合作经验。早在 2002 年，中国就与东盟签署了中国首个区域贸易安排《中国—东盟全面经济合作框架协议》，并于 2015 年 11 月再次与东盟签署了中国—东盟自贸区升级谈判成果文件，以加快建设更为紧密的中国—东盟命运共同体。②

本书建议，中国与东盟的区域税收征管合作可以借鉴南共体经验，由中国与东盟各国税务主管当局共同制定区域性税收协定范本，鼓励东盟成员国使用区域性税收协定范本扩大、升级税收协定网络。区域性税收协定范本应充分考虑国际税收规则的发展动态及区域内各国实际，对各国争议分歧较大的条款，还可以参照经合组织 BEPS 行动计划设置最低标准、共同方法和最佳实践，允许各国自由选择、循序渐进。同时，参考《南共体税收协助条约》，中国与东盟各国可以尽快谈判区域性税收征管协助条约，相互间开展更多形式、更高水平的税收征管合作，共同探索强化税收情报交换、税款追索协助、国际审计合作等制度的可行方案。

---

① 新加坡、泰国、马来西亚、印度尼西亚、文莱、柬埔寨和老挝分别位列 2017 年度外商直接投资实际发生额的第一、三、四、五、七、十和十四位，新加坡、马来西亚、印度尼西亚、老挝、泰国、越南、柬埔寨和缅甸分别位列 2017 年度中国对外直接投资流量的第一、三、四、六、七、八、九和十一位。以上数据系本书根据 EPS 全球统计数据/分析平台中国地区贸易数据库查询整理。

② 中国自由贸易区服务网：《中国与东盟结束自贸区升级谈判并签署升级〈议定书〉》，http://fta.mofcom.gov.cn/article/chinadm/chinadmnews/201511/29456_1.html。